I0816909

Mentalidad de grandeza

Mentalidad de grandeza

Libera el poder de tu mente y empieza a vivir tu mejor vida

Lewis Howes

REM*life*

The Greatness Mindset
Mentalidad de grandeza

Loreto 13-15, Local B.
08029 Barcelona – España
revertemanagement.com

Fecha de publicación: octubre 2025

Edición en papel
ISBN: 978-84-10121-37-9

Edición en ebook
ISBN: 978-84-291-0004-4 (ePub)
ISBN: 978-84-291-0005-1 (PDF)

Editores: Ariela Rodríguez / Ramón Reverté
Coordinación editorial y maquetación: Patricia Reverté
Traducción: Genís Monrabà Bueno
Corrección: M.ª del Carmen García Fernández
Ilustraciones: Randy Smith
Cubierta: Chris Allen
Adaptación cubierta al español: Feriche Black

Impreso en España – *Printed in Spain*
Depósito legal: B 18184-2025
Impresión y encuadernación: Liberdúplex
Barcelona – España

#151

Dedico este libro a mi yo más joven,
por tener el valor de sostenerme cuando sufría;
a mi yo presente, por afrontar mi vergüenza y
aprender a sanar; y a mi yo futuro, porque el camino
hacia la grandeza no ha hecho más que empezar.

CONTENIDOS

Capítulo 1

TRAS LA PISTA DE LA GRANDEZA

A mis veintitrés años, era más pobre que las ratas y dormía en el sofá de mi hermana, en Columbus, Ohio. Esa era mi vida, y estaba lejos de lograr algo grande.

Hasta aquel momento, el deporte había sido la razón de mi existencia. Había logrado reconocimientos nacionales en decatlón, aunque mi verdadera pasión era el fútbol americano. Y no se me daba nada mal: logré el récord de más yardas recibidas en un solo partido, en todas las divisiones y categorías. Además, mientras esperaba mi oportunidad de llegar a la NFL, había cumplido mi sueño de jugar profesionalmente en la Arena Football League. Pero entonces, durante un partido, me rompí la muñeca. ¿El pronóstico? Cirugía. Me abrieron la cadera para extraer un fragmento de hueso y me lo injertaron en la muñeca. Seis meses de reposo, más un año entero para recuperarme del todo.

En septiembre de 2007 apenas llevaba un mes con el yeso, y empecé a preguntarme si alguna vez volvería a pisar un terreno de juego. Para colmo, el año anterior mi padre había sufrido un accidente durante un viaje al otro lado del mundo (Nueva Zelanda), que le produjo un grave traumatismo craneoencefálico. Tras pasar varios meses en coma, finalmente había despertado, pero era evidente que su recuperación sería larga y compleja. Cuando regresó a Estados Unidos pude empezar a visitarlo cada semana, aunque apenas recordaba a las personas que tanto habían significado para él antes del accidente, y no mostraba señales de mejoría.

Al llegar la noche me atormentaban preguntas terribles: *¿Y si mi muñeca no sana del todo? ¿Y si no puedo volver a jugar al fútbol americano? ¿Y si mi sueño ha tocado a su fin? ¿Qué será de mí? ¿Y si mi padre no me reconoce nunca más? ¿Y si no soy capaz de encontrar una solución? ¿Y si nadie me ama? ¿Y si lo intento y fracaso? ¿Qué pensarán los demás?* O, *peor aún, ¿y si no soy capaz de vivir bajo mis propias expectativas?*

Pero en el fondo sabía que esa no podía ser la historia de mi vida.

En aquellos días oscuros lo único que me apetecía era zapear entre anuncios y refritos televisivos mientras sentía que la oportunidad de alcanzar la grandeza no solo se me escapaba, sino que huía despavorida. No sabía qué pensar, qué sentir o cómo procesar mis propias emociones. Y, para colmo, por aquel entonces ni siquiera había terminado mis estudios universitarios. Estaba física, emocional, espiritual y económicamente en quiebra... Me preguntaba cuál sería mi próximo paso y, desde mi perspectiva de entonces, me encontraba bastante solo.

Pero en el fondo sabía que esa no podía ser la historia de mi vida. Sabía que tenía que haber algo más en mi camino, que faltaba alguna cosa, que había grandeza en mi interior. Sin embargo, no tenía ni idea de cómo o por dónde empezar. Aun así, era muy consciente de que tarde o temprano hallaría la forma.

LA MENTALIDAD ES IMPORTANTE

Quizá hayas vivido uno de esos momentos en los que recibes un golpe de realidad: solo estás intentando sobrevivir, dejando que el tiempo pase, esperando que algún día ocurra algo mágico que lo cambie todo. Puede que incluso tengas un sueño que sigue siendo solo eso, un sueño, algo que harás «algún día». Pero ese «algún día» no parece llegar nunca.

En el momento de escribir estas palabras, la pandemia de COVID ha dejado a mucha gente paralizada, estresada o deprimida. Aunque resulta evidente que no es necesaria una pandemia para que aparezca el estrés del *qué nos deparará el futuro.* Siempre ocurrirá algo. La vida no se detiene. Seguramente, en estos últimos años te ha ocurrido algo inesperado: te han despedido de tu trabajo, te has divorciado o has sufrido una ruptura amorosa, has perdido a algún ser querido o te has sometido a una operación que ha acabado con tu carrera deportiva, y simplemente has sentido confusión, desconcierto y un constante no saber qué hacer.

O quizá hace tiempo que decidiste ponerte en marcha y has estado cumpliendo objetivos, persiguiendo tus sueños y dando lo mejor de ti. Incluso es posible que hayas iniciado un negocio próspero o una carrera de éxito, pero en el fondo sientes que no es suficiente. Aunque consigas buenos resultados, sientes que te falta algo, que estás destinado a hacer algo más.

Sientes que te falta algo, que estás destinado a hacer algo más.

¡Sí, no estás mal, pero quieres hacer algo *grande*!

Mucha gente siente que su valor personal depende directamente de sus logros. Tal vez este sea tu caso. Yo, sin duda, he pasado por ahí. Hay un viejo dicho en el golf que dice que «tu valía es la de tu próximo golpe», pero esa forma de ver las cosas puede dejarte con una sensación constante de vacío, como si nunca fueras lo bastante brillante ni hicieras *lo suficiente.*

Es muy difícil dejar atrás una buena vida para ir en busca de la grandeza. Conozco a muchas personas que ganan lo que la mayoría consideraría un buen sueldo, que tienen una carrera sólida, hijos, familia..., pero que, aun así, experimentan un dolor interno, una falta de plenitud, la sensación de que anhelan algo *más.*

¿Te resulta familiar?

Ahora bien, no me malinterpretes. No tiene nada de malo llevar una *buena vida.* De hecho, a millones de personas les encantaría estar en tu lugar. Pero la pregunta clave es: ¿es esta la vida que realmente deseas? ¿Es la historia que quieres que tu yo del futuro recuerde con orgullo?

Estas son las preguntas motivacionales que se plantean las personas de alto rendimiento, y si es tu caso no quiero que pierdas el hilo de esta conversación. Quizá ya estás persiguiendo tus sueños o buscando la grandeza en los más altos niveles: negocios, deportes, artes, política, trabajo social… lo que sea. Has invertido mucho esfuerzo en desarrollar tu mentalidad de forma consciente, pero sabes que eso no es llegar a la cima; quieres ese extra que marque la diferencia y siempre andas en busca de nuevas maneras de potenciar el poder de tu mente. Te entiendo perfectamente.

Así que, si estás triste, te sientes como en punto muerto y apenas sobreviviendo, o si tienes lo que mucha gente llamaría «una buena vida», pero sientes cierta insatisfacción interna, o si simplemente quieres ir más allá para encontrar tus límites, has llegado al lugar indicado.

Este libro, *Mentalidad de grandeza,* te ayudará a liberar el poder de tu mente para saber cuál es tu propia **Misión Significativa**, cómo vencer tus miedos y dudas, y finalmente alcanzar esas metas y esos sueños que durante tanto tiempo te parecieron fuera de tu alcance.

> **¿Es esta la vida que realmente deseas?**

Es *posible* reescribir la historia de tu pasado para impulsarte hacia un futuro más brillante, en lugar de convertirla en un relato que se repite sin cesar en tu mente y te inmoviliza. Pero, dime, ¿cómo quieres escribir esa historia que está por venir? ¿Quién quieres ser realmente? ¿A dónde deseas llegar? ¿Lo sabes con certeza? Y, más adelante, ¿cómo podrás reunir el valor necesario para superar esos miedos y dudas, y diseñar un plan en pro de tus sueños, para saber quién eres y quién quieres llegar a ser?

Sea cual sea tu sueño (incluso ese que creías haber olvidado), te planteo esta sencilla pero poderosa pregunta:

¿Te sentirás feliz o con una vida plena si tu sueño nunca se llega a cumplir? Si la respuesta es no, ¿qué piensas hacer al respecto?

ACCIÓN INMENSA E IMPERFECTA

Por suerte, mi historia no terminó en el sofá de mi hermana. Ella me dejó muy claro que no viviría allí para siempre. De hecho, uno de los mayores regalos que me hizo fue decirme que debía empezar a aportar al alquiler o buscar otro lugar donde quedarme. Así que, tras pasar uno o dos meses sumido en la autocompasión, finalmente me levanté del sofá y empecé a moverme, aunque sin un rumbo claro.

Mi primer paso fue llamar a Stuart Jenkins, director de mi antiguo instituto de secundaria, y hacerle una pregunta tan simple como crucial: *¿Qué puedo hacer?* Me contó que había oído que mucha gente estaba consiguiendo empleo a través de una nueva plataforma digital llamada LinkedIn. Era la primera vez que oía hablar de ella, pero si él creía que valía la pena debía darle una oportunidad. Así que me entregué *por completo,* dedicándole toda mi energía para aprender cuanto pudiera.

> **Es *posible* reescribir la historia de tu pasado para impulsarte hacia un futuro más brillante.**

Más tarde, en Navidad, mi hermano me hizo un regalo. En nuestra familia teníamos la tradición de hacer un sorteo para ver quién hacía los regalos a cada cual. En aquella ocasión, a él le tocó mi nombre. Y su regalo fue un libro. Ni siquiera lo envolvió; simplemente me lo entregó dentro de una bolsa de plástico. El libro era *La semana laboral de 4 horas,* de Timothy Ferris. El subtítulo captó totalmente mi atención: *No hace falta trabajar más.* Lo devoré en pocos días durante esas navidades, sosteniéndolo con torpeza y pasando las páginas con mi única mano útil. Aquel libro me abrió un mundo de posibilidades sobre negocios digitales, marketing online y la manera de emprender nuevos proyectos. Después, a lo largo del siguiente año, seguí profundizando en el tema, consultando los blogs de los principales referentes de la época y contactando a todas las personas que podía en LinkedIn para establecer conexiones sólidas.

Hubo dos cosas que realmente me ayudaron en esa época. La primera fue tomarme en serio mis clases de salsa (esta historia la contaré más adelante) y la segunda, aprender a hablar en público, que era un miedo que me había frenado toda la vida y sentía que debía superar. Conocí a un hombre que era orador profesional y le comenté que quería aprender a hacer lo mismo que él, pero que era incapaz de hablar frente a nadie. Entonces me invitó a un café (en efecto, aún no podía siquiera pagarme el mío) y me dio su mejor consejo: «Tienes que inscribirte en Toastmasters y dar un discurso cada semana durante un año». *Bueno*, pensé, *este tipo debe de saber lo que se dice, ¡así que me apunto*!

En uno de los eventos de Toastmasters, en Columbus, Ohio, presencié el increíble discurso de uno de los oradores. Al terminar, fui a la parte de atrás del salón y mientras engullía algunos aperitivos y envolvía otros en servilletas, un tipo me preguntó de pronto:

—¿Qué estás haciendo?

Me quedé paralizado unos segundos y luego me di la vuelta para saber quién había hecho la pregunta. ¡Era el orador que acababa de dar aquel impresionante discurso! Tragué saliva e intenté actuar como si fuera lo más natural del mundo meterme comida en todos los bolsillos con una sola mano.

—Bueno..., yo... realmente no tengo... mucho dinero, así que estoy tomando algo para llevar —admití.

De haber sido posible, me habría metido debajo de aquella mesa llena de aperitivos. Pero dudaba que mi cuerpo (de casi 2 metros) fuera a caber ahí sin aplastar toda la comida que llevaba en los bolsillos.

—Déjame invitarte a almorzar —respondió, y se dirigió a la puerta como si se encontrara con gente hambrienta y con los bolsillos llenos de aperitivos después de cada discurso.

Su nombre era Frank Agin, y se convirtió en mi primer mentor en el arte de hablar en público. Además, tenía una empresa local de *networking*. Conforme estrechábamos lazos, le comenté todo lo que había estado aprendiendo acerca de LinkedIn, y lo ayudé a mejorar su perfil en la plataforma. Me entregó un cheque de 100 dólares y me dijo que aquello iba a marcar un antes y un después en su negocio. Me quedé atónito. *¿Quieres decir que la gente me pagaría por hacer esto?* Con su apoyo, empecé a ayudar a más personas... ¡y también me pagaban! Dinero de verdad.

Pero no me dejó quedarme ahí: no pasó mucho tiempo antes de que me lanzara otro desafío:

—Deberías escribir un libro sobre LinkedIn.

¿Qué? No tenía la menor idea de cómo escribir un libro. Solo tenía veinticuatro años. ¿Quién querría leer algo escrito por mí? Además, en el instituto casi suspendo Lengua.

Pero Frank no pensaba darse por vencido.

—Te ayudaré a escribirlo.

Él ya había publicado algunos libros antes, así que decidimos que se encargaría de una sección sobre el *networking* presencial, y yo haría lo propio sobre cómo usar LinkedIn para hacer *networking* virtual. No fue un libro merecedor del Premio Pulitzer, pero lo terminamos y era útil para la gente. Antes de darme cuenta, había escrito un libro, ganaba dinero y había salido del ostracismo.

Poco después, participé en un encuentro de Twitter y *pensé que tal vez podría hacer eso mismo en LinkedIn.* Hasta donde sabía, nadie había hecho nunca un evento de *networking* en LinkedIn. Así que durante el siguiente año organicé 20 de esos eventos por todo el país, aprovechando mi red de contactos. Eso me permitió hacer más consultorías y, finalmente, mi primer seminario web, que me lanzó al mundo de los negocios digitales. Y desde entonces no he dejado de progresar.

Catorce años más tarde, no solo había vuelto a practicar deporte, también jugué nueve años en la selección nacional masculina de balonmano. Mientras tanto, en el mundo de los negocios, fundé una empresa emergente con ingresos anuales de siete cifras. Además, de entre millones de podcast que existen en el mundo, el mío, *The School of Greatness*, se mantiene entre los más destacados y presenta a algunas de las personas de mayor éxito internacional; tengo más de 1200 episodios y 500 millones de descargas. Además, mi programa de desarrollo personal es el número uno de su categoría en YouTube, y he escrito varios libros, incluyendo un bestseller del *New York Times*. He acudido a programas como *Ellen*, *The Today Show* y *Good Morning America*, y he logrado fidelizar a una audiencia de más de 8 millones de personas en redes sociales.

Todo esto me ha permitido generar un impacto real en el mundo, colaborando durante la última década con diversas organizaciones sin ánimo de lucro y apoyando causas que realmente me importan. He tenido la oportunidad de pertenecer a múltiples consejos asesores y de utilizar mi red de contactos para recaudar varios millones de dólares en donaciones, apoyando iniciativas como *Pencils of Promise, Charity: Water* y *Operation Underground Railroad,* que trabaja en pro de la liberación de niños y niñas víctimas de esclavitud sexual.

A lo largo de este viaje he aprendido muchísimo, y he tenido el privilegio de hacerlo directamente de algunas de las mentes más brillantes del mundo, personas que han dedicado su vida a buscar la grandeza en sus respectivos campos. Sin embargo, al final del día siempre sentía la necesidad de escribir este libro sobre cómo hallar sentido, superar los miedos y diseñar un plan de acción para alcanzar la plenitud y una vida con propósito, es decir, lo que siento dentro de mí cada día.

EL CAMINO QUE QUEDA POR ANDAR

Mientras avanzamos juntos en este recorrido, te contaré cómo he seguido creciendo, incluso en los últimos años. La grandeza es algo que he estudiado y tratado de aplicar durante toda mi vida adulta. En distintas etapas, me he visto obligado a superar retos físicos, emocionales y mentales en las tres áreas más importantes de la vida: la salud, las relaciones y el ámbito profesional y financiero. Y no ha sido un camino fácil. He afrontado miedos e inseguridades de todo tipo, pero he logrado superar muchos de ellos con la ayuda de algunas de las mentes más brillantes del mundo. Como entrevistador y aprendiz de esas grandes mentes, he tenido la oportunidad de acceder a su sabiduría y comprender cómo han superado su dolor, sus desafíos y traumas para lograr cosas verdaderamente extraordinarias.

Aunque tal vez te estés preguntando a qué me refiero cuando hablo de *grandeza,* ¿verdad?

Bien, desde aquel primer paso (audaz e imperfecto) hasta hoy, he ido desarrollando una definición práctica de lo que significa realmente alcanzar la grandeza:

La grandeza es descubrir tus principales habilidades y talentos para perseguir tu Misión Significativa y causar el mayor impacto positivo posible en las personas que te rodean.

No tiene por qué ser complicado. En esencia, se trata de descubrir quién eres realmente y cómo puedes aportar algo auténtico y único que mejore a las personas que te rodean y, con ello, al mundo. Parece sencillo. Entonces, ¿qué nos impide vivir de esa manera?

Una de las principales razones por las que muchas personas no persiguen la grandeza es porque se topan enseguida con el Enemigo de la Grandeza: **la falta de una Misión Significativa clara.**

Cuando no sabes qué quieres hacer es bastante complicado llevarlo a cabo. Así pues, el Primer Paso consiste en descubrir tu propósito. Como dijo Victor Frankl, superviviente del Holocausto y autor de *El hombre en busca de sentido*: «El hombre se autorrealiza en la misma medida en que se compromete con el cumplimiento del sentido de su vida».[1] De lo contrario, simplemente estarás vagando sin rumbo. Por eso voy a mostrarte algunas herramientas prácticas para que puedas tener clara tu misión.

Se trata de descubrir quién eres realmente y cómo puedes aportar algo auténtico y único que mejore a las personas que te rodean y, con ello, al mundo.

No poseer rumbo o propósito genera un vacío en tu interior, un vacío que el miedo, la tristeza y los trastornos mentales se afanan en ocupar. Por ello es tan importante el Segundo Paso: te mostraré cómo superar los obstáculos más comunes para alcanzar la grandeza. Vamos a recorrer cada uno de los miedos que más nos paralizan: el miedo al fracaso, el miedo al éxito, el miedo a lo que otras personas piensen de ti y, finalmente, el miedo a lo que tú piensas de ti. La verdad es que, si no te enfrentas a ellos, todos esos miedos terminan llevándote al mismo lugar: la duda sobre ti y la creencia de que no vales lo suficiente. La única forma de superar y transformar esos miedos es plantarles cara. En los próximos capítulos te mostraré cómo hacerlo y te daré un práctico Set de Herramientas para Transformar el Miedo.

En el Tercer Paso aprenderás a desarrollar una Mentalidad de Grandeza. Su esencia es esa creencia firme e inquebrantable que dice: «¡Soy suficiente!». Eso no significa que seas una persona perfecta o que ya hayas hecho todo el bien posible en el mundo. Significa que sigues siendo un proyecto en desarrollo, una persona que avanza, que lo intenta, que falla, que aprende y crece mientras ayuda a otras a hacer lo mismo.

La Mentalidad de Grandeza empieza a tomar forma cuando emprendes el proceso de sanar el dolor y los traumas de tu pasado. Hasta que no lo hagas, es muy probable que ese sufrimiento te siga atrapando una y otra vez, y que no entiendas cómo ni por qué. Examinaremos los hallazgos de la psicología y la neurociencia que explican cómo el pasado moldea nuestras respuestas presentes, y aprenderemos cómo prestar atención al coach interior en lugar de al crítico interno.

Solo una vez iniciado este camino de sanación podrás llevar a cabo una evaluación sincera y profunda de los cuatro pilares fundamentales de la Mentalidad de Grandeza, lo que yo llamo «el Ciclo de la Mentalidad en Acción».

1. **Identidad**. Eres el héroe de tu propia historia, pero los héroes solo se forjan afrontando y superando retos.
2. **Pensamientos**. Tus pensamientos moldean tu realidad, especialmente el constante diálogo interno. Profundizaremos en cómo los últimos avances en neurociencia nos ayudan a comprender qué ocurre dentro de la mente.
3. **Emociones**. Tus sentimientos están estrechamente ligados a tus pensamientos y a tu cuerpo. La neurociencia y la psicología contemporáneas nos ofrecen valiosas claves para entender este vínculo. Paul Conti, autor del destacado libro *Trauma: la epidemia invisible*, nos recuerda la importancia de sanar las heridas del pasado, ya que «el trauma altera nuestras emociones; y las emociones transformadas determinan nuestras decisiones».[2]
4. **Comportamientos**. Tus acciones son la manifestación de tu mentalidad en el mundo físico. Analizaremos cómo los hábitos y las rutinas son fundamentales para nutrir y sostener la Mentalidad de Grandeza.

Finalmente está el Cuarto Paso: necesitas un Plan de Acción para la Grandeza. Estas siete acciones te ofrecen un plan probado, basado tanto en mi experiencia personal como en los amplios conocimientos de numerosos expertos de quienes he tenido el privilegio de aprender:

1. **Plantéate preguntas valientes**. Una vez que te atreves a hacerte preguntas valientes, empiezas a convertir lo imposible en posible.
2. **Date permiso**. Una vez que la puerta está abierta, debes darte permiso para despertar cada día y atravesarla.
3. **Acepta el reto**. Si quieres dejar de tener miedo, necesitas enfrentarte a tus temores hasta que desaparezcan. Te mostraré cómo usar la técnica del reto de 30, 60 o 90 días para lograrlo.
4. **Define tus metas de grandeza**. Te explicaré mi propio método probado para fijar y cumplir objetivos que te empoderarán de forma paulatina.
5. **Busca apoyo**. No puedes llegar por tu cuenta. Necesitarás tanto ayuda interna —a través de hábitos y rutinas— como apoyo externo de colegas, terapeutas y otras voces que te ayuden a mantener el rumbo.
6. **Pasa a la acción**. Ahora es el momento de actuar. Te daré las claves para lograr resultados y mantenerte en movimiento, sin importar las circunstancias.
7. **¡Disfruta!** Todo se reduce a aceptar que puedes y a mostrar autenticidad sin importar el resultado.

¿REALMENTE ES ESTO LO QUE QUIERES?

En las páginas siguientes, expondré lo mejor que he aprendido de los muchos expertos que han sido mis maestros durante la última década, junto con mis propios aprendizajes. He de decir que no tengo todas las respuestas. Nadie las tiene. Sin embargo, podemos aspirar a algo más, y más grande; y, con suerte, incluso a alcanzar la grandeza.

No digo que yo ya lo haya logrado. En absoluto, mi viaje continúa. Pero ahora puedo decir que soy suficiente. He aprendido a amarme y aceptarme tal como soy, y cada día sigo creciendo y aprendiendo. He comprendido que existe el camino hacia un lugar donde puedo vivir plenamente mi Misión Significativa, sentirme realizado y con un propósito profundo.

Ahora bien, ir en busca de la grandeza también implica tropezar, caer y volver a levantarse, una y otra vez. ¿Quieres asumir ese riesgo? En realidad, ya lo hiciste una vez, cuando aprendías a caminar. Te caíste muchas veces, pero te volviste a levantar. Una y otra vez, hasta que lo lograste. Hoy ni siquiera lo recuerdas, pero esa es la actitud que necesitas recuperar: la disposición a intentarlo, a equivocarte, a aprender, sabiendo que los errores son el único camino hacia el éxito.

Implica hacer oídos sordos a los críticos y a las opiniones de las personas que eligen quedarse en las gradas en lugar de salir al terreno de juego (incluido el crítico más ruidoso, que vive en tu propia cabeza). Si algo he aprendido en este viaje es que las críticas siempre estarán ahí. Es el precio que hay que pagar por vivir. Pero no puedes permitir que definan tu historia.

> **¿Estás listo/a para descubrir tus principales dones y talentos, comprometerte *del todo* con ellos y, en ese camino, generar el mayor impacto posible en la vida de los demás?**

Implica encontrar y escuchar a mentores que puedan ayudarte a ver más allá de tus miedos y a expandir la visión de lo que es posible en tu vida. Tal vez necesites recurrir a terapeutas u otro tipo de profesionales que te acompañen en el proceso de sanar tu pasado para avanzar. No pretendo saber con exactitud qué tipo de apoyo necesitarás, pero estoy convencido de que el experto en liderazgo John C. Maxwell tiene razón al afirmar lo siguiente: «Uno es un número demasiado pequeño para lograr la grandeza».[3]

Implica entregarte por completo, actuar con valentía y, a partir de ahí, quitar importancia a los resultados. Porque puede que no sea lo que esperabas. Tal vez sea mejor o, simplemente, diferente. Y eso también está bien. Si sigues actuando desde tu Misión Significativa (haciendo aquello que algún día te hará sentir un profundo orgullo), los resultados llegarán por sí solos.

Así que te hago una pregunta (y te ruego que respondas con total honestidad, porque la única opinión que importa es la tuya): ¿estás listo/a para descubrir tus principales dones y talentos, comprometerte *del todo* con ellos y, en ese camino, generar el mayor impacto posible en la vida de los demás?

Si tu respuesta es sí, entonces podrás dominar la Mentalidad de Grandeza y reescribir tu historia de vida. Para que no seas tú quien persiga la grandeza, sino ella la que vaya detrás de ti.

Capítulo 2

LA GRANDEZA COMO ALTERNATIVA

El 13 de septiembre de 2007, el teniente Jason Redman, un SEAL de la Marina de los Estados Unidos, estaba a punto de culminar el despliegue más intenso de sus 15 años de servicio, en la provincia de Anbar, en Irak. Casi cada noche acometía alguna operación militar y combatía a vida o muerte junto a sus hermanos de armas. En apenas una semana, regresaría a casa con su esposa y sus tres hijos pequeños para disfrutar de una entretenida celebración de Halloween.

Esa noche, los informes de Inteligencia indicaban que era posible que hubieran localizado por fin al líder de Al-Qaeda en la provincia, un hombre que contaba con un equipo de seguridad que prefería inmolarse antes que entregar las armas. Ese líder también había sido responsable de la muerte de algunos compañeros de los SEAL. Mientras se preparaba para la misión nocturna, Jason pensó en quitarse las placas laterales de su chaleco antibalas; necesitaría moverse con agilidad y no quería que el peso extra lo frenara. Sin embargo, algo lo reconcomía por dentro, un insistente presentimiento lo empujaba a colocárselas de todos modos. Finalmente, hizo caso a su instinto, se ajustó las placas y, sin darle más vueltas, subió al helicóptero, rumbo al corazón del territorio enemigo.

Sin embargo, cuando aterrizaron y entraron en el edificio donde creían que se escondía el objetivo, quien fuera que hubiera estado ahí ya se había ido, aunque encontraron armas y materiales explosivos. Mientras Jason aguardaba fuera con su equipo, esperando a que destruyeran los explosivos, llegó la noticia de que se acababa de avistar a cinco individuos huyendo de una casa, a unos 150 metros de allí, y que se habían ocultado entre la densa vegetación. Su equipo (de nueve miembros) tenía la misión de capturarlos para obtener información.

Mientras avanzaban a oscuras, consultaron con la vigilancia aérea: «¿Van armados?». «No». «¿Qué están haciendo?». «No podemos verlo». Cuando penetraron en la densa maleza, el sexto sentido de Jason le advirtió de que algo no andaba bien. Lo atribuyó al estrés y siguió adelante, confiando en el entrenamiento que habían recibido.

Y entonces todo se fue al traste: el médico del equipo encontró a uno de los hombres que buscaban al pisarlo de forma accidental. La sombría figura del suelo se revolvió y se abalanzó sobre él. El médico reaccionó disparándole, aunque también recibió un balazo en la disputa. Lo que ninguno sabía en ese momento es que esos cinco hombres eran los últimos miembros del equipo suicida del líder de Al-Qaeda —que contaba con unas quince personas—, y que aquello era una emboscada. Para colmo, el médico cerraba la formación, y eso quería decir que Jason y su equipo habían caído en la trampa.

Mientras arrastraban al médico hasta una enorme llanta de tractor que vieron tirada en los alrededores, otros miembros del equipo recibieron disparos. Y Jason, que iba de avanzadilla, se vio a menos de 14 metros de dos ametralladoras escupiendo balas que atravesaban e iluminaban el terreno como luciérnagas incendiarias.

Lo cosieron a balazos, le acribillaron el chaleco antibalas con múltiples proyectiles. Al desplomarse, sintió como si un gorila de 300 kilos lo golpeara con un bate de béisbol, y entonces recibió dos disparos más, en el codo derecho; luego, un relámpago le recorrió ese brazo hasta la parte posterior de la cabeza. Al palparse con la mano izquierda, no encontró nada: supuso que le habían arrancado el brazo. Jason siguió disparando y dando órdenes a su equipo, una acción que provocó que el enemigo concentrara ambas ametralladoras directamente sobre su posición.

Las balas le impactaron en el casco, rebotaron en su arma y destrozaron su visor nocturno. Entonces, un proyectil lo alcanzó justo en la oreja derecha, le atravesó el rostro y salió por el lado derecho de la nariz. La fuerza del impacto le destrozó la mandíbula hasta la barbilla, le hizo añicos los huesos alrededor del ojo derecho, le voló la nariz y lo dejó inconsciente al instante.

Cuando Jason recuperó la conciencia, intentó analizar la situación. *He perdido el brazo.* Con la mano izquierda examinó el lateral de su rostro. *Me han volado media cara.* Las balas trazadoras silbaban a pocos centímetros por encima de él. *¡No te muevas!*

Incapaz de aplicarse un torniquete para detener la hemorragia, pidió ayuda a su equipo. Por primera vez, se dieron cuenta de que seguía con vida. Otro disparo impactó contra la placa lateral de su chaleco antibalas, la misma que casi había dejado en la base. Aunque el golpe fue brutal, la placa evitó que la bala le alcanzara el riñón y le destrozara la columna.

A duras penas, el líder de su equipo logró arrastrar a Jason detrás de la llanta de tractor, a cubierto. Solicitaron un ataque aéreo y, cuando acudió el enjambre de helicópteros de transporte con el personal médico a bordo, Jason había perdido alrededor del 40% de su sangre.

Poco después de llegar al Hospital Naval Bethesda, en Maryland, los médicos le hicieron un TAC y crearon un modelo 3D de su cráneo para evaluar las posibles opciones de reconstrucción. En la imagen parecía como si alguien le hubiera golpeado el rostro con un hacha. Su brazo derecho seguía unido al cuerpo, pero los médicos barajaban la posibilidad de amputarlo.

Por aquel entonces todavía era incapaz de asimilar del todo la situación. Planeaba asistir, en octubre de ese año, a la boda de su hermana en las Islas Vírgenes, por lo que creyó oportuno escribir una nota a la enfermera preguntando si llegaría a tiempo. Ella le dirigió una mirada incrédula y simplemente respondió:

—Pasarán años hasta que estés recuperado por completo.

Una noche, mientras yacía sin poder hacer otra cosa que contemplar sus propios pensamientos, oyó una voz. Alguien había entrado en la habitación y, pensando que estaba dormido, manifestó en voz alta lo abrumadora que resultaba la experiencia en el hospital. Habló con un tono monótono sobre lo terrible que debía de ser para todos esos soldados, heridos y rotos, no poder volver a ser como antes. Entonces Jason comprendió que hablaban de él.

CUANDO VENCE EL ENEMIGO

Si alguien tenía una excusa para tirar la toalla y conformarse con una vida lejos de la grandeza, ese era Jason Redman. Pero, como verás, Jason tomó un camino diferente, uno más intencional.

Muchas personas con gran potencial viven existencias carentes de grandeza porque se limitan a *dejarse llevar*, en lugar de *trazar su propio camino*. En vez de adoptar una mentalidad abierta y sin límites, permiten que los miedos, la ansiedad y las heridas del pasado condicionen sus opciones. Eso no quiere decir que no afronten momentos difíciles; claro que sí, todo el mundo lo hace, cada cual a su manera. Pero no tienes por qué huir cuando estos se presenten; puedes elegir aceptar los retos, afrontar tus temores y, sobre todo, disfrutar del viaje.

Cuando alguien vive a la sombra del miedo y la incertidumbre, carece de lo que yo llamo «una Misión Significativa», un propósito profundo que le otorga a su vida un sentido mayor. Por eso, en su trayecto nunca encontrará paz ni libertad interior. Sin darse cuenta, alguien así permite que el miedo controle sus decisiones y altere su percepción sobre las opciones de que dispone. Y esto le condena a la cárcel y, en consecuencia, a una sensación de extravío, resentimiento y enfado consigo mismo y con los demás.

Esta incertidumbre puede generar una ansiedad tremenda. A medida que el cuerpo reacciona a tales emociones, incluso es posible experimentar ciertas respuestas fisiológicas o sufrir ataques de pánico. Y hoy en día esta ansiedad se manifiesta cada vez con más frecuencia. De hecho, la ansiedad es el trastorno mental más común en Estados Unidos: afecta a 40 millones de adultos.[1] Según la Clínica Cleveland, cada año unos 30 millones de estadounidenses sufren algún tipo de ataque de pánico.[2] Y, con frecuencia, les pasa a quienes se encuentran en lo que la mayoría consideraría la plenitud de la vida. Según el Instituto Nacional de Salud Mental, más del 31 % de los adolescentes padecen un trastorno de ansiedad, seguidos por un 22 % de personas adultas entre 18 y 44 años, y poco más del 20 % de entre 45 y 59 años.[3] En otras palabras, nadie está libre.

El incremento de la ansiedad puede atribuirse a un gran número de factores, pero en esencia se asocia con el creciente sentimiento de incertidumbre. Y, como me comentó la doctora Wendy Suzuki en mi programa, la incertidumbre es el factor clave para muchas de nuestras ansiedades.[4]

¿Alguna vez has sentido insatisfacción con tu vida? ¿Con tu carrera o tu experiencia en los negocios? ¿Con tus relaciones íntimas, tu familia o tus amistades? ¿O, sobre todo, contigo, con tu propia persona?

Una sensación general de apatía o desánimo puede convertirse en la norma en lugar de la excepción. Tal vez por eso hemos observado un notable descenso en los niveles de felicidad entre la población adulta en Estados Unidos. En una encuesta administrada durante más de 40 años (entre 1973 y 2016) se puede ver la tendencia a que cada vez más gente afirme sentirse menos feliz, sobre todo en los últimos 20 años.[5]

Mucha gente recurre a ciertas estrategias de escape para aliviar, aunque sea de forma momentánea, el estrés; por ejemplo, comer en exceso o practicar menos deporte. Tal vez por esta razón, según el Instituto Nacional de Salud, casi 1 de cada 3 personas adultas tiene sobrepeso, más de 2 de cada 5 sufre obesidad, y alrededor de 1 de cada 11 padece obesidad mórbida.[6] Todos estos comportamientos, por desgracia, son formas de autosabotaje que no solo no resuelven el problema, sino que lo empeoran. Pero estamos aquí para ir más allá de los síntomas, llegar a la raíz del problema y hallar soluciones saludables que te ayuden a crecer, vivir con intensidad y alcanzar tu verdadera grandeza.

Algunas personas toman decisiones económicas equivocadas con la esperanza de que gastar más ahora o comprar ese objeto «mágico» les dé satisfacción. Y cuando no lo logran lo vuelven a intentar. Una y otra vez. Este ciclo puede ser especialmente destructivo para quienes ya viven con lo justo, pues abre un agujero de deudas que complica aún más todos los aspectos de la vida y multiplica una carga de estrés que ya antes resultaba difícil de sostener.

Podemos observar esta tendencia en el incremento de los niveles de deuda. Por ejemplo, según el Departamento de Vivienda y Desarrollo Urbano de EE. UU., los ingresos medios de los hogares estadounidenses en 2021 fueron de 79.900 dólares —casi 35.000 dólares más que en el año 2000—.[7] Sin embargo, en ese mismo período la deuda media por hogar ascendió a 145.000 dólares, lo que representa un incremento de más de 94.000 dólares. No digo que toda deuda sea, *per se*, negativa, pero este nivel de endeudamiento adicional solo añade más peso a una carga ya de por sí estresante. Es decir, en lugar de hacer que la gente mejore su situación, agrava el problema.

Hay quien se sumerge en el ajetreo diario con la esperanza de sentirse mejor u obtener cierta lucidez. Piensan que, *si fueran capaces de dar más de sí, entonces, al fin, lograrían satisfacción y marcar la diferencia*. Pero eso implica acabar con la sensación de que no hay tiempo para hacer lo que se debe en cada momento, y mucho menos para marcar la diferencia. Y, en tanto pasan los minutos, el agobio se incrementa; aparece esa presión familiar en el pecho, el peso de esa criatura encima del cuerpo, que impide respirar o siquiera pensar.

No puedes cambiar de rumbo si no sabes dónde estás en este momento.

Estas personas se sienten agotadas, como si estuvieran hechas de mantequilla o gelatina. Exhaustas. Siempre corriendo detrás de lo que les falta: descanso, sueño, relaciones, ejercicio, expectativas...: las de las amistades, la familia, los colegas del trabajo, la sociedad. Se ahogan en responsabilidades. Y entonces llega el cuerpo a cobrarse sus facturas: jaquecas, migrañas, opresión en la garganta, palpitaciones, malestar digestivo, dolores de espalda. Elige uno. El cuerpo no miente: está encendiendo la alarma. *Algo no anda bien.*

Y, cuanto más profunda se vuelve esta espiral descendente, más solo y desconectado empieza a sentirse ese individuo. *Nadie entiende lo que me pasa. No puedo hablar de esto con nadie, porque todo el mundo parece tener su vida bajo control menos yo.* Y si esa creencia se instala, el terreno queda abonado para que la amargura eche raíces. *¿Por qué me pasa esto a mí? ¿Nadie más se siente roto emocional, económica, relacional y espiritualmente (y en todos los sentidos posibles)? ¿Por qué parece que todo y todos están en mi contra?* No es de extrañar que casi el 20 % de la población estadounidense haya sufrido algún problema de salud mental...[8] ¡Y eso fue antes de la pandemia de COVID!

¿Quieres que sea realmente sincero contigo? Hasta ahora he hablado de todo ese dolor y ansiedad en tercera persona (alguien siente, experimenta, etc.), pero he de decir que yo mismo he sufrido estos síntomas en distintas ocasiones. Y tal vez tú también. Ya te he contado algunas de mis preocupaciones, y lo haré con algunas más en las páginas restantes. Así que te propongo que leas de nuevo el fragmento anterior, pero cambiando la tercera persona por la segunda. *Sientes, sufres, temes*... O, si realmente te has comprometido con alcanzar la grandeza, atrévete a usar la primera persona: *Me siento agotada. Me siento abrumado. Tengo miedo de no dar la talla. Sufro las consecuencias de ello cada día.*

No pretendo causarte más problemas, por supuesto, pero quiero que te atrevas a tratarte con honestidad. Porque no puedes cambiar de rumbo si no sabes dónde estás en este momento. No puedes albergar la esperanza de llegar a un nuevo destino si no eres consciente de cuál es tu *situación actual*. Si quieres alcanzar la cumbre de una montaña, siempre es de gran ayuda saber si estás a mitad de camino, atascado en el barro en el fondo de un valle... o a miles de kilómetros de la nada.

La lucha por la grandeza es parte esencial de lo que nos hace humanos.

Si algunas de estas descripciones te resultan familiares, has de saber que no eres la única persona a la que le pasa. ¡Ni mucho menos! Eres una más. Y con esto no pretendo banalizar los problemas ni ignorar el hecho de que hay gente con un pasado más doloroso, obstáculos más duros y prejuicios más profundos que otra. Sin embargo, tras entrevistar a expertos de todo el mundo, examinar las ideas de muchos intelectuales y hablar con personas que simplemente buscan vivir mejor, he comprendido algo fundamental: la lucha por la grandeza es parte esencial de lo que nos hace humanos. Luchar es, en el fondo, vivir.

Pero esto no quiere decir que sufrir sea indispensable.

Lo que realmente importa es cómo respondemos a los desafíos, porque todo el mundo tiene el potencial para hacer algo más, para alcanzar la grandeza. Tendrás miedo, sí. Surgirán problemas, también. Pero el gran cambio reside en qué decides hacer para afrontarlos.

Algunas personas perciben al Enemigo de la Grandeza a través de estallidos de ira repentinos e impredecibles. Estas reacciones, que a menudo parecen surgir de la nada, pueden ser provocadas por detonantes difíciles de identificar. Al principio, cuando tienen un carácter esporádico, es fácil quitarles importancia, pero con el tiempo suelen volverse más frecuentes e intensas. En la mayoría de los casos, son el reflejo de un dolor o trauma del pasado que no ha cicatrizado bien.

Me encanta la analogía de la naranja madura y jugosa: al exprimirla, lo único que puede salir es jugo, porque es lo que contiene. Bien, pues con las personas sucede lo mismo: cuando la vida nos aprieta, lo que nos sale revela lo que llevamos dentro. Si contienes paz, amor y paciencia, eso será lo que te brote en los momentos difíciles. Pero si lo que hay dentro de ti es ira, resentimiento, vergüenza o estrés (y no has aprendido a procesar ese dolor), eso será lo que se manifieste cuando pierdas las riendas de tu vida.

> **Todo el mundo tiene el potencial para hacer algo más.**

Hay personas que han aprendido a reprimir todo eso, a no verbalizar la ira ni la frustración. Pero, al guardárselo todo, lo único que logran es que se manifieste de otras formas.

Da igual lo que hagamos: los dolores internos siempre encuentran la forma de expresarse.

Yo solía cargar con mucho miedo y rabia dentro. Cuando la vida me exigía demasiado, esas emociones brotaban, y puedo asegurar que no era placentero en absoluto. Sin embargo, el proceso de sanación que emprendí me ha llevado a un lugar muy distinto: uno repleto de paz y plenitud.

LO OPUESTO DE «NO ESTÁ MAL»: «NO ESTÁ BIEN»

Algunos años después de levantarme del sofá de mi hermana y lanzarme al mundo de LinkedIn, logré abrir, como ya dije, un negocio digital con una importante facturación. Ganaba mucho dinero y ayudaba a muchas personas. Y, durante un tiempo, eso fue suficiente. Pero poco a poco empecé a darme cuenta de que, si me veía obligado a enseñar a alguien, una vez más, cómo mejorar su perfil en LinkedIn, bueno..., probablemente me explotaría la cabeza.

No era la primera vez que algo me apasionaba solo por una temporada. Por ejemplo, a los cinco años me encantaba jugar al béisbol, hasta que decidí que aquel deporte ya no era para mí, y eso fue en mi último año de secundaria. Se me daba bien (de hecho, era uno de los mejores del equipo), pero ya no me apasionaba, y no podía proyectar mi vida desde ahí. Así que dejé el béisbol y me entregué al fútbol americano, al atletismo y al baloncesto. Ese cambio me dio más tiempo para desarrollar las habilidades que me permitieron alcanzar el siguiente nivel en la universidad y lograr dos títulos universitarios, tanto en fútbol americano como en decatlón.

Al igual que el béisbol, el negocio digital fue mi pasión... hasta que dejó de serlo. En la empresa no aprovechaba al máximo mi talento y creatividad, aunque tampoco tenía claro qué otra cosa podría hacer. Claro que me sentía orgulloso por haber fundado un negocio de éxito y tener dinero en el banco. El caso es que cuando les conté a algunos amigos que estaba pensando en cambiar se sorprendieron mucho: «¿Qué estás diciendo? Ya tienes un negocio que da dinero y ayuda a mucha gente. ¿Por qué querrías cambiar?».

Sin embargo, yo sabía que no estaba en mi punto óptimo (algo que exploraremos más en el próximo capítulo). Como sucede con la mayoría, mi propósito estaba evolucionando; sentía que aquello para lo que me había preparado ya no era mi verdadero eje. Era el momento de cambiar de rumbo.

Así que, con un negocio millonario en plena expansión, le dije a mi socio que ya no podía seguir así. Me había dado cuenta hacía tiempo de que teníamos visiones distintas para la empresa, pero había seguido adelante, sacrificándome y esforzándome para que todo siguiera en marcha. A pesar de que éramos dueños de la empresa a medias, yo trabajaba el doble o el triple que él: me encargaba de las ventas, el marketing y la creación de contenido, mientras él se ocupaba de toda la operativa interna. Y en cuanto dejé de poner toda la carne en el asador, la empresa empezó a «enfriarse». Al comunicarle mi intención de retirarme del negocio, él prometió asumir parte de las ventas; incluso se responsabilizó de un *webinar* que yo solía presentar, pero no consiguió vender ni un solo producto. Mismo contenido, mismo producto, cero ventas. Fue entonces cuando comprendí que era el momento de cambiar de rumbo.

Para ser franco, en aquel entonces no teníamos la madurez ni las habilidades necesarias para comunicarnos de forma saludable sobre la situación. Creo que ambos estábamos frustrados, y en mi caso, además, era joven y egocéntrico. Hubo muchas acusaciones mutuas y, como resultado, nos dejamos de hablar por varios meses.

Solo cuando empecé a encontrar mi Misión Significativa y a trabajar en sanar mi pasado pude retomar el contacto con él desde una perspectiva completamente diferente.

Volví a hablar con mi socio desde un lugar de gratitud y paz. Él se sorprendió y me preguntó qué me había pasado. Yo me limité a responderle que estaba agradecido por todo lo que habíamos logrado juntos. En vez de frustración, ahora sentía aprecio. La empresa que habíamos creado seguía generando ingresos importantes, así que le vendí mis acciones por una buena suma y me enfoqué en descubrir la siguiente etapa de mi Misión Significativa.

¿Y SI TE RINDES?

Cuanto más pensaba Jason Redman en esa voz que había oído en el hospital, mayor era su enfado. Se despertó y, con su mano buena, escribió una nota para su esposa: le dijo que no permitiría que nadie entrara a su habitación a compadecerse de él. Nunca más. Le pidió que pusiera un gran cartel en la puerta con el siguiente aviso:

ATENCIÓN
A cualquiera que entre:

Si piensas entrar en esta habitación para compadecerte de mis heridas, pasa de largo. Me las he hecho en un trabajo que amo, por una familia a la que amo y para defender la libertad de un país al que amo profundamente. Soy muy fuerte y me recuperaré por completo. ¿Qué significa eso? Que me recuperaré tanto como el cuerpo me permita y todavía un poco más, por pura fortaleza mental. Esta habitación es un espacio de diversión, optimismo e intensa rehabilitación. Si no te han preparado para eso, mejor que no entres.

La dirección[9]

Una vez que Jason decidió adoptar una mentalidad positiva, inició un proceso de recuperación que fue lento y doloroso. Sin embargo, el manifiesto que había colocado en la puerta de su habitación se volvió viral. Pasado un tiempo, el presidente George W. Bush lo invitó a la Casa Blanca, y más adelante la primera dama Michelle Obama mencionó la nota en dos de sus libros. También fue destacada en una obra del secretario de Defensa, Robert Gates. Pero, más allá de todos estos reconocimientos, lo principal fue que inspiró a millones de personas a afrontar sus propios desafíos con resiliencia. Hoy, aquella nota (firmada por el presidente Bush) está colgada en un pasillo de la Unidad para Soldados Heridos de Bethesda, donde continúa motivando a otras personas, mientras que Redman, ya recuperado, sigue comprometido con su Misión Significativa.

La grandeza no llega por accidente.

Esto es lo que me dijo: «Necesitamos formar a personas en la resiliencia y ayudarles a entender que, a veces, nadie vendrá a salvarte. Todo comienza contigo. Eres tú quien debe levantarse y avanzar. La resiliencia nace, en parte, de esa decisión de seguir adelante».[10] En otras palabras, la grandeza no llega por accidente. Nadie se tropieza por accidente y cae en ella. El doctor Jordan Peterson, profesor canadiense de psicología, incluso aconseja a los padres no facilitarles demasiado la vida a sus hijos, ya que eso les impedirá desarrollar resiliencia. La ausencia de desafíos puede, en realidad, perjudicar su crecimiento.[11]

Pero ¿y si decides no buscar la grandeza ni adoptar esta mentalidad positiva? ¿Cómo será entonces tu vida? Podría ser de mil maneras, pero todas ellas estarían marcadas por el sufrimiento, la tristeza, la soledad o el victimismo. Quizá desde fuera parezca que llevas una vida estupenda (con familia, hijos, coches, barcos, viajes o lo que sea que definas como éxito externo), pero es posible que dejaras escapar la posibilidad de gozar de una vida verdaderamente significativa.

> **Puedes elegir quedarte ahí [. . .] pero entonces nunca descubrirás tu aportación más importante y significativa al mundo.**

John Glenn, uno de los primeros estadounidenses en viajar al espacio y orbitar alrededor de la Tierra, fue senador muchos años y recibió la Medalla Presidencial de la Libertad en 2012, de manos de Barack Obama. También fue la persona de mayor edad en viajar al espacio, a los 77 años. «Si hay algo que he aprendido en todos mis años en este planeta —dijo—, es que las personas más felices y plenas que he conocido son las que se entregaron a algo más grande y profundo que su propio interés personal».[12]

Es posible que estés siguiendo un camino en la vida que encaja con lo que crees que *deberías* hacer, pero no con lo que realmente marcaría tu destino. O tal vez ese camino fue el correcto durante una etapa de tu vida, pero ahora has evolucionado y te encuentras en un lugar que ya no te satisface. Puedes elegir quedarte ahí, haciendo lo que crees que los demás esperan de ti, pero entonces nunca descubrirás tu aportación más importante y significativa al mundo.

O, peor aún, en lugar de afrontar nuevos retos, como Redman, puedes convivir con la frustración y convertirte en una persona amargada y colérica. El mundo está lleno de gente que, tras enfrentarse a ciertas dificultades, elige ser el villano de su propia historia. Y entonces empieza a herir a otras personas. Nadie se propone ser ese tipo de individuo, pero sucede.

Yo quiero algo mucho, muchísimo mejor para ti: la grandeza. Y si has llegado hasta aquí supongo que también es lo que quieres para ti. Así que, antes de que empieces a descubrir de forma intencional tu Misión Significativa, dediquemos algo de tiempo a averiguar en qué situación te encuentras.

EVALUACIÓN DE RENDIMIENTO HACIA LA GRANDEZA

Vivir una gran vida es posible si prestas atención a tres áreas fundamentales. Me gusta llamarlas *los Tres Jugadores*: Negocios, Relaciones y Bienestar. Aunque puede ser tentador enfocarte solo en una o dos de ellas, alcanzar la grandeza requiere desarrollar las tres.

En nuestro programa de *Coaching hacia la Grandeza,* ayudamos a la gente a evaluar cómo está trabajando cada uno de estos aspectos. Esta sencilla evaluación te ayudará a reconocer tus puntos fuertes, a identificar tus áreas de mejora y a enfocarte en lo que realmente necesitas para avanzar hacia una vida con propósito y plenitud.

A continuación, encontrarás una versión resumida de la evaluación que usamos en *Coaching hacia la Grandeza*:

Asigna a cada enunciado una puntuación del 1 al 10.

(1 = «Estoy muy en desacuerdo» y 10 = «Estoy muy de acuerdo»)

¿Hasta qué punto describen con precisión tu situación actual las siguientes afirmaciones?

Negocios y carrera profesional

1. Estoy haciendo, desde el punto de vista profesional, lo que amo y lo que en realidad deseo hacer. ☐
2. Estoy generando los ingresos o ganancias que deseo, de acuerdo con mis capacidades. ☐
3. Mi trabajo o esfuerzo profesional tiene un impacto positivo en otras personas. ☐
4. Avanzo de manera constante y tangible hacia mis metas profesionales. ☐
5. Tengo un plan de acción para crecer desde el punto de vista profesional y económico en los próximos tres años.. ☐

(Suma los puntos de los ítems del 1 al 5)
Puntuación total de Negocios y carrera profesional: ______

(Divide la puntuación total entre 5)
Promedio (GPA) en Negocios: ______

Relaciones

1. Mis relaciones familiares o de pareja son saludables, satisfactorias y cumplen mis expectativas. ☐
2. Participo de forma regular en actividades sociales (encuentros con amigos, eventos después del trabajo, etc.). ☐

3. Invierto tiempo y energía en las relaciones con mi familia, pareja, amistades y colegas. ☐

4. Pongo en práctica una comunicación honesta, incluso cuando el tema a tratar es incómodo o difícil. ☐

5. Tengo un plan de acción para crecer en mis relaciones durante los próximos tres años. ☐

(Suma los puntos de los ítems del 1 al 5)
Puntuación total en Relaciones: ______

(Divide la puntuación total entre 5)
Promedio (GPA) en Relaciones: ______

Bienestar

1. I Tengo un físico saludable y hago ejercicio de forma regular. ☐

2. Tomo decisiones conscientes y saludables sobre mi alimentación de manera habitual. ☐

3. Duermo bien y doy prioridad a un buen descanso. ☐

4. Practico con frecuencia el autocuidado y adopto estrategias para optimizar mi salud mental. ☐

5. Tengo un plan de acción para mejorar mi salud durante los próximos tres años. ☐

(Suma los puntos de los ítems del 1 al 5)
Puntuación total en Bienestar: ______

(Divide la puntuación total entre 5)
Promedio (GPA) en Bienestar: ______

Tus resultados

Tu Promedio General acumulado (GPA): ____

(Suma tus promedios de Negocios, Relaciones y Bienestar y divide el total entre 3).

¿Cómo te ha ido?

Usa la siguiente escala para evaluar en qué nivel te encuentras ahora:

RECONSTRUYENDO	ACELERANDO	GANANDO	EN LA CLASIFICACIÓN PARA LA FASE FINAL	CAMPEÓN/A
2,0–4,4	4,5–5,9	6,0–7,4	7,5–8,9	9,0–10,0

PRIMER PASO

El Enemigo de la Grandeza

Capítulo 3

¿Y SI TU MISIÓN SIGNIFICATIVA PASA DE LARGO?

Solo 7 dólares. Eso es todo lo que tenía en los bolsillos cuando tocó fondo.

Durante años, había dedicado tiempo, esfuerzo y energía a un único sueño: perseguir la grandeza en el campo de juego y llegar a la NFL. Tenía los mimbres necesarios. Se esforzó muchísimo y cuando le ofrecieron una beca deportiva para la universidad medía casi 2 metros y pesaba unos 130 kilos.

Pero el talento y el deseo no siempre bastan.

Jugó los siguientes cuatro años sin destacar demasiado, compartiendo equipo con futuros miembros del Salón de la Fama de la NFL. Pero en su último año sufrió una lesión en el hombro y tuvo una temporada para olvidar. Cuando llegó el *draft* de la NFL, no lo seleccionaron. Sin embargo, su sueño de dedicarse al fútbol profesional seguía intacto, así que aceptó un contrato de 250 dólares semanales con un equipo de la Liga Canadiense de Fútbol. (Curiosamente, esa era la misma cantidad que yo ganaba jugando en la Arena Football League, persiguiendo mi propio sueño de llegar a la NFL).

Se entregó con pasión, compromiso y la voluntad de dar lo mejor de sí, pero el equipo ya tenía una línea defensiva consolidada. Un día, el entrenador lo llamó para pedirle que le devolviera el libro de estrategias:

—Respeto tu entrega y determinación, pero, por desgracia, no puedo ofrecerte la oportunidad que mereces. Lo siento, pero no tienes sitio en el equipo.

Al parecer, su sueño de ser profesional acababa de esfumarse.

Consiguió que alguien lo llevara al aeropuerto y, con el corazón encogido, tomó el largo vuelo de regreso al sur de Florida. Al aterrizar en Miami hizo lo único que se le ocurrió: llamó a sus padres, que vivían en Tampa, para que fueran a buscarlo y le ofrecieran un lugar donde quedarse. Durante el largo trayecto por los Everglades en la pequeña camioneta roja de su padre, pensó en el porvenir. Tenía veinticuatro años, había soñado con ser deportista profesional, millonario, y ahora volvía a vivir con sus padres. Mientras reflexionaba sobre su propósito, sacó la cartera para saber de cuánto dinero disponía: un billete de 5 dólares, otro de un dólar y un puñado de monedas sueltas.

Lo que hacía todavía más dolorosa aquella situación era que su vida nunca había sido fácil. De niño, había dado tumbos por trece estados distintos. En su adolescencia vivió con su madre en Hawái, mientras sus padres estaban separados, pero al ser desalojados de su casa acabaron viviendo en un coche. Recordaba con claridad las noches en las que veía llorar a su madre, preguntándose entre lágrimas: «¿Y ahora qué vamos a hacer?».

Para ayudarla a pagar las deudas, empezó a robar a los turistas que visitaban la isla. Esa decisión lo llevó a la cárcel ocho veces. Al entrar en la universidad y empezar a perseguir su sueño de llegar a la NFL creyó que, por fin, su suerte había cambiado. Pero ahora estaba ahí, mirando los escasos 7 dólares que le quedaban en la billetera, con la pregunta de su madre resonándole en la cabeza: *¿Y ahora qué voy a hacer?*

Pasó las siguientes semanas tirado en el sofá, alternando entre ver en la tele el juicio de O. J. Simpson y limpiar cada rincón del apartamento, obsesionado con borrar hasta la más mínima imperfección.[1] Hasta que, tras un par de semanas, tuvo una revelación:

> Me di cuenta de que estaba hecho para algo más. El mundo tendría noticias mías. No sabía ni cómo hacerlo ni por dónde

empezar, pero estaba seguro de que mi vida tenía que ir más allá de quedarme de brazos cruzados en ese minúsculo apartamento, deprimido y barriendo sin parar.[2]

Él sabía que tenía una Misión Significativa. Solo necesitaba encontrarla. Pero no lo lograría sentado en el sofá. Por eso decidió sacar partido a su tamaño y convertirse en luchador profesional. Se dirigió, pues, al gimnasio y empezó a entrenar como un hombre con un claro objetivo.

Su padre había sido un luchador famoso, así que le pidió ayuda con el entrenamiento y dedicó toda esa perseverancia y tenacidad que antes había puesto en el fútbol americano a su nueva misión: marcar la diferencia y, de alguna manera, alcanzar la grandeza. Y, aunque el éxito no llegó de inmediato, valió la pena. Comenzó a luchar bajo el nombre de Rocky Maivia, un juego de palabras con los nombres de su padre y su abuelo, pero en aquella ocasión fue abucheado con rotundidad por el público. Luego se convirtió en el Blue Chipper, y la reacción fue igual de negativa. Sin embargo, estaba aprendiendo tanto las habilidades deportivas como las dinámicas del mundo del espectáculo. Al final creo un nuevo personaje que rompió todos los récords.

Ataviado de negro de la cabeza a los pies, se convirtió en el villano que todo el mundo quiere odiar, pero al que el público adoraba. En los siguientes siete años dominó el mundo de la lucha libre y ganó el título mundial cada año. Finalmente, había logrado su misión. Pero no tenía suficiente.

Es posible que nunca hayas tenido afición por la lucha libre, pero sí que casi seguro has oído hablar de él, porque, a medida que Dwayne «The Rock» Johnson brillaba en el aspecto teatral del espectáculo, su misión fue evolucionando. Y tenía los ojos puestos en algo más grande: Hollywood.

LA ESENCIA DEL ENEMIGO

Mientras Dwayne Johnson no tenía clara su Misión Significativa, le costaba progresar en la vida. Pero en cuanto se enfrentó a ese Enemigo de la Grandeza activó una cadena de acontecimientos que lo impulsó hacia el éxito y que todavía sigue en marcha.

¿Por qué llamo a la falta de una Misión Significativa el Enemigo de la Grandeza? Es sencillo: si no tienes un rumbo claro, no puedes avanzar. ¿Para qué molestarse? Mucha gente piensa que es mejor quedarse donde está que enfrentarse a lo desconocido. Y aunque tengas mucha ambición e intentes progresar, sin un rumbo es probable que pierdas el norte y termines persiguiendo cualquier estupidez. Estarás siempre haciendo cosas, pero al final del día sentirás que no has avanzado. Y eso puede ser aún más frustrante. Después del esfuerzo que has hecho, no has conseguida nada. Y es ahí cuando algunas personas comienzan a perder la esperanza y recurren a mecanismos de defensa para aliviar el dolor. Pero nadie quiere eso.

> **Si no tienes un rumbo claro, no puedes avanzar.**

Y, sin embargo, así puede ser tu vida cada día cuando no te has enfrentado al Enemigo de la Grandeza. Este permanece siempre al acecho, en las sombras, invisible pero muy poderoso, moldeando la historia de cada cual sin que la gente lo note. Hasta que un día descubren que la vida les pasó de largo. «Tu propósito debe ser la misión más importante de tu vida. Si no estás caminando hacia él, entonces estás trabajando y viviendo para morir». Eso me dijo Nicole Lynn (la primera mujer en representar a una de las principales agencias de la NFL) durante una conversación en mi podcast. «Tienes que descubrir cuál es ese propósito, esa llamada».[3]

Sri Sri Ravi Shankar, conocido como Gurudev, es un maestro de yoga, líder espiritual y embajador de la paz. Es el creador de la fundación El Arte de Vivir y ha ayudado durante más de 40 años a millones de personas a encontrar paz interior y plenitud. Cuando le pregunté qué sucede cuando los seres humanos no tienen una Misión Significativa, me respondió:

> Para empezar, viven una existencia rutinaria, dominada por el aburrimiento, en la que el intelecto entra en letargo. En ese estado, ni siquiera sientes la necesidad de buscar un propósito, porque te limitas a existir. Pero llega un momento, con la madurez, en que empiezas a preguntarte: «¿Cuál es el propósito de la vida?». Esa pregunta es la señal de un intelecto

que ha madurado. Y cuando nace en nosotros ese espíritu de búsqueda, esa inquietud por comprender la vida misma, entonces comienza de verdad nuestro viaje espiritual.[4]

Lo cierto es que no tener una misión clara alimenta los miedos más profundos que todo el mundo lleva dentro: ¿y si en el fondo no somos lo bastante brillantes? ¿Y si no tenemos lo necesario para triunfar? ¿Y si el verdadero problema lo tenemos dentro? Cuando no sabes hacia dónde vas ni por qué, es natural que empieces a dudar más de ti. Pero si tienes claro hacia dónde vas puedes aprender a transformar esos miedos en confianza y a superar esa molesta sensación de inseguridad.

Tener una Misión Significativa te permite acabar con la inercia que te impulsa a vagar sin rumbo y a etiquetar de «éxito» a algo que en el fondo no lo es. Créeme, sé muy bien cómo es esa sensación de extravío; aún recuerdo las interminables madrugadas viendo anuncios de «hazte rico rápidamente» cuando dormía en el sofá de casa de mi hermana. Y también sé lo que es alcanzar el éxito y darte cuenta de que no es suficiente, que tu vida no te llena.

Para mí todo empezó a cambiar el día que, atrapado en el tráfico de Los Ángeles, vislumbré por primera vez el comienzo de mi propia Misión Significativa.

DE VUELTA A LA ESCUELA

Era un caluroso día de verano y yo estaba metido en un atasco en la autopista 405. El aire acondicionado apenas funcionaba, y el calor abrasador de agosto hacía aquello aún más insoportable. En dos horas no había avanzado ni 3 km, así que tenía tiempo de sobra para tamborilear en el volante con los dedos... y pensar. Mi coche era un clásico: un Cadillac de 1997, dos puertas, asientos de cuero, una radio inservible y un reproductor de CD. Lo había adquirido por 4000 dólares. Parecía más bien el coche de mi abuelo, pero cumplía con su propósito: me llevaba a donde necesitaba ir.

Me había mudado a Los Ángeles hacía apenas unos meses y todavía no había logrado sentirme en casa. Como te conté, vendí mi negocio anterior a mi socio por una buena cantidad. No todo había salido de maravilla, pero el trato estaba cerrado. Aunque no sabía qué hacer, era libre para empezar de nuevo.

Seguí adelante con la esperanza de que algo tomara forma, pero notaba una frustración constante en mi vida. Era joven, estaba sano y había ganado lo que mucha gente consideraría una gran cantidad de dinero. Pero, aun así, me sentía vacío. Mis relaciones personales tampoco funcionaban del todo bien, y esa falta de propósito empezó a afectar a mi salud física y mental. Sentía que mi vida se desmoronaba.

Así que aquel día, en medio del atasco y con el rumor entrecortado de la radio de fondo, me planteé estas preguntas: *¿Por qué no estoy bien por dentro? ¿Por qué me siento insatisfecho? ¿Por qué no siento que gozo de una vida plena si he tenido éxito estos últimos años? He logrado cumplir mis metas y objetivos. Entonces, ¿por qué me siento vacío?*

Sabía que me apasionaba hacer entrevistas, formular preguntas y aprender. Sin embargo, no tenía ni idea de cómo convertir eso en una forma de ganarme la vida. Entonces, de pronto, lo vi claro: estaba atascado. Y no era el único: me hallaba rodeado de gente en la misma situación. Bastaba con mirar a mi alrededor: los bocinazos, los gritos… Y no solo era por el tráfico, era algo más profundo, como lo que yo sentía: una frustración vital. Y entonces caí en la cuenta de que quizá había millones o miles de millones de personas como ellos, como yo. ¿Y si pudiera hablarles? ¿Y si pudiera prestarles mi ayuda? ¿Y si, al mismo tiempo, era capaz de ganarme la vida con eso?

Entonces puse en marcha el motor. No el del coche, claro, porque seguía en el atasco, pero empecé a maquinar. En ese momento ya había oído hablar de los podcasts, aunque quedaban lejos de lo que han llegado a ser en la actualidad. Si mencionabas alguno, la mayoría de la gente te preguntaba qué era aquello. Y, la verdad, ese tema casi nunca surgía de forma natural en una conversación. Conocía a un par de personas que se dedicaban a ello, pero todavía no le sacaban ningún partido económico. Aun así, empecé a preguntarme: *¿Y si yo pudiera?* Después de todo, ya había entrevistado a todo tipo de personas, aunque solo fuera por curiosidad y por el placer de aprender. ¿Y si pudiera hacer eso que tanto me gusta, grabar esas conversaciones y compartirlas con el mundo para ayudar a más gente?

Así que, todavía atrapado en el coche, completamente inmóvil, empecé a llamar a algunos amigos que estaban metidos en el mundo del *podcasting*. Tanto Derek Halpern como Pat Flynn me animaron a seguir adelante. Me dijeron cosas del tipo: «Es una de mis actividades favoritas» o «Es la mejor herramienta para conectar con una audiencia». Como en todo ese rato no había avanzado más de 3 metros, también llamé a mi amigo James Wedmore para conocer su opinión. Coincidió con los comentarios positivos de los demás, y empezamos a intercambiar ideas sobre cómo podría llamarse el programa.

Desde ese estado de lucidez consciente, y en medio de mi desorden interno, le dije a James que ojalá en la escuela me hubieran enseñado lo que necesitaba de verdad en la vida para sentirme bien. En vez de eso, siempre me sentí torpe, lento, insuficiente. Me habría encantado que existiera una escuela diferente: una que enseñara cómo afrontar el miedo, el fracaso y la inseguridad; cómo gestionar el dinero; cómo forjar relaciones sanas y significativas; cómo cuidar la salud emocional..., incluso cómo alimentarse bien y mantenerse en buena forma física.

En ese momento sentía que mi vida se estaba desmoronando. Solo deseaba que existiera una escuela donde se hablara de lo que importa de verdad; no solo de cómo alcanzar metas o tener éxito, sino de cómo vivir una vida plena. Eso era lo que yo quería: *vivir una gran vida.*

¿Y si existiera una... escuela... que enseñara cómo lograrlo? ¿Y si hubiera una... Escuela de Grandeza (*The School of Greatness*, en inglés)?

¡Bingo!

El nombre del programa se me ocurrió de inmediato, cayó sobre mí como un rayo en medio del tráfico. Y así fue, estando atascado (en la carretera y en la vida) surgió la idea de crear un podcast que pudiera ayudarme a salir de ese punto muerto. Y no solo a mí, también a quienes me rodeaban... y a millones más, para que pudieran tener una vida plena, significativa, con un propósito.

SENTIDO Y PROPÓSITO

Una de las personas a las que he entrevistado en múltiples ocasiones, y con quien he compartido conversaciones muy reveladoras, es Tony Robbins. Él suele decirme que la mayoría de la gente tiene dificultades para plantearse una gran visión de futuro porque se enfocan demasiado en *cómo* lograrlo en lugar de preguntarse *por qué* quieren hacerlo. Y es que, una vez que tienes claro tu porqué, el cómo empieza a resolverse solo.[5]

Al principio, nadie puede ver con claridad cómo cumplir una misión, porque nuestra perspectiva está limitada por la experiencia. Dicho de otro modo, vemos el mundo a través de la lente del pasado, no del futuro. Pero basta con empezar a avanzar para que ese punto de vista cambie. Oportunidades que antes parecían imposibles comienzan a surgir; conexiones inesperadas nos abren puertas que ni sabíamos que existían; recursos que creíamos fuera de nuestro alcance parecen de pronto accesibles, porque adquirimos nuevos conocimientos y disponemos de herramientas que antes ni siquiera imaginábamos. Y todo eso se inicia en el momento en que se tiene una Misión Significativa.

Es probable que ahora mismo te estés haciendo dos preguntas básicas: ¿qué hace que una misión sea significativa? Y ¿por qué llamarlo «misión»?

Nadie, salvo tú, puede elegir tu Misión Significativa

Para que una misión tenga sentido, primero debe ser algo personal, algo tuyo. Ha de conectar contigo a un nivel profundo y genuino. No puede ser algo que quieran imponerte, ni que aceptes por accidente u obligación. Debe ser una decisión consciente: la elección intencional de un camino que de verdad sea importante en tu vida. Y esto es crucial, porque significa que nadie, salvo tú, puede elegir tu Misión Significativa.

El primer paso para descubrir esa misión es actuar con honestidad respecto a ti, sin excusas ni justificaciones. Si yo mismo en aquel momento, atrapado en el atasco, no hubiera sido sincero conmigo respecto a mi situación, nunca habría buscado ayuda ni habría anhelado algo diferente. Es bastante probable que siguiera atrapado en un atasco vital, esperando que alguien me rescatara de mí mismo.

En cuanto fui capaz de contemplarme con claridad, pude hacerme la pregunta clave: *¿Qué quiero en realidad?* Lo cual, a su vez, me permite explicar por qué lo llamo misión: porque una misión conecta con algo mucho más profundo y significativo que, por ejemplo, una salida o un viaje. No se trata de unas simples vacaciones. Una misión recurre a lo más profundo de nuestra alma y nos anima a ir más allá de lo que somos.

Igual que una epopeya, una misión tiene un propósito claro y un enfoque único, además de una llamada interior que te obliga a superar los obstáculos. Por eso no usamos la palabra «misión» para referirnos a una visita al supermercado o al dentista, o a una escapada a un parque de atracciones. Por definición, una misión es algo mucho más grande; requiere tiempo, determinación y coraje para cumplirla; suele transformar a quien la emprende, convirtiendo a ese individuo en una mejor versión de sí mismo. Y siempre implica que el destino es más grande o significativo que cualquier otro que hayas alcanzado antes. Después de todo, si se tratara de algo que ya hiciste y pudieras repetir con facilidad, sería difícil que fuera una misión.

Una misión recurre a lo más profundo de nuestra alma y nos anima a ir más allá de lo que somos.

Al comenzar ese ejercicio de autohonestidad sobre dónde estaba y qué quería en la vida, mi Misión Significativa empezó a tomar forma. Y hoy en día mi misión está clara:

Conectar con 100 millones de personas cada semana para ayudarlas a mejorar su calidad de vida y a superar lo que las frena.

Establecer un número concreto de personas con las que conectar en mi misión me permite medir las acciones y evaluar el progreso hacia esa meta. Y una vez que la alcance reevaluaré tanto la misión como la siguiente etapa de mi vida.

Y esto es fundamental: mi misión *no* se limita a presentar un podcast, un programa de televisión ni nada por el estilo. El podcast y las demás plataformas son solo los medios para cumplirla.

Dicho de otra manera, tener claro cuál es tu Misión Significativa en el presente no significa que siempre sea la misma. Para que una misión siga siendo relevante debe evolucionar conforme tú creces y cambias. Por ejemplo, durante mucho tiempo me encantaba jugar al béisbol, hasta que dejó de apasionarme. Más tarde, hallé satisfacción en el negocio de LinkedIn, pero llegó un punto en el que aquello también cambió. Y eso está bien. Hoy en día, la forma en que sirvo a otras personas es a través del programa *The School of Greatness*, utilizando distintas plataformas para crear y distribuir contenido similar. Pero llegará un momento en que los detalles de esa misión cambiarán, ya sea por la aparición de avances tecnológicos o de nuevas oportunidades. No sé cómo será el futuro, pero tengo claro que mi Misión Significativa seguirá evolucionando para ayudar a la gente a mejorar su calidad de vida y superar lo que le impida avanzar.

> **Para que una misión siga siendo relevante debe evolucionar conforme tú creces y cambias.**

Katy Milkman, afamada científica del comportamiento y profesora en la Wharton School de la Universidad de Pensilvania, describe la esencia de la grandeza como tener claro tu propósito o misión, de modo que este se convierta en tu estrella polar. Katy me explicó que, una vez que alguien ha definido bien su «estrella» y ha edificado su vida para estar alineada con ella en todos los ámbitos, entonces siente que está en presencia de la verdadera grandeza. Por eso, si tienes clara tu misión puedes empezar a estructurar todo lo demás a su alrededor y vivir una vida mucho más intencional, sin importar cuál sea el mecanismo que elijas.[6]

En otras palabras, el mecanismo no tiene por qué ser siempre el mismo. Sin embargo, con independencia de los cambios, tu pasión y tus fortalezas siempre te impulsarán a ejercer un impacto significativo en el mundo desde tu lugar ideal.

Es fundamental que consideres qué mecanismo resuena contigo en la etapa vital en la que te encuentras. Por ejemplo, quizá sientas una gran pasión por servir a los demás, pero eso no significa, por necesidad, que debas ser taxista o trabajar en Uber. O tal vez esa sea justo la actividad que te llena de energía. Si es así, ¡fantástico! Existen, literalmente, millones de mecanismos diferentes que puedes elegir para hacer un gran bien a muchas personas. La clave está en mantener la intencionalidad en cada paso para desvelar tu Misión Significativa, y prepararte para el mecanismo de servicio que funcione para ti.

Pero seré franco en este aspecto: el dinero puede nublar tu perspectiva. Como dijo Zig Ziglar: «El dinero no es lo más importante, pero para vivir puede ser tan necesario como el oxígeno».[7] He pasado por épocas sin dinero, con algo de dinero y también con mucho dinero. Y sí, siendo honesto, prefiero tenerlo a no tenerlo. Y eso no significa que no existan más desafíos y presiones cuando tienes más.

Tu pasión y tus fortalezas siempre te impulsarán a ejercer un impacto significativo en el mundo.

El dinero compra muchas cosas; y, además, te permite elegir, contar con más opciones y mayor libertad. Sin embargo, no puede comprar tu plenitud. Por eso, al evaluar tu Misión Significativa intenta sacarlo de la ecuación. Pregúntate: *Si el dinero no fuera un problema nunca más, ¿qué haría? ¿Qué me ilusionaría hacer cada día?* Procura que las elecciones que te llevan hacia tu Misión Significativa no estén motivadas solo por el dinero, porque entonces será efímera.

Lo esencial es entender que tu Misión Significativa no es algo que eliges una sola vez: se trata de un proceso continuo de evaluación, a lo largo de tu vida. Yo comencé con un podcast solo en formato de audio. Hoy, gracias a mi increíble equipo, tenemos uno de los canales de YouTube más populares, con contenido audiovisual y una presencia creciente en redes sociales. Estamos expandiéndonos a otros países y explorando distintos medios para cumplir con la misión.

Aférrate a tu misión con firmeza, pero muéstrate flexible con el mecanismo. No dejes que el «cómo» te impida perseguir y concentrarte en tu «porqué».

DESCUBRE TU PUNTO IDEAL

¿Lo que estás haciendo ahora mismo es la mejor manera de aprovechar tu tiempo y tus cualidades? Conocer tu punto ideal te ayudará a responder a esa pregunta de forma clara. Para descubrirlo, considera tres factores:

Pasión

Tu Misión Significativa comienza donde late tu corazón. *The Rock* sentía pasión por el fútbol americano y aprovechó su físico para mantenerse activo; más adelante, desarrolló un profundo amor por el espectáculo de la lucha libre. En mi caso, siempre me fascinó hacer preguntas, entrevistar y aprender.

Plantéate las siguientes preguntas y escucha con honestidad lo que responde tu voz interior:

- ¿Qué te apasiona de verdad?
- ¿Qué te hace levantarte con entusiasmo por la mañana?
- Si el dinero no fuera un problema, ¿qué te encantaría hacer?
- ¿Qué harías todo el día, todos los días, aunque no te pagaran por ello?
- ¿Qué causas y experiencias te entusiasman?

Poder

Pero la pasión, por sí sola, no es suficiente. Puedes adorar algo, pero si no tienes las habilidades necesarias para sobresalir en ello lo más probable es que hayas encontrado un pasatiempo valioso más que tu punto ideal. En mi caso, me encanta bailar salsa. Más que una afición es una forma de expresar mi identidad. Durante años viajé por el mundo buscando los mejores clubes de salsa en ciudades como Nueva York, Miami, Los Ángeles, San Francisco, Vancouver, Ciudad de México, Buenos Aires, Londres, París, Bangkok, Sídney y muchas más. En cada boda a la que asisto pido que pongan salsa, y si la escucho en un restaurante no puedo evitar levantarme a bailar. Lo admito: soy un poco raro con eso... ¡pero me encanta! Podría encontrar una forma de ganar dinero con ello, incluso de integrarlo en mi misión, pero la verdad es que no me llama lo suficiente como para convertirlo en el eje de mi vida (al menos no en esta etapa). Así que, por ahora, sigue siendo solamente una pasión.

Tus puntos fuertes distintivos son parte de tu configuración natural; te otorgan ventaja en ciertas situaciones. Nadie nace con todas las habilidades necesarias para hacerlo todo bien. Por eso la gente se necesita entre sí. Tus fortalezas te dan poder en las situaciones que las requieren. A partir de ahí puedes desarrollar las habilidades que te permitan aprovechar al máximo ese poder. Por ejemplo, como ya he dicho, me encanta hacer preguntas y aprender de otras personas; eso está en mi naturaleza. Pero también me he formado en el arte de la entrevista para convertir esa inclinación en una competencia sólida. Una vez que combinas cualidades naturales con habilidades desarrolladas, ya eres capaz para hacer una contribución poderosa desde tu punto ideal.

Problema

Muchas personas pasan la vida huyendo de los problemas. Pero cuando sigues una Misión Significativa desde tu punto ideal haces justo lo contrario: buscas de forma activa un problema que necesite ser resuelto. Es decir, en lugar de evitar el reto, lo afrontas con valentía... y al hacerlo transformas el mundo a tu alrededor.

En otras palabras, puedes convertirte en héroe de tu propia historia. Donald Miller, autor de *Hero on a Mission*, me lo explicó así: toda buena historia necesita un problema y un héroe con disposición a resolverlo. Si no hay problema, no hay historia. Por lo tanto, encuentras tu Misión Significativa cuando identificas un problema en el mundo que necesita solución.[8]

Por ejemplo, Kelly Simpson, miembro de la comunidad de Greatness Academy, era una experimentada agente inmobiliaria que detectó un grave problema: una epidemia de ataques violentos contra agentes del sector. Se estaba haciendo muy poco para preparar y proteger a estos profesionales, así que ella fundó el National Safety Council of Real Estate, redactó una guía práctica de seguridad para agentes inmobiliarios y diseñó entrenamientos y materiales para que se mantuvieran a salvo. Es decir, vio un problema que se alineaba con su pasión y sus fortalezas, y lo convirtió en parte de su propia Misión Significativa.

De todos modos, sea cual sea el problema, hallar una solución debe resonar contigo. En un evento con Gurudev, una joven le preguntó qué se podía hacer para frenar el calentamiento global. Su respuesta fue directa y clara: «Es evidente que te apasiona iniciar un cambio, así que confío en que seguirás los pasos para lograrlo. La pasión es lo que impulsa la acción. Si no la tienes, no serás capaz de mantener el esfuerzo a largo plazo».

Este enfoque —es decir, la resolución de problemas— coincide con lo que en realidad alimenta nuestro sentido de realización y felicidad. La doctora Laurie Santos, profesora de Yale y conductora del podcast *The Happiness Lab*, me explicó: «Existe la creencia equivocada de que la felicidad consiste solo en el autocuidado. Pero la ciencia ha demostrado que las personas más felices están orientadas hacia los demás; buscan establecer conexiones sociales y se preocupan por cómo ayudar a otras personas y contribuir a su bienestar. Eso es lo que parece conducir a una vida plena y feliz».[9]

De manera similar, Gurudev describe tres niveles de inteligencia:[10]

1. Las personas con poca inteligencia buscan el placer inmediato para sí mismas.
2. Las personas con inteligencia media actúan por deber y se enfocan en seguir las normas.
3. El nivel más alto de inteligencia corresponde a quienes desean sembrar alegría dedicándose a los demás.

Según esta definición, las personas inteligentes de verdad se preocupan por ayudar a su pareja, familia y comunidad, más allá de cumplir las reglas o seguir sus propios intereses. Lo hermoso de esta inteligencia (o conciencia) es que no es innata, sino una cualidad que cualquiera puede elegir, cultivar y desarrollar.

El exdirector de la CIA, John Brennan, me comentó una vez que él define la grandeza como «hacer algo que beneficie a más personas que a uno mismo y llevar a cabo una contribución significativa a la humanidad».[11] También añadió que no hace falta tener un perfil público destacado, sino la voluntad de responder con determinación cuando surge una necesidad. Para que algo sea significativo de verdad, me explicó, debe ejercer impacto en una o más personas que no sean uno mismo.

Para que quede claro, no siempre alcanzamos una lucidez absoluta desde el principio sobre nuestro punto ideal. Muchas veces surge a medida que vamos poniendo en práctica nuestras pasiones y fortalezas. Es posible que necesites cinco o diez años para descubrirlo, e incluso entonces tal vez te haga falta un plan para desarrollar las habilidades necesarias.

Robert Greene, autor bestseller del *New York Times* con libros como *Las 48 leyes del poder, El arte de la seducción, Las 33 estrategias de la guerra* y *La ley 50*, me confesó que él tampoco supo en todo momento cuál era su punto ideal. Probó como periodista y tuvo éxito, pero siempre notó cierta resistencia interna. Luego intentó escribir guiones para televisión y cine; esas opciones le resultaron aceptables, pero seguían sin ser su punto ideal. Tras una década de probar distintos caminos decidió enfocarse en su pasión por un tema específico, que combinó con las habilidades que había desarrollado, y publicó un libro que poca gente creía que tendría éxito: *Las 48 leyes del poder*. En el momento en que escribo esto, el libro cuenta con más de 35.000 reseñas en Amazon, y su impacto en el mundo sigue creciendo.[12]

Está bien si te lleva tiempo encontrar tu punto ideal y tu Misión Significativa. Es normal. Lo importante es seguir avanzando y no conformarte hasta lograrlo.

CÓMO PONER EN MARCHA LA GRANDEZA

Ejercicio 1. El Itinerario del Día Perfecto

El Itinerario del Día Perfecto (IDP) tal vez sea uno de los ejercicios más potentes que jamás hagas en tu favor, así que asegúrate de dedicarle el tiempo suficiente. He enseñado este ejercicio a muchos emprendedores sin rumbo, y la mayoría me ha confesado que le cambió la vida. Eso nunca me sorprende, porque creo que este ejercicio fue la base para crear la hermosa existencia que yo mismo vivo hoy.

PASO 1. DISEÑA TU DÍA PERFECTO

En este ejercicio, tu objetivo es imaginar con claridad cómo sería tu día perfecto mientras avanzas hacia la realización de tu visión. Empezaremos desde una perspectiva amplia, planteándonos algunas preguntas clave:

- ¿Cómo te gustaría que fuera cada día?
- ¿Cómo quieres sentirte cada día? ¿Qué estás creando de forma constante?
- ¿Con quién compartes tu tiempo?
- ¿Qué lugares visitas o descubres? ¿Qué pasiones estás cultivando?

Toma una hoja en blanco o abre un nuevo documento electrónico y rellena la primera mitad de la página con respuestas generales a estas preguntas. A continuación, te muestro mis propios resultados, correspondientes a la primera vez que hice este ejercicio:

MI DÍA PERFECTO

En mi día perfecto, despierto junto a la mujer de mis sueños. Me estoy preparando para competir en los Juegos Olímpicos de 2016 con el equipo de balonmano de Estados Unidos, así que comienzo la mañana con una intensa sesión de ejercicio junto a mi entrenador, enfocada en fortalecer mi cuerpo y aumentar mi rendimiento deportivo. Después, trabajo en mi programa de televisión, transmitido por una cadena importante, y colaboro con mi equipo en la empresa, desarrollando proyectos que inspiren a otros emprendedores para perseguir su pasión y construir una vida en torno a lo que aman.

Por supuesto, no todos los días han de ser iguales. Cada jornada tendrá variaciones dependiendo de lo que ocurrió la anterior. Y menos mal que es así; de lo contrario, la vida sería aburrida y monótona.

PASO 2. REDACTA TU ITINERARIO

Ahora es momento de elaborar un itinerario detallado de tu *próximo* día perfecto, en la parte inferior de la hoja. Este plan debe incluir tanto tus compromisos como tus deseos, con horarios específicos para cada actividad.

En todas las temporadas deportivas en la que obtuvimos grandes resultados, yo siempre incluía itinerarios diarios muy detallados. Estoy convencido de que fueron esenciales para que alcanzásemos nuestras metas. La agenda marcaba cada paso necesario para llegar al objetivo final. Los equipos profesionales hacen lo mismo: utilizan esa estructura diaria para avanzar de forma conjunta hacia su visión. Ese es el objetivo de este ejercicio: ayudarte a lograr la tuya.

A continuación, te ofrezco una versión del itinerario que seguía cuando estaba escribiendo mi primer libro:

EL DÍA PERFECTO PARA MAÑANA

7:30 a. m. *Despertar, meditar y disfrutar de la vista desde mi balcón.*

8:00 a. m. *Desayuno saludable con jugo verde o un batido.*

9:00 a. m. *Sesión de CrossFit, kickboxing o entrenamiento de habilidades.*

10:45 a. m. *Revisión con mi equipo de los proyectos del día.*

11:00 a. m. *Completar las tres tareas principales que dejé por escrito antes de dormir.*

12:00 p. m. *Almuerzo saludable en casa o reunión con alguien que me inspire.*

1:30 p. m. *Retomar mis tres prioridades, grabar entrevistas, hacer vídeos o trabajar con el equipo.*

3:00 p. m. *Fisioterapia para mejorar la flexibilidad (dos veces por semana).*

5:00 p. m. *Partido informal de básquet, paseo con amigos o nadar en el océano.*

7:30 p. m. *Cena saludable en casa o salida con amigos.*

9:00 p. m. *Lectura, película o asistencia a algún evento con personas influyentes.*

11:00 p. m. *Hacer una lista de agradecimientos por el día, repasar lo que terminé y anotar las tres principales tareas que quiero hacer mañana.*

11:30 p. m. *Meditar, dormir, soñar y dejar que el cuerpo se recupere.*

PASO 3. DEFINE UNA MICROMETA

Elige una o dos actividades del itinerario que vas a seguir mañana. Para empezar a progresar hacia tu día perfecto no necesitas cambiar por completo tu rutina actual, pero sí identificar pequeñas metas que te ayuden a mejorar tu vida y adquirir confianza.

Selecciona una o dos micrometas y anótalas en tu agenda o ponte una alarma para recordarlas. Comprométete a cumplirlas. Mañana estarás un paso más cerca de vivir tu día perfecto. Si se lo permites, el Itinerario del Día Perfecto (IDP) puede ser una herramienta poderosa que defina este año y los que están por venir, que albergarán algunos de los mejores días de tu vida personal y profesional. Además, te ayudará a validar tu visión, o viceversa: si tu visión no encaja con tu día perfecto, plantéate ajustarla o actuar de forma más honesta, abierta y creativa sobre lo que en realidad implica avanzar, día a día, hacia el logro de tu Misión Significativa.

Ejercicio 2. Escribe tu obituario

Hace poco tuve la oportunidad de conversar con Donald Miller en mi programa. Él acababa de publicar *Hero on a Mission* y nos retó a escribir nuestros propios elogios fúnebres. Miller sostiene que comprender la propia historia personal y los objetivos que nos hemos marcado es fundamental para seguir creciendo. Y estoy de acuerdo. En este ejercicio, escribirás tu propio obituario y comenzarás a trazar tu camino de crecimiento. Como dice Donald Miller, un «héroe sabe lo que quiere» [13]. Así que vamos a descubrir qué quieres tú.

PASO 1. ELABORA TU NARRATIVA

Toma una hoja en blanco y prepárate para actuar de forma honesta contigo. Recuerda que solo tú leerás esto, así que siéntete libre de actuar con tanta osadía y optimismo como desees. Invierte al menos

30 minutos en reflexionar con calma sobre estas preguntas y anotar tus respuestas:

1. ¿Cuánto tiempo quieres vivir?
2. ¿Qué Misión Significativa quieres haber cumplido antes de morir?
3. ¿Qué opinarán las demás personas sobre tu legado o tus hitos más importantes?
4. ¿Qué dirán tus seres queridos en tu funeral?

PASO 2. REDACTA TU OBITUARIO

Ahora es momento de combinar tus respuestas para redactar tu elogio fúnebre. Si no se te da especialmente bien escribir puede parecerte complicado, pero no te rindas. Sigue el orden de las preguntas anteriores para darle una estructura clara y coherente.

Te presento a continuación un ejemplo para que te hagas una idea de cómo podría quedar el tuyo:

> Lisa Anderson, de noventa años, fue reconocida por su dedicación y compromiso en la promoción de la educación artística, en las comunidades locales del área metropolitana de Atlanta. A lo largo de su vida, se reunió con líderes de asociaciones, comunidades religiosas, desarrolladores y responsables de escuelas para contribuir a la financiación e implementación de programas de arte para población infantil, adolescente y adulta joven. «El arte —decía— tiene el poder de cambiar vidas. Enseñar a la juventud a expresar el dolor, la vulnerabilidad, la confusión y la belleza puede transformar las comunidades para mejor».
>
> Lisa creía que el arte, tanto al contemplarlo como al crearlo, tiene la capacidad de influir en las políticas públicas, en los debates sociales y en la cultura en general. Dedicó su vida a garantizar que todas las personas, sin importar su situación socioeconómica, pudieran experimentar y aprovechar ese poder.
>
> Gracias a su esfuerzo, muchos jóvenes cambiaron su vida para bien. Pero su amor no se limitaba al arte; apreciaba muchísimo a la gente y se entregó con pasión a ayudar a crecer y prosperar a quienes la rodeaban.

Según sus hijas, aunque el arte fue una parte importante de su vida, su mayor legado fue el amor con el que trataba a los demás. «Lo que más extrañaremos de ella será su manera de amar, su hospitalidad y cómo hacía sentir a cada persona como su amiga más cercana y querida».

Su familia y amigos están creando la «Asociación de Arte Lisa Anderson», con la intención de ampliar el número de becas y los proyectos de educación artística en comunidades vulnerables de todo Estados Unidos. En lugar de flores, la familia solicita donaciones para apoyar esta iniciativa.

PASO 3. DI QUE SÍ

Muy bien, ahora que te has tomado el tiempo para trazar tu senda de crecimiento es hora de empezar a decir que sí de forma intencionada a todo lo que te acerque a ese destino. Tener claro hacia dónde quieres ir en la vida te permitirá aceptar las cosas que te mantienen en el camino hacia la grandeza y rechazar las que no. Empecemos por eliminar los obstáculos que ya conoces.

Seguro que eres consciente de cuáles son los mayores obstáculos entre tú y tu legado. ¿Es el miedo? ¿La ansiedad? ¿Un trabajo que odias? ¿Falta de formación? Vuelve a leer el obituario que escribiste para ti. ¿Qué te impide cumplir esos objetivos? Es el momento de dar pasos concretos para derribar esas barreras.

Piensa en el tiempo que dista entre hoy y la edad a la que dijiste que querías llegar. Si son noventa años, ¿cuántos te quedan? ¿Cincuenta? ¿Sesenta? ¿Veinte? ¿Qué hitos debes lograr dentro de ese plazo para cumplir con el legado que te has propuesto?

Esta semana quiero que hagas una sola cosa que reduzca el mayor obstáculo al que te enfrentas ahora mismo. Si tu pretensión es dedicarte al entrenamiento personal, pero ni siquiera sabes qué titulaciones existen para eso, dedica 30 minutos esta semana a investigarlo. Si tu propósito es enseñar a la gente cómo alimentar a su familia con menos de 100 dólares al mes, busca y registra el dominio web para la futura página donde alojarás esos contenidos. Como ya he dicho, cada paso cuenta, incluso los más cortos. Lo importante es empezar a decir que *sí*.

Ejercicio 3. Encuentra tu Punto Ideal

Si me sigues en redes sociales, sueles escuchar mi programa o has visto alguno de mis videos, ya sabrás que creo de todo corazón que tienes lo necesario para alcanzar la grandeza. Sí, *tú*. Aunque no nos conozcamos en persona, estoy convencido de que hay algo que haces como nadie. Ese es tu *punto ideal*: una habilidad, un talento o una pasión donde brilla tu verdadero potencial. A continuación, te guiaré paso a paso para ayudarte a descubrirlo.

PASO 1. DESCUBRE TU PASIÓN

Todo comienza con el hecho de entender tu pasión. La mayoría de la gente sabe por intuición qué le apasiona desde una temprana edad, pero, con los años, esas pasiones pueden apagarse entre responsabilidades, rutinas y obligaciones. Sin embargo, aunque la vida las haya silenciado un poco, siguen vivas en tu interior. Tómate unos minutos para reflexionar sobre tu infancia, adolescencia o incluso tus primeros años de adultez y redescubre lo que amabas.

- ¿Qué te gustaba hacer en tu tiempo libre?
- ¿Con qué soñabas? ¿Qué deseabas hacer en la vida?

Escribe lo que recuerdes, incluso si ahora no te parece realista. Tal vez te encantaba inventarte recetas de repostería y regalar cajas de galletas caseras a tus seres queridos. ¡Eso también cuenta! Anótalo.

Ahora haz una lista de siete cosas que adoras hacer hoy en día. Puede ser cualquier cosa, siempre que *te apasione* de verdad.

- ¿Qué te inspira o te llena de energía?
- ¿Con qué actividades pierdes la noción del tiempo porque te sumerges en ellas por completo?
- ¿Qué harías con gusto incluso si no te pagaran por ello?
- Mirando hacia adelante, hacia tu edad madura, ¿qué cosas crees que en ese momento desearías haber hecho más?

Cuando termines, compara ambas listas:

- ¿Qué temas se repiten?
- ¿Qué palabras o actividades aparecen una y otra vez?
- ¿Qué hilos conductores son comunes a lo largo de tu historia?

Identifica los patrones que detectas en tus respuestas. Puedes rodear con un círculo las palabras que se repiten o escribir algunas frases que resuman los temas recurrentes debajo de ambas listas.

PASO 2. DESCUBRE TU PODER

Ahora es momento de identificar tus fortalezas y habilidades. Como te dije antes, *todas las personas* tienen algo en lo que destacan. Vamos a descubrir qué es en tu caso, a través de una exploración intencionada.

No olvides que sentir pasión por algo no siempre supone que ya tengas las habilidades necesarias para llevarlo a cabo (¡y no hay nada malo en ello!). Las habilidades pueden ser innatas o adquiridas. Esta es la diferencia:

- **Cualidades naturales**: lo que haces bien de forma innata gracias a tu personalidad o forma de pensar.
- **Habilidades aprendidas**: lo que has perfeccionado a lo largo de tu vida gracias a la práctica, la experiencia y el esfuerzo.

Estoy convencido de que ya tienes identificadas algunas de tus fortalezas o cualidades, y seguro que hay otras que aún no aprecias porque te resultan «normales». Pero esas habilidades cotidianas, casi invisibles para ti, pueden ser claves para tu grandeza. Tómate un momento para reflexionar sobre lo que se te da bien (de forma natural o por aprendizaje) y anótalo *todo*.

PASO 3. CONVIÉRTETE EN HÉROE

Vale, ya has identificado tus pasiones, tus cualidades naturales y las habilidades que has desarrollado. Ahora es el momento de concentrarte en el problema que quieres ayudar a resolver al resto de la gente. ¿Deseas enseñar a otras personas a cultivar su comida para que alimenten mejor a su familia? ¿Te mueve ayudar a la gente a pagar sus deudas y alcanzar la libertad financiera? ¿Te gustaría compartir herramientas de mindfulness para que niños y niñas puedan afrontar mejor las secuelas de sus traumas?

Una forma más sencilla de enfocar esta parte es haciéndote una pregunta filosófica: ¿qué está *mal* en tu mundo, en tu comunidad o en tu ámbito de influencia? Es probable que haya un punto en el que tus pasiones, talentos y propósito se crucen. ¿Puedes verlo con claridad?

Tómate un momento para escribir frases claras y contundentes que definan tu misión. Si te sirve, vuelve a los recursos del ejercicio del obituario: escribe desde la verdad, desde el legado que te gustaría dejar.

Aquí tienes un ejemplo:

> Me apasionan la cocina y la jardinería. Siempre he tenido un don para crear platos sabrosos, incluso sin seguir una receta. En los últimos años, perfeccioné esas habilidades viendo vídeos, tomando clases y viajando dos veces a la Toscana para aprender de los mejores chefs. Ahora quiero compartir todo eso con madres solteras, estudiantes y familias de bajos recursos. Creo de verdad que todo el mundo merece disfrutar de una buena comida, y que es posible lograrlo con ingredientes accesibles y productos cultivados en casa.

REDEFINE TU MUNDO

El lugar donde se cruzan tu pasión y tu poder es tu *punto ideal*. Cuando desde ahí perseguimos un propósito y una Misión Significativa, nos convertimos en agentes de compromiso con la solución de problemas; avanzamos con valentía hacia los retos y cambiamos nuestra realidad. Y buscar la grandeza no solo nos modifica por dentro, también transforma el mundo que nos rodea.

SEGUNDO PASO

Los Obstáculos hacia la Grandeza

Capítulo 4

MIEDO N.º 1: EL FRACASO

Sara Blakely era una consumidora con una frustración y un problema: quería ropa interior sin costuras y que favoreciera la figura femenina, sin ser gruesa ni incómoda. «De hecho, todo empezó por mi culo; no sabía qué ponerme debajo de unos pantalones blancos».[1]

Así pues, tomó unas tijeras afiladas, recortó las piernas de unos pantis con cintura reforzada para crear un prototipo... y de ahí nació la revolucionaria idea de SPANX. En aquel momento, Sara tenía veintitantos años y era exmiembro del elenco de Disney reconvertida en vendedora de faxes puerta a puerta, una profesión que había ejercido durante *siete años*. No tenía formación empresarial alguna, ni mucho capital para invertir; tampoco contactos con fabricantes de ropa interior.

Algunos *hombres* de negocios le habían llegado a decir que se preparase, porque «los negocios son la guerra».

Pero ella no quería ir a la guerra. Quería ayudar a las mujeres.

Era la receta perfecta para el fracaso, aunque Sara disponía de una especie de arma secreta que nadie conocía. Cuando era niña y se sentaba a cenar, su padre solía hacerles una pregunta a ella y a su hermano que, a primera vista, podría resultar extraña: «¿En qué has fracasado hoy?». Después, les animaba a anotar los «regalos ocultos», los aprendizajes que habían obtenido de aquellos fracasos.

No era precisamente el tipo de conversación que podría aparecer en la mayoría de los libros sobre educación y crianza, pero a ella le ayudó a adquirir el hábito de normalizar el fracaso y desarrollar sus «músculos» del riesgo. De hecho, cuenta que, si *no* tenía ningún fracaso que compartir, su padre se sentía decepcionado. De modo que aprendió a redefinir el fracaso y aceptarlo como parte importante de la vida. «Para mí, fracasar pasó a significar *no intentarlo*, más que no conseguir el resultado esperado. Una vez redefines esto para ti y comprendes que fracasar significa no intentarlo, la vida se te abre en muchos sentidos».[2]

¿Cómo definirías la grandeza?

Durante dos años, Sara obtuvo un no como respuesta por parte de numerosos fabricantes de medias que no estaban dispuestos a darle una oportunidad. No podía permitirse un abogado de patentes, de modo que redactó su propio acuerdo de patente recurriendo a un libro que compró en Barnes & Noble, y contó con un abogado solo para lo que no podía hacer sola. Los grandes almacenes se negaron a vender el producto, alegando que era demasiado atrevido. Se le ocurrió el nombre SPANX porque, al cambiar las letras -ks de *spanks* por una x, resultaba más fácil de registrar y comercializar.

Aun con todas esas dificultades, no se rindió. *Sabía* que tenía un buen producto, por lo que ignoró la palabrería, confió en su intuición y siguió adelante. A fin de cuentas, para ella el fracaso no era *no lanzar* SPANX. El fracaso era *no intentarlo.*

Más de 20 años después, en octubre de 2021, esta empresa pionera en la fabricación de fajas moldeadoras fue valorada en 1200 millones de dólares.[3] Hoy, el mercado está plagado de competidores.

El miedo al fracaso no la hizo desviarse de su objetivo, porque el miedo a *no intentarlo* era mayor. Sara resumió su filosofía en una publicación de Instagram:

> Para perseguir tus sueños hacen falta dos cosas: ganas de trabajar y la voluntad de exponerte. Y las dos cosas que más teme la gente son el fracaso y pasar vergüenza. Yo misma sigo

trabajando cada día para librarme de esos miedos y poder vivir la vida que deseo sin preocuparme por lo que los demás piensen de mí.

Lo que he descubierto es que, en realidad, se convierte en algo divertido y gracioso. Lo peor que te puede pasar es acabar con una buena historia que contar. Así pues, ¿a qué esperas?[4]

Al final de nuestra conversación en mi programa le hice a Sara la misma pregunta que hago a todos mis invitados:

—¿Cómo definirías la grandeza?

—Mi definición de grandeza sería ir a por todas pase lo que pase, a pesar del miedo, y aprovechar al máximo la vida que se te ha brindado, porque no estamos en una prueba de vestuario.[5]

LA GRACIA DEL FRACASO

El fracaso tiene su gracia.

No en el sentido de que cada fracaso deba ir seguido de una carcajada de proporciones épicas. Quizá sea así en algunos casos, pero la mayoría de las veces el fracaso resulta doloroso, embarazoso y no demasiado divertido. Desde luego, no es algo que busquemos con ahínco.

Pero el fracaso tiene su gracia porque, siendo algo que todo el mundo hace tan bien y tan a menudo, la mayoría de las veces nadie quiere pensar en sus fracasos ni recordarlos, y, en algunos casos, ni tan siquiera *admitirlos*.

Y, aun así, sin el fracaso no podemos avanzar.

El fracaso es una parte fundamental del tejido de la vida.

Sin fracasar jamás probaríamos nada nuevo, no llegaríamos a descubrir una forma mejor de hacer las cosas. Nunca lograríamos ser mejores, más fuertes o más resistentes.

El fracaso no es algo que queramos evitar o pasar por alto. El fracaso es una parte fundamental del tejido de la vida.

El escritor estadounidense Robert Greene ha descubierto que, en función de cómo elijamos evitar el fracaso, nuestras inseguridades pueden operar de dos formas distintas. Por un lado, podemos dejar que nos repriman y nos eviten el dolor del fracaso, haciendo que jamás intentemos nada. Desde esta perspectiva, puede que nos esforcemos al máximo y sigamos encontrando a otras personas mejores que nosotros, pero si no lo intentamos solo nos quedará ser el mejor holgazán.[6]

La otra opción es que nuestras inseguridades nos motiven y evitemos el fracaso esforzándonos al máximo. Como demuestra la historia de Sara, canalizar el miedo al fracaso de la forma adecuada puede, en realidad, ayudar a desarrollar la perseverancia, fomentar el ingenio y alimentar la innovación.

EL DIAGRAMA DE LA DUDA

En su libro *La buena ansiedad,* la doctora Wendy Suzuki identifica una serie de ansiedades comunes, entre las que se encuentran el miedo a hablar en público, la inseguridad económica, la ansiedad social y la ansiedad en general.[7] Estas pueden provocar obsesiones compulsivas, hasta el punto de no poder pensar en nada más que en tales miedos. Si a esto le añadimos una pandemia o las incertidumbres de la vida, queda claro que a nadie le faltan motivos para tener miedo.

La falta de autoconfianza es lo que mata los sueños.

En ocasiones, yo mismo me he enfrentado a una duda paralizante, una creencia honda y persistente de que, en cierto modo, yo no era suficiente; que no era lo bastante bueno ni listo; que era demasiado joven; que no tenía los contactos necesarios, que mis talentos no bastaban. Incluso hubo gente que me dijo que no lograría hacer realidad mi Misión Significativa. Y mis miedos alimentaban todas esas creencias.

La falta de autoconfianza es lo que mata los sueños. Cuando dudamos de nuestra propia valía resulta muy difícil tener la confianza necesaria para perseguir lo que se desea y dar pasos hacia la Misión Significativa. La sensación de «no ser suficiente» suele tener su origen en uno de los tres miedos esenciales. Resulta útil pensar en ellos usando lo que yo llamo «el diagrama de la duda»:

1. *Miedo al fracaso*
2. *Miedo al éxito*
3. *Miedo al juicio*

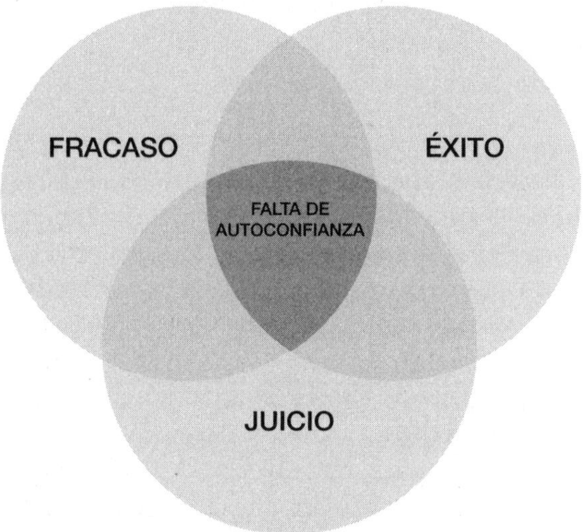

En su libro *Woman evolve*, Sarah Jakes Roberts sostiene que tenemos una relación con cada uno de nuestros miedos.[8] Igual que una pareja dominante, nos influyen de forma constante y con frecuencia dictan nuestras acciones. Van dondequiera que vamos; fingen mantenernos a salvo, cuando en realidad nos consumen y manipulan. Por eso Sarah Roberts afirma que hemos de romper con nuestros miedos.

Y el primero con el que quizá debas empezar es el miedo al fracaso.

NUESTRA TENDENCIA POR DEFECTO

Dan Millman, escritor y conferenciante estadounidense especializado en desarrollo personal, suele decir: «Que levante la mano quien haya tenido alguna vez miedo al fracaso». Me explicó que, como mínimo, el 80% de la sala levanta siempre la mano. Yo he observado idéntica tendencia al hacer la misma petición en mis charlas. Está claro que el miedo al fracaso es común para el ser humano. Pero ese miedo frena a mucha gente a la hora de perseguir su Misión Significativa. Según me hizo ver Millman, nuestra falta de confianza nos impide vivir una vida con propósito. Dan ha aprendido que la mejor manera de salir de ese bucle es centrarnos en nuestro propósito, en nuestra Misión Significativa, y no en lo que podría salir mal durante el viaje.[9]

Esto es algo que también he podido comprobar en mi experiencia. Como deportista, aprendí que el fracaso forma parte del camino hacia el éxito. Se aprende a lanzar la pelota fallando una y otra vez: yerras un tiro y luego ajustas; cometes un error, aprendes de él y haces un cambio. Para mí, el fracaso era solo parte del entrenamiento, del aprendizaje cotidiano que me ayudaba a mejorar y avanzar hacia mis metas.

Así que saber, desde un punto de vista emocional y mental, que el fracaso era un paso necesario para cumplir mis objetivos hizo que nunca tuviera miedo a fracasar como deportista. Como ya he dicho, es algo que todo el mundo sabe desde su más tierna infancia. Cuando aprendemos a andar, nadie espera que tengamos éxito en el primer intento. Por supuesto que no. Todos los niños tropiezan y se caen mil veces mientras aprenden a andar. Pero nadie les dice que no se les vaya a dar bien caminar; al contrario, les animamos a levantarse y volver a intentarlo, sabiendo que lo único que puede impedir que lo consigan es no intentarlo. Pero luego, cuando nos hacemos mayores, dejamos que ese miedo al fracaso y el fracaso mismo nos parezcan una anomalía, a pesar de que experimentarlos forma parte de lo que implica ser humano.

«Siempre tenemos miedo —dice el doctor Jordan Peterson, profesor de psicología canadiense— hasta que aprendemos a no tenerlo». Como seres humanos, el miedo es nuestra tendencia por defecto. De modo que, si temes el fracaso, esto significa que eres normal.

Pero escapar de esos miedos no es la respuesta; dejar que definan quiénes somos no funciona. Según Peterson, «cuando nos exponemos a lo que tememos, dejamos de tener tanto miedo de todo».[10]

Lo creas o no, uno de mis mayores temores era hablar en público. Tras entrar a formar parte de Toastmasters y empezar a hablar cada semana frente a un grupo reducido de personas me fui sintiendo cada vez más cómodo y acabé cobrando un buen dinero por hablar ante audiencias de hasta 20.000 personas. Pero no siempre me sentía bien con ello. En absoluto.

Cada vez que me iba a enfrentar a un discurso tenía miedo al pensar en cómo se me vería sobre el escenario. Temía decir algo equivocado y pasar vergüenza mientras la gente se reía de mí. Pensaba que empezaría a tartamudear y se me «caerían» las palabras, si es que no me caía yo mismo por las escaleras, de camino al escenario.

Horas antes de uno de mis grandes actos, le hablé de mis temores a quien había sido formador mío, Chris Lee. Él me retó a cambiar el guion que tenía en la cabeza, y me insistió en que mis miedos tenían que ver conmigo: qué aspecto tendría, cómo me sentiría, qué errores podía cometer. ¿Y si me centraba, en vez de en eso, en el servicio a los demás? ¿Por qué hablaba? ¿Para mí o para mi público? Cambiar el chip y pensar en términos de servicio hizo que los engranajes empezaran a girar. A continuación, me pidió hacer lo que yo llamo el ejercicio de «¿Y qué?»:

—¿Y si olvido lo que tengo que decir a continuación?
—Bueno, ¿y qué?
—Me sentiría avergonzado.
—Bueno, ¿y qué?
—Tal vez salga corriendo del escenario.
—Bueno, ¿y qué?
—¿Que todo el mundo se reiría?
—Bueno, ¿y qué?
—Es probable que no saliera de casa en una semana.
—Bueno, ¿y qué?
—Quizá... terminase recuperándome y siguiera adelante.

Comprendí adónde quería ir a parar Chris. Incluso en el peor de los escenarios, al final todo terminaría bien y, como dijo Sara Blakely, la fundadora de SPANX, al menos tendría una historia divertida que contar. Entonces, ¿por qué no ahorrarse toda esa ansiedad y empezar con un «Todo va a salir bien»?

Esa revelación supuso un cambio en mi vida. Me di cuenta del poder de lo que Sukhinder Singh Cassidy, presidenta de StubHub, denomina «la elección después de la elección».[11] Y supe que, si me centraba en servir a los demás, mis temores sobre lo que pudiera ocurrirme pasaban a ser irrelevantes.

¿QUÉ PUEDE ENSEÑARTE EL FRACASO?

Existen dos clases genéricas de miedo. La primera es el miedo saludable a algo peligroso. Hay ciertas cosas a las que deberíamos temer, cosas que pueden, de hecho, causarnos daño. En tales situaciones, el instinto de lucha o huida nos resulta útil para protegernos de un posible perjuicio. Pero la segunda consiste en temores profundos que nos frenan emocional, espiritual, mental y físicamente al tomar decisiones que podrían mejorar nuestro futuro. Estos miedos nos mantienen con el ancla echada en el pasado. Son miedos psicológicos, no están motivados por un peligro real.

> **Si me centraba en servir a los demás, mis temores sobre lo que pudiera ocurrirme pasaban a ser irrelevantes.**

El miedo al fracaso suele estar en la categoría de temores psicológicos, más que responder a la amenaza de un peligro real. Aunque algunas veces lo sintamos así, es bastante probable que no se acabe el mundo si fracasamos en la mayoría de los aspectos de la vida. (Algunas excepciones notables podrían ser el paracaidismo, la fusión atómica o el aterrizaje en Marte, pero esto es irse por las ramas).

Y recuerda que hay algo peor que fracasar: arrepentirse de *no haberlo intentado.*

Por otro lado, el fracaso puede ayudarnos a aprender y crecer. Es posible fracasar e incluso recibir críticas, pero si nos tomamos este fracaso como una oportunidad para aprender lo que no funcionó, entonces la próxima vez crearemos algo mejor y tal vez extraordinario.

Robert Greene, por ejemplo, tras publicar su popularísimo libro *Las 48 leyes del poder*, empezó a trabajar en otro que estaba seguro de que sería un éxito arrollador. Pasó un año con el manuscrito, pero cuando se lo entregó a su editor descartaron el proyecto.

Robert no daba crédito. La explicación que recibió fue que su público quería leer más sobre sus pensamientos, pero al colaborar con el rapero 50 Cent había hecho que el libro girara más en torno a su colaborador que a sus propios puntos de vista. Entonces, en lugar de tirar la toalla, Robert eligió aprender de aquel sonado fracaso: siguió tales consejos al pie de la letra, reescribió el libro en ocho meses y encontró otro editor. Y así fue como *La ley 50*, de 50 Cent y Robert Greene, se convirtió en otro gran éxito.

Hay algo peor que fracasar: arrepentirse de *no haberlo intentado*.

Según me explicó, Robert ha aprendido a ver el fracaso como una oportunidad para reorientarse o superarse. Y no necesita que nadie le explique qué es una vida interrumpida: en 2018 sufrió un derrame cerebral por el que casi la mitad de su cuerpo dejó de funcionar como hasta entonces. Sin embargo, se refiere a ello como una «bendición», porque le enseñó que cada día podía ser el último. «La derrota y el fracaso son las mejores cosas que pueden pasarte —señala Robert—. El fracaso te muestra tus límites y te hace ser consciente de lo que has hecho mal. Te enseña lo que podrías haber hecho de otra forma».[12] Y con esta mentalidad ha seguido adelante, trabajando en otro libro transformador.

Los éxitos rara vez suscitan mucha reflexión. El fracaso es lo que nos hace crecer.

Sarah Jakes Roberts tiene la teoría de que, tras un fracaso, la gente abandona porque lo que busca es incrementar su propio valor. Pero, según Sarah, «el éxito es el proceso, no el resultado».[13] Cuando no dependes de un resultado concreto para definir tu valor, eres libre de llegar a la excelencia fracasando, aprendiendo y siguiendo adelante.

Dan Millman es otro buenísimo ejemplo de alguien que abraza la idea de que «fracasar es aprender». A sus sesenta años decidió que quería aprender a montar en monociclo. Así que pidió uno prestado a un amigo, quien le dio el sabio consejo de que practicara en una pista de tenis. Dan se puso un casco y montó en el monociclo, agarrándose a la valla metálica. En su primer intento, el monociclo salió disparado y lo dejó colgado de la valla. A partir de ahí, fracasó una y otra vez. Necesitó una semana de humillante práctica diaria para conseguir pedalear seis veces antes de caerse. Al cabo de dos semanas, podía dar unas doce pedaladas. A la tercera semana ya dibujaba ochos.

Aprendió dos cosas de esta experiencia. La primera es que, se trate de cambiar un hábito o de aprender a montar en monociclo, al principio todo es difícil. La segunda es que día sí, día no, todo se iba al traste. Es decir, un día le iba bien y al día siguiente lo hacía peor. Esto le confundía y desanimaba, hasta que observó un patrón: sus «días de grandes avances» venían siempre después de los «días malos». Dicho de otro modo, era en esos supuestos días malos cuando tenía lugar el aprendizaje.

> **El fracaso es lo que nos hace crecer.**

La pugna por salir a flote tras un estrepitoso fracaso puede darnos perspectiva, fortaleza y sabiduría. Dan me explicó que cree que este mismo patrón se da en otras habilidades de la vida: «A veces sentimos que estamos empeorando, que nos estancamos o incluso retrocedemos, pero puede que en realidad estemos dando un paso atrás para tomar carrerilla».[14] Es decir, que incluso aunque no podamos ver el progreso seremos capaces de aprender si seguimos avanzando.

A VECES NOS BLOQUEAMOS

En 2009, Ryan Serhant era un novato agente inmobiliario en Nueva York. Uno de sus primeros clientes fue una mujer que buscaba un apartamento en el West Village. Él estaba entusiasmado con sus posibilidades, porque la comisión le daría para vivir un tiempo. Sin embargo, Ryan no estaba en su zona y no tenía GPS. La mañana que la llevó a ver apartamentos se perdió no una, sino dos veces, con lo que la clienta quedó enseguida decepcionada. Al final de la jornada le dijo que era *el peor agente que había conocido y que no debería volver a ejercer como agente inmobiliario*. Aquello le dolió.

Aunque la experiencia repercutió en su ánimo, Ryan aprendió algo muy importante de aquel fracaso: no importa cuánto lleves en un negocio, los nuevos retos siempre pueden pillarte a contrapié; pero eso no significa que debas rendirte. Ryan analizó con honestidad su actuación y admitió que podría haberse preparado mejor. Debería haber investigado la zona con antelación, haberse levantado temprano y aprendido las calles.

En ese momento tomó una decisión. Aunque no era de Nueva York, no tenía contactos y tampoco encajaba en el perfil, estaba decidido a convertirse en el mejor agente inmobiliario de la historia.

Poco después de adoptar aquella resolución, un cliente internacional se puso en contacto con él. Ryan dejó a un lado su falta de confianza, aprendió de su fracaso y desempeñó el papel de agente de éxito. Como resultado, le vendió a aquel cliente un apartamento de 2,1 millones de dólares, ganando así más de 24.000 dólares de comisión.

Y, lo que es más importante, la experiencia le confirmó a Ryan Serhant que podía hacer realidad sus sueños inmobiliarios si estaba dispuesto a aprender de sus fracasos.

Ahora permíteme ser claro: romper con el miedo al fracaso, como dice Sarah Jakes Roberts, no es fácil. Y lograrlo tampoco implica que no vayas a experimentar de nuevo ese miedo en el futuro. Como ella sostiene: «La fe exige valentía».[15] Puede ser difícil dar ese salto para pasar de la falta total de confianza a la fe y la valentía. Es comprensible que experimentemos cierta indecisión al tener que elegir entre dos extremos. Y es tentador posponer ese salto, pero si queremos alcanzar la excelencia hemos de hacer lo que propone Sarah:

> Tenemos que lograr ser conscientes de que no todo lo que hacemos será un movimiento ganador. A veces no daremos pie con bola [...] Cuando el objetivo es la excelencia, hay que reconocer que el fracaso formará parte del proceso. Si quieres destacar en tu trabajo, debes diseccionar ese fracaso, extraer la sabiduría que te brinda y aplicarla al siguiente intento. Porque lo que buscas es la excelencia.[16]

Creo que cuando seguimos manteniendo una relación con ese miedo al fracaso (o con cualquier miedo), en realidad lo que tememos es descubrir que no somos suficiente. Sarah lo describe como el miedo «a que aquello se convierta en la prueba que necesitan mis inseguridades para impedirme ser la persona que debería ser».[17]

El problema de esta manera de pensar es que se convierte en una profecía autocumplida: el miedo a no estar a la altura nos paraliza y se asegura de que jamás cumplamos nuestra Misión Significativa.

LA ECUACIÓN DE ASUNCIÓN DE RIESGOS

El fracaso es muy frecuente y la única forma de evitarlo es no intentar nunca nada. Las personas a quienes consideramos las mejores —mejores deportistas, empresarios de mayor éxito o quienes más impacto tienen en el mundo— fracasan una y otra vez.

Priyanka Chopra Jonas, actriz, modelo y cantante india, ganadora del certamen Miss Mundo 2000, es consciente de que resulta inútil tratar de evitar el fracaso. «Cuando quieres dejar un legado —me explicó— lo que importa es lo que haces *después* de fracasar».[18] Según sus palabras, cuando intentamos algo nuevo por primera vez los fracasos son inevitables, pero si nunca intentamos nada, nunca evolucionaremos, y eso es un riesgo mucho mayor. Cuando adquieres el hábito de probar cosas nuevas, te diversificas, lo que aumenta tus posibilidades de éxito. Si te quedas con lo que sabes, provocas que tu destino dependa de unas pocas habilidades y oportunidades. Priyanka hace una poderosa observación que me encanta: todas las personas de éxito han fracasado en su camino hacia el éxito, así que ¿por qué ibas a ser tú diferente?

A veces, la única forma de alcanzar el éxito es reconocer que tu situación actual es un fracaso. El actor Ethan Suplee tiene una historia de pérdida de peso que resulta muy inspiradora: ¡perdió más de 110 kilos! Pero antes de ser capaz de iniciar ese camino tuvo que aceptar que necesitaba un cambio. Al comenzar una relación sentimental con una mujer a la que le gustaba la actividad física, Ethan se dio cuenta de que, si quería que la relación funcionara, tendría que ponerse en forma. El primer paso hacia una vida más saludable fue expresarle sus intenciones a su pareja. Ethan explica que aquella conversación fue aterradora, porque al ponerlo en palabras estaba admitiendo que su vida, hasta ese momento, había sido un fracaso.[19]

Al expresar sus intenciones a su pareja y sentir el riesgo de quedar en evidencia si no las cumplía, Ethan transformó su miedo al fracaso en motivación para mejorar su salud y lograr una transformación física asombrosa. En lugar de dejarse paralizar por ese miedo, miró hacia delante y comprendió que el precio de no hacer nada (es decir, perder la relación) sería mayor que el de quedarse quieto.

Para superar la parálisis causada por el miedo, Sukhinder Singh Cassidy recomienda una técnica similar, llamada *la ecuación de asunción de riesgos*. Consiste en imaginar las decisiones que nos da miedo tomar y visualizar los posibles escenarios. Según Sukhinder, al hacerlo te das cuenta de que hay muy pocas decisiones de las que no puedas recuperarte si las cosas salen mal. En este sentido, explica que debemos abandonar el mito de «la elección única» y dejar de creer que nuestras decisiones son siempre blanco o negro, todo o nada.

Asumir un gran riesgo no implica, por necesidad, que los dos únicos posibles resultados sean una gran recompensa o una terrible pérdida. Pensar así pone demasiada presión sobre la primera decisión. En realidad, existen muchos caminos posibles, y con cada elección descubrimos nuevas oportunidades para orientarnos hacia el éxito. Como me dijo Sukhinder, las personas que conoce y que han tenido éxito «se definen por pequeños y grandes actos de posibilidad. Son «maestras en el arte de asumir riesgos y estar siempre tomando decisiones».[20]

EL DOLOR MARCA EL CAMINO

Ray Dalio es otro ejemplo de individuo que abrazó el fracaso y aprendió que el dolor, y no el placer, es lo que nos otorga sabiduría. Ray es fundador, copresidente y codirector de inversiones de Bridgewater Associates, considerada por la revista *Fortune* la quinta empresa no cotizada más importante de Estados Unidos. En el momento de escribir estas líneas, Ray ocupa el puesto 69 en la lista de las personas más ricas del mundo y posee una fortuna superior a los

20.000 millones de dólares. La revista *Wired* lo ha llamado «el Steve Jobs de la inversión» y *Time* lo ha incluido entre las 100 personas más influyentes del planeta. En otras palabras, si hay alguien que sabe del éxito, ese es Ray. Y, aun así, me confesó que ha aprendido más de sus fracasos que de sus triunfos.

Una de las mayores pérdidas que sufrió Ray tuvo lugar en los inicios de su carrera como inversor. En 1981 predijo que Estados Unidos sufriría una crisis económica por culpa de los préstamos que los bancos norteamericanos habían concedido a países que, según él, no serían capaces de devolver el dinero. Y, en efecto, en 1982 México declaró la suspensión de pagos, confirmando su predicción y atrayendo hacia él mucha atención mediática.

Entonces hizo una segunda predicción: que se avecinaba una depresión financiera. Sin embargo, en lugar de producirse una crisis de deuda, el mercado bursátil se recuperó. El punto que Ray había señalado como el inicio de una caída en picado resultó ser solo el bache antes de la subida. Por culpa de ese error de cálculo, Ray no solo perdió su propio dinero, sino también el de sus clientes. Incluso tuvo que pedir prestados 4000 dólares a su padre para pagar sus facturas.

Lo que resulta sorprendente es que... Ray considera que aquel fracaso fue lo mejor que le pudo haber pasado. Afirma que le enseñó a equilibrar la audacia con la prudencia. Al reflexionar sobre su error, evolucionó. Empezó a rodearse de personas inteligentes que tuvieran opiniones distintas a la suya. Gracias a ello, aprendió a poner a prueba sus teorías con mayor rigor antes de arriesgarlo todo por una predicción.

Desde que hizo estos cambios en su manera de proceder, ha logrado un gran éxito que solo fue posible porque comprendió que no podía saberlo todo, que necesitaba apoyarse en un equipo con perspectivas diversas. Según Ray, a la realidad no le importa si la aceptas o no tras un fracaso; el mundo sigue girando, hagas lo que hagas. Por tanto, lo único que podemos hacer es tratar de entender la realidad y aprender a afrontarla cuando llegue el fracaso.[21]

RESERVAS DE EMERGENCIA

Pero entonces, si el fracaso es inevitable, ¿por qué deberíamos temerlo? ¿Y si, en cambio, nos diéramos permiso para fracasar en nuestro camino hacia la grandeza? A Marissa Sharif, profesora de la Warthon School de la Universidad de Pensilvania, le resultó inspirador observar que mucha gente (ella incluida) fracasaba en alcanzar sus objetivos vitales por lo que ella llama los «momentos *qué más da*».

Estos momentos se dan cuando alguien sufre un pequeño retroceso habiendo tomado la dirección correcta, lo que puede tentarle a abandonar su objetivo principal. Por ejemplo, a lo mejor te propones consumir un máximo de 1500 calorías al día. Lo consigues el lunes, el martes y el miércoles, pero el jueves por la mañana... aparecen unos dónuts en la oficina. Entonces, el pequeño fracaso que supone un dónut desata una reacción en cadena: pizza y patatas fritas para cenar el resto de la semana. Esto es así porque piensas: «Ya he fallado, así que total, qué más da».[22]

Para intentar resolver este problema, Marissa se fijó el objetivo de hacer ejercicio todos los días de la semana, pero se permitió dos días de reserva para emergencias, días en los que la vida podría interferir y hacer imposible el ejercicio. Esta estructura le permite relajarse en esos momentos de tensión. En lugar de renunciar a su objetivo principal y no hacer ejercicio el resto de la semana, puede recurrir a sus reservas y saber que sigue actuando con integridad hacia su objetivo.

El simple hecho de saber que existen ciertas reservas de emergencia suele motivar a la gente para mantener el rumbo hacia su objetivo principal. Katy Milkman me explicó que esta especie de estrategia para recuperarse de los fracasos funciona como forma de autoperdonarnos. Según ella, para evitar el fracaso definitivo hay que tener un plan B (y un plan B para el plan B).[23]

El miedo al fracaso no tiene por qué desviarnos del camino hacia la grandeza. Pero también es posible que no sea nuestro temor al fracaso, sino lo opuesto, lo que nos detenga.

CAMINO HACIA LA GRANDEZA

Al final de esta sección te proporcionaré un juego de herramientas completo para transformar el miedo; te ayudará a pasar a la acción y superar las barreras que te impiden desplegar todo tu potencial. Pero, por ahora, hazte estas sencillas preguntas:

- ¿Hasta qué punto te cuesta superar el miedo al fracaso?
- ¿Cómo te ha frenado ese miedo a la hora de entregarte por completo a tu Misión Significativa?

Anota aquí todos los miedos relacionados con el fracaso que te vengan ahora mismo a la cabeza, mientras los tienes frescos.

____

____

____

____

____

____

____

____

Puedes usar los ejercicios del Juego de Herramientas para Transformar el Miedo (pág. 109) para identificar mejor estos temores y ayudarte a superarlos.

Capítulo 5

MIEDO N.º 2: EL ÉXITO

Ya de niña, Jamie Kern Lima adoraba todo lo relacionado con el sector de la belleza.

Le encantaba leer revistas y admirar a las modelos que, con su tez uniforme y sus formas esbeltas, representaban el ideal norteamericano. Jamie captó el mensaje: ella también debería tener ese aspecto para que el mundo la quisiera.

No pasó mucho tiempo hasta que el interés de Jamie por las crónicas periodísticas la puso bajo los focos y frente a las cámaras. Pensó que había alcanzado su meta al conseguir un trabajo como presentadora de noticias. Sin embargo, justo cuando creía haber logrado por fin esa imagen ideal, en su piel empezaron a aparecer unas extrañas erupciones rojas, como sarpullidos.

El horror de aquella nueva realidad la golpeó durante una retrasmisión en directo, cuando el productor le advirtió que tenía algún tipo de «sustancia» en el rostro. «Límpiate la cara —repitió a través del auricular—. Límpiatela». Pero, por más que se frotara, aquello no desaparecía.

Consternada, Jamie descubrió que había desarrollado una afección cutánea llamada rosácea. Buscó entre todos los cosméticos disponibles, desde los más baratos hasta los más caros, pero nada enmascaraba las manchas rojas y abultadas de su rostro. Se preguntó cuánto tiempo pasaría antes de que sus espectadores la abandonaran y ella perdiera su trabajo.

Al reflexionar sobre aquella dura temporada, Jamie me dio a conocer su perspectiva actual. Aunque en ese momento no lo sabía, lo que parecía un revés la preparó en realidad para algo nuevo. Mientras se enfrentaba al hecho de que ninguna marca de cosméticos le daba lo que necesitaba, su forma de pensar empezó a cambiar. Se preguntaba una y otra vez: *¿Por qué no hay productos para mí? ¿Por qué ninguna de estas modelos se parece a mí?*

Lo que vino después fue una de las decisiones más valientes que alguien puede tomar.

Jamie abandonó el trabajo de sus sueños en pos de una nueva visión. Desarrolló un plan de negocio para satisfacer la necesidad de cosméticos aptos para pieles con rosácea. Puso en marcha su plan creando una nueva empresa, IT Cosmetics, y un producto diseñado para personas que padecen esta afección cutánea. Pero, a pesar de su eficacia demostrada, todas las tiendas de productos de belleza que admiraba (Sephora, Ulta, QVC) rechazaron su producto.

Llegó un momento en el que tenía menos de 1000 dólares entre su cuenta personal y la de la empresa. Pero no se rindió.

Jamie presentó de forma brillante su plan de negocio, su producto, su presupuesto y toda su visión a una empresa de capital riesgo. Al terminar, de pie ante el panel, se sintió segura de que por fin iba a recibir el respaldo económico que necesitaba para sacar al mercado de manera adecuada su producto.

—Queremos felicitarla por su producto —empezó el inversor jefe—. Creemos que es increíble.

Empezó a ver su sueño haciéndose realidad. Pero entonces llegó lo inesperado:

—Le deseamos lo mejor..., pero no vamos a invertir en IT Cosmetics.

Casi no se lo podía creer. Si no salía de allí con financiación, quería obtener al menos algún tipo de explicación. Mantuvo la compostura, respiró hondo y lanzó la pregunta que le quemaba por dentro:

—¿Pueden decirme por qué?

El hombre la miró de arriba abajo, a tan solo un metro de distancia.

—¿De verdad quieres que sea sincero contigo?

Jamie, con cierta inquietud, asintió con la cabeza.

—Es que no creo que las mujeres vayan a comprar maquillaje a alguien con tu aspecto, tu cuerpo y tu peso.

Jamie salió de aquella reunión aturdida y conmocionada. Mientras lloraba en su coche recordó la motivación que había detrás de sus esfuerzos y se dio cuenta de que ese hombre, que veía su aspecto como un obstáculo, era la razón por la que su negocio tenía que funcionar. *A él le afecta la definición de belleza tanto como a cualquier otra persona.*

Al final, todas sus experiencias pasadas, las incontables horas comparándose con estándares poco realistas, sus miedos sobre el estado de su piel y su falta de autoconfianza culminaron en una necesidad innegable. De pronto, su misión estaba clara: necesitaba crear una marca de belleza «para la gente». Sus anuncios mostrarían a personas de todas las edades, tipos de piel y expresiones de género. Se propuso cambiar la cultura de la belleza «para todas las niñas que están a punto de empezar a dudar de sí mismas y para todas las personas adultas que aún lo hacen».[1]

Más motivada que nunca, Jamie se entregó en cuerpo y alma a IT Cosmetics. Y consiguió un éxito increíble. Pero con el éxito llegaron aún más retos, del tipo de los que mucha gente teme hasta el punto de ni intentar luchar por el éxito. Pasó casi diez años trabajando 100 horas a la semana, sin ver apenas a sus amistades ni a su familia.[2] Por fin se había topado con el éxito, pero este se había vuelto poco saludable e insostenible. Jamie intentaba trabajar a un ritmo poco realista porque, por muchos éxitos que tuviera, cada uno podía ser el último y tenía que seguir golpeando mientras el hierro estuviera caliente.

Fue en ese momento cuando L'Oréal, el gigante de la cosmética, reconoció el valor revolucionario de la marca que Jamie había creado. ¡Le ofrecieron 1200 millones de dólares por IT Cosmetics! De golpe, se encontró ante una decisión crucial: aceptar la oferta de L'Oréal o sacar la empresa a bolsa. Si aceptaba, ganaría más dinero del que jamás había imaginado en tantos años de lucha por llevar adelante su idea. Si, en cambio, optaba por sacarla a bolsa y mantener el control, lo más probable es que siguiera trabajando hasta la extenuación.

Igual que cuando dejó su trabajo como presentadora de noticias, Jamie sintió de nuevo que debía salir de su zona de confort para perseguir algo. Así que eligió dejar de correr tras el éxito y de vivir con el miedo constante a perderlo: Jamie vendió IT Cosmetics y renunció a su puesto como CEO.

Desde entonces ha logrado mantenerse en 20 horas semanales de trabajo, lo que la hace más feliz y le permite buscar otras oportunidades de grandeza. En 2021, por ejemplo, publicó *Creerlo: de subestimada a imparable*, que se ha convertido en un bestseller del *New York Times*.

DE UN REVÉS A UN NUEVO COMIENZO

Parece lógico que la gente tema el fracaso, porque nadie quiere fracasar. El fracaso es, en apariencia, la antítesis de la grandeza. Pero hay un segundo temor en el diagrama de la duda que resulta menos intuitivo: el miedo al éxito.

Este miedo puede parecer ilógico en un principio. Al fin y al cabo, ¿no es el éxito lo que persigue todo el mundo?

Cuando el éxito es el objetivo, es fácil echar a correr. Pero ¿qué ocurrirá cuando cruces esa línea de meta? ¿Cómo liderarás una empresa en crecimiento? ¿Y si tienes que enfrentarte con la prensa o la opinión pública? ¿Y si hay gente que se aprovecha de ti y pierdes dinero, y esto te hace quedar fatal? Ahí es donde la duda puede colarse, e incluso llegar a impedir tus intentos de triunfar. *¿Cómo voy a seguir el ritmo? ¿Seré capaz de soportar la presión o los focos? ¿Y si lo consigo y sigo sin sentir una realización plena? ¿Y si no soy lo bastante brillante para volver a tener éxito?*

Hablemos con sinceridad: estas preguntas tienen cierta validez, pero tampoco puedes dejar que te ahoguen. Si lo haces, el mundo se perderá tu grandeza y nunca se dará cuenta del valor que solo *tú* puedes aportar.

Pregunté a varias personas que han vivido hace poco un gran auge de su éxito (un crecimiento masivo del número de seguidores en redes sociales, más fama, más dinero y más oportunidades de las que habían tenido antes...) que se valoraran en una escala de amor propio, del uno al diez. Diez significa que se aman y aceptan de forma plena, que se sienten en paz y realizadas en su interior. Uno, en cambio, indica que se odian y no se aceptan. Todas me dieron un número que reflejaba cómo se sentían en ese momento. Luego les pedí que pensaran en el día anterior a que empezara todo ese éxito y esa fama, y que me dieran una puntuación para ese día.

Sus respuestas me dejaron sin palabras.

Aunque desde fuera su éxito parezca algo increíble, ¡todas esas personas se dieron una puntuación más alta *antes* del éxito! No es de extrañar que tanta gente lo tema. Por eso el segundo miedo con el que debes acabar es el miedo al éxito.

SABER CUÁNDO MARCHARSE

Cuando Jamie vio despegar su negocio, su síndrome de la impostora le dijo que no podría gestionarlo y que era solo cuestión de tiempo que el éxito se le escapara de las manos. Me contó que lo único que la mantenía en pie en esos momentos de duda era su fe permanente en que su Misión Significativa era más importante que ella.

Sin embargo, el alcanzar el éxito no supone el fin de la falta de autoconfianza. Es normal tener la tentación de pensar que no serás capaz de estar a la altura de las demandas de tu recién adquirido éxito. Este miedo puede hacer que te boicotees a ti mismo, o bien que te rompas el lomo para demostrar que das la talla. El habitual síndrome del impostor puede convencerte de que el éxito ha sido fruto de la casualidad y llevarte a la cortedad de miras. Puede que sientas, como Jamie, que has de aprovechar al máximo ese éxito mientras dure.

El alcanzar el éxito no supone el fin de la falta de autoconfianza.

Pero esta mentalidad de la escasez *no es* la Mentalidad de Grandeza. El éxito debe planificarse a largo plazo, en la búsqueda de nuestra Misión Significativa, y parte de ese plan tiene que incluir marcarse un ritmo. A veces el éxito implicará cerrar una etapa de comodidad y comenzar otra de incomodidad. En otras palabras, es posible que sea necesario cambiar de marcha.

El doctor Phil, profesional de la salud mental y famoso presentador de televisión, compartió conmigo su sabiduría: «Lo peor que te puede suceder es perseguir el sueño equivocado, o que tu sueño cambie y tú no lo hagas con él».[3] El Dr. Phil sabe alguna cosa sobre cambiar de marcha. Antes de convertirse en una estrella de la televisión, dirigía dos exitosas consultas de psicología. Sin embargo, desde el principio se dijo a sí mismo que, si llegaba un momento en que el impacto que estaba teniendo en la vida de la gente ya no le llenaba, tendría que dejarlo. Y eso es justo lo que ocurrió cuando volvió a su consulta tras unas vacaciones de Navidad: vio la agenda llena para todo el año siguiente y pensó: *No quiero seguir haciendo esto.* En lo que él llama un «momento de comprobación del propio instinto», corría el riesgo de estancarse en un lugar de éxito confortable que no le satisfacía. En lugar de eso, derivó a todos sus pacientes a otros colegas y cerró su consulta.

> **La grandeza es tener la disponibilidad a cambiar tu definición de éxito mientras persigues tu Misión Significativa.**

¿Por qué? Porque su visión del éxito había cambiado.

Phil ha convertido el cambio de marchas en un hábito en su camino hacia la grandeza. También fundó una empresa de ciencias procesales llamada CSI; esta se dedicaba a ayudar en la estrategia judicial, la selección de jurados, los juicios simulados y los llamados jurados y juicios «en la sombra» (en los que se basa el drama televisivo *Bull*, de la CBS). De nuevo, Phil tuvo éxito en este negocio. Incluso representó a Oprah Winfrey en el caso de las vacas locas en Amarillo.

Sin embargo, tras unos quince años de éxito, volvió a sentirse estancado:

> Había hecho todo lo que se podía llegar a hacer. Representé a todas las aerolíneas importantes del mundo. Representé a los nueve grandes estudios de cine de nuestro país. Representé a la mitad de las empresas de la lista Fortune 100. Participé en litigios sobre el tabaco, los implantes mamarios y todo lo que puedas imaginar. Había hecho casi todo lo que se puede llegar a hacer en esta profesión.[4]

Y entonces se dio cuenta de que había llegado el momento de hacer algo distinto. Y de ahí nació el famoso programa televisivo *Dr. Phil*. Pero la razón por la que fue capaz de idearlo es que no dejó que el miedo a lo que podía traerle el éxito le limitara. En lugar de eso, tomó las riendas de su destino.

La grandeza consiste en comprender que el éxito, en sí mismo, no es el objetivo final. La grandeza es tener la disposición a cambiar tu definición de éxito mientras persigues tu Misión Significativa.

PASO A PASO

Con la grandeza ocurre lo siguiente: no consiste en sentirse en plenitud desde un principio, sino en ser *suficiente*, incluso mientras sigues creciendo, desarrollándote y cambiando. Y ahí es donde entra en juego la tensión: ya eres *suficiente* ahora, *y* lo eres cada vez *más*. Si no tienes la disposición a crecer en este sentido, en última instancia tampoco la tendrás para crecer hacia la evolución de tu grandeza.

La grandeza no consiste en sentirse en plenitud desde un principio, sino en ser *suficiente*.

La grandeza es un proceso, y la forma óptima de seguirlo es ir paso a paso.

Como CEO de ATTACK Athletics, Tim Grover, empresario y entrenador personal, es conocido en todo el mundo por su trabajo con deportistas de élite de todas las disciplinas deportivas entre los que se encuentran miembros de la NBA, la NFL o la MLB, e incluso deportistas olímpicos. Era entrenador de Michael Jordan en el periodo en que este ganó varios campeonatos de la NBA, y también lo fue de Kobe Bryant. Él me contó que todo el mundo busca un número específico de pasos que conduzcan al éxito, pero la verdad es que hay una cantidad infinita de pasos para ello, porque también hay un número infinito de definiciones de éxito:

> No importa cuánto tiempo lleves haciéndolo. Esos pasos están siempre cambiando, no terminan jamás, jamás. Y uno

no puede escalarlos; a veces hay que reptar. Y cuando al final llegas a la cima, todo cambia y vuelves al primer escalón.

Un momento... *¿Qué?* ¿La cima vuelve a ser el primer escalón?

Puede que llegues a la cima y pienses que lo has logrado. Miras atrás y ves de dónde vienes y te sientes genial. Luego, de inmediato, contemplas lo que viene a continuación y te das cuenta de que has vuelto al primer escalón. Lo que creías que era la cima en realidad es el principio. Y entonces es cuando la mayoría de la gente abandona.[5]

Dicho de otro modo: el viaje nunca termina. Cuando comprendemos esta verdad somos capaces de protegernos del miedo al éxito. Una vez que vuelven los interrogantes y la grandeza parece desvanecerse en la lejanía, podemos recordar que el objetivo no es pasar por unos controles específicos del éxito, sino perseguir la grandeza.

El objetivo no es pasar por unos controles específicos del éxito, sino perseguir la grandeza.

Sé a qué se refería Tim. He pasado muchos años (de hecho, toda mi vida) preparándome para presentar el podcast *The School of Greatness*. Sin embargo, tras diez años, en el momento de la publicación de este libro, ¡me siento como si acabara de empezar! Para mucha gente, esa búsqueda constante de grandeza suena agotadora, así que abandonan antes de comenzar. En realidad, a mí me reconforta, porque significa que no debo tener todas las habilidades para empezar. Por tanto, con la seguridad de que no he de tenerlo todo resuelto, cada paso que doy es una especie de éxito en sí mismo. No necesito respuestas para lo que venga después del éxito; solo superar mis miedos ahora mismo y avanzar paso a paso.

La verdad es esta: puedes convertirte (y te convertirás) en aquello que necesitas ser en tu camino hacia la grandeza. De hecho, es la única forma de hacerlo.

Y esta es la razón por la que Amy Cuddy rechaza la idea de «fingir hasta conseguirlo». Ella tiene su propia versión de esa frase:

«Fingir hasta convertirse en ello». «Fingir hasta conseguirlo» implica que nunca serás alguien auténtico, que en el fondo nunca serás lo bastante brillante. En cambio, «fingir hasta convertirse en ello» significa anticipar tu crecimiento y llegar a ser la versión de ti para la que estás practicando. Amy llama a esto «autoengañarte para creer en ti».[6] Yo lo considero una herramienta poderosa para cultivar una Mentalidad de Grandeza. Debemos tener la disposición a enfrentarnos a lo que tememos, entregándonos por completo, hasta que esos miedos desaparezcan y salgamos al otro lado con un nuevo conjunto de habilidades y creencias íntimas.

Solo cuando nos comprometemos con el crecimiento, superamos el miedo y logramos la autenticidad podemos empezar a posicionarnos para disfrutar del éxito durante el camino.

Este cambio de enfoque nos lleva de nuevo a superar el síndrome del impostor. Aunque todavía no seas todo lo que necesitas ser para alcanzar el éxito, *sí eres suficiente para empezar ya.*

Solo cuando nos comprometemos con el crecimiento, superamos el miedo y logramos la autenticidad podemos empezar a posicionarnos para disfrutar del éxito durante el camino.

PIENSA DIFERENTE

Los largos periodos de calma son los que, en realidad, resultan más peligrosos, porque un exceso de éxito puede hacernos bajar la guardia, y es entonces cuando el fracaso es capaz de golpear con más fuerza. Para evitarlo, has de *cambiar tu forma de pensar*.

Entre 1997 y 2002, Apple lanzó una campaña publicitaria con el eslogan *Think Different*. En ella se compartían impactantes fotos en blanco y negro de visionarios creativos que iban de Albert Einstein a Bob Dylan, de Amelia Earhart a Jane Goodall, de Martin Luther

King Jr. a Muhammad Ali, de Jim Henson con la rana Gustavo a John Lennon y Yoko Ono, y de Frank Lloyd Wright a Pablo Picasso. Todas esas personas optaron, en su momento, por «pensar diferente».[7]

Y para superar el miedo al éxito quizá tú debas hacer lo mismo: cambia tu forma de pensar.

Volvamos a la historia de Jamie. A medida que su éxito crecía de forma exponencial, se convertía en una amenaza para su calidad de vida, debido a su falta de autoconfianza. Cuanto mayor era su éxito, más temía perderlo todo, y comenzó a rechazar la lucha constante por mantener el ritmo. Fue entonces cuando tuvo que cambiar su forma de pensar. Una vez que creyó en su propio éxito y vio que no era algo temporal, se dio cuenta de que no podía seguir trabajando 100 horas a la semana. Aprendió a tener fe en el proceso, a confiar en que algunas cosas podían esperar al día siguiente. Según me explicó, «no necesitaba trabajar 100 horas semanales para lograr tener una empresa multimillonaria...».[8]

Según Tim Grover, deberíamos *abrazar el cambio* que puede traernos el éxito como una forma de escapar de la rutina y ver los beneficios de la oportunidad que supone. Mientras hablábamos, Tim sugería que debemos avanzar en el camino y vivir experiencias que tal vez nos den miedo, pero que es posible transformar en oportunidades si elegimos verlas desde esa perspectiva. «Cuéntalas como victorias», proponía, no como fracasos ni como aspectos negativos.[9]

> **Ya eres suficiente *y* estás en proceso de serlo más.**

Es este un cambio de mentalidad sencillo pero fundamental. No puedes dejar que el miedo a conseguir lo que quieres te inhiba. Así que mantén la perspectiva. Aun así, a veces ganamos y sentimos que perdemos. Podemos llegar a odiar la misma situación que una vez habíamos anhelado. Cuando sientas que temes el éxito o que rechazas el que acabas de conseguir, recuerda que el cambio es incómodo y a la vez inevitable. No puedes elegir si se produce o no el cambio, pero sí cómo cambias tú.

Y recuerda que tus referentes también tienen inseguridades. Quienesquiera que sean, te garantizo que han debido enfrentarse a los mismos miedos y retos. Cuando sientas la tentación de creer que no eres lo bastante brillante o que no cuentas con la suficiente preparación para asumir la responsabilidad de la grandeza, limítate a dar el siguiente pequeño paso y, sobre todo, ten presente que ya eres suficiente *y* estás en proceso de serlo más.

CAMINO HACIA LA GRANDEZA

Como ya he comentado, al final de esta sección te proporcionaré un juego de herramientas completo para transformar el miedo (pág. 109), ayudarte a pasar a la acción y superar las barreras que te impiden desarrollar tu grandeza. Por el momento, hazte estas sencillas preguntas:

- ¿Hasta qué punto te cuesta superar el miedo al éxito?
- ¿Cómo te ha frenado ese miedo a la hora de entregarte de lleno a tu Misión Significativa?

Anota aquí todos los miedos relacionados con el éxito que te frenan ahora mismo, mientras los tengas frescos en la cabeza:

____

____

____

____

____

____

____

____

Capítulo 6

MIEDO N.º 3: EL JUICIO

¿Puedo sincerarme contigo? Hay un temor en concreto que me ha dado más guerra que los demás. Y no es el miedo al fracaso, a pesar de haber tenido mis problemas con él, como todo el mundo. Tampoco es el miedo al éxito, aunque me he enfrentado a retos de crecimiento a lo largo de mi camino. No estoy minimizando en absoluto estos temores, pero no eran mis principales inhibidores a la hora de dar forma y perseguir lo que quería en la vida. El miedo contra el que más he luchado, sobre todo en mis primeros años, ha sido el miedo al juicio ajeno.

Verás, a mí me encanta hacer feliz a la gente, complacer a los demás y no generar más tensión en su vida. Esto es positivo en muchos sentidos, pero cuando se sale de madre también genera temores nocivos que pueden causar mucho daño, tanto a uno mismo como al resto.

Durante muchos años, en la mayoría de mis relaciones íntimas mi miedo al juicio ajeno y a decepcionar a la otra persona me llevó a abandonarme, a ir en contra de mis valores y a traspasar límites que en el fondo no quería cruzar, solo por complacer a la otra parte. Al menos eso es lo que me decía mientras hacía lo imposible para que la relación funcionara.

Admitámoslo, la idea del amor puede nublar el propio juicio, porque somos seres conectados desde el punto de vista químico. Pero si no nos alineamos emocional, espiritual y mentalmente con alguien, intentar a toda costa que funcione no es el mejor camino. Mi error fue tratar de «arreglarlo» en lugar de darme cuenta de que no estaba en sintonía con la otra persona. Esto no pretende ser un juicio sobre esa otra persona, sino una evaluación sincera de cómo dejé que este temor me mantuviera atrapado en ciertas relaciones mucho después de llegado el momento de romperlas.

Conforme fui trabajando con mi terapeuta para comprender las dinámicas relacionales —y, lo que es más importante, para ver mis propias carencias—, me acabé dando cuenta de que me sentía presionado para guardar silencio o transigir con los límites. Tenía miedo de que la relación no funcionara y de ser juzgado por ello. No quería que la gente pensara que era imbécil, ni que me vieran como el típico rompecorazones, así que seguí metido en aquellas relaciones, aunque en el fondo sabía que algo no iba bien. Además, no quería que las personas que me importaban se enfadaran conmigo o se sintieran decepcionadas, de modo que cedía una y otra vez.

Mi terapeuta dice que lo que yo hacía era intentar «comprar la paz». Le llevaba flores o un regalo especial, o hacía cualquier otra cosa para comprar la paz en la relación. Pero la paz no se puede comprar. Es necesario *estar* en paz. Para ello, hay que marcar unos límites que estén alineados con los propios valores y visión de la vida. Y esto vale para cualquier relación, ya sea en el mundo de los negocios o con la familia, las amistades o un ser querido.

Hay que marcar unos límites que estén alineados con los propios valores y visión de la vida.

En el fondo, mi miedo a ser juzgado me impedía hacer lo correcto y ser auténtico al cien por cien. Como resultado, sentía que no era coherente conmigo mismo. Ahí estaba yo, sin ser auténtico en mis relaciones más íntimas, cuando mi misión era animar a gente de todo el mundo a serlo en la búsqueda de la grandeza.

La falta de integridad empezó a mermar mi autoconfianza. Esto me hacía sentir como si viviera a medio gas. Aquella falta de confianza empezó a asomar por los bordes de mi ser, lo que no hizo más que empeorar las cosas, porque yo era consciente de que lo estaba permitiendo.

Si explico todo esto es para trasmitir que lo entiendo. Pasar por un momento de estrés, una ruptura o un despido resulta muy duro, porque lo vivimos como algo crucial. Es complicado, es doloroso. Cuando estás ahí dentro es difícil pensar desde fuera. Crees que la gente te está juzgando, y es muy posible que así sea.

Verás, en momentos clave como estos, si alguien te hizo daño el ego te dice que no das la talla; que nunca llegarás a nada; que no eres alguien digno; que tienes miedo al fracaso; que tienes miedo al éxito; que temes la opinión de los demás. Pero el ego es justo lo que bloquea el flujo de la abundancia.

Lo que aprendí a hacer en esos momentos fue repetirme a mí mismo: *Pronto lo podré ver desde la distancia.* Dentro de un año, habré aprendido algo de esta experiencia. Seré más fuerte, seré más humilde. Y dentro de seis meses, un año o dos, estaré pasando por otra cosa. La gente que tengo alrededor seguirá conmigo o saldrá de mi vida.

El ego es justo lo que bloquea el flujo de la abundancia.

Mi amigo Robin Sharma suele decir que un mal día para el ego es un gran día para el alma, porque el ego necesita morir en varios momentos de la vida para que seamos capaces de purgar lo que nos está frenando. Ciertas partes del ego pueden ser potentes y positivas, pero a veces necesitamos deshacernos de la que nos frena y nos limita, para así romper las cadenas invisibles forjadas por el juicio ajeno.[1]

NUESTRAS CADENAS INVISIBLES

A mucha gente le lastra el miedo a ser juzgada por los demás, a sus opiniones, a pasar vergüenza, al qué dirán. ¿Y por qué sucede esto? ¿Por qué tantas personas esperan incluso décadas para emprender un proyecto creativo con el que llevan tiempo soñando, y solo lo hacen porque se sienten inseguras ante la opinión de los demás?

Cuando le pregunté a Dan Millman, me comentó que mucha gente siente que su identidad, e incluso su autoestima, depende de las opiniones ajenas. Ambos estuvimos de acuerdo en que dejar que los pensamientos de otros definan tu identidad es un error. Pero hizo hincapié en que, si te centras más en cómo servir a los demás que en qué piensan de ti (*Todo gira en torno a mí. ¿Qué tal estoy? ¿Les gusto? ¿Cómo suenan mis palabras?*), podrás superar la ansiedad que te provocan sus opiniones.

De hecho, Dan lo llama «el Dios de la opinión», y creo que tiene razón. Podríamos también inventar un pequeño ídolo llamado «las opiniones de los demás», y venerarlo en un altar todos los días, porque así es como viven muchas personas, que necesitan aprobación para definir su identidad.[2]

Dan Gilbert, profesor de Psicología en Harvard, distingue entre «torpes» y «señaladores». Los torpes son quienes suben al ring o salen a la cancha y hacen todo lo posible por seguir adelante, aunque fracasen con frecuencia. Siguen levantándose, aprendiendo e intentándolo.[3]

Mientras tanto, los señaladores se sientan en las gradas y ridiculizan a los que están en el campo. En realidad, no consiguen nada, pero hacen lo posible por tener buen aspecto: llevan todos los accesorios del aficionado ideal y, desde la comodidad de sus asientos, se burlan de quienes lo están intentando de verdad. No cometen errores como las personas que están sobre el terreno de juego, porque en realidad no están haciendo nada significativo.

Como dijo en una ocasión el presidente Teddy Roosevelt:

> No es el crítico quien importa, ni aquel que señala cómo tropieza el hombre fuerte o cómo el que actúa podría haberlo hecho mejor. El mérito pertenece al que está en la arena, con el rostro cubierto de polvo, sudor y sangre; al que lucha con valentía; al que yerra y falla una y otra vez, porque no hay esfuerzo sin error ni fallo. Pero que se esfuerza de verdad por lograr su objetivo; que conoce grandes entusiasmos, grandes devociones; que se entrega a una causa digna; que, en el mejor de los casos, acaba conociendo el triunfo de un gran

> logro y que en el peor, si fracasa, al menos se ha atrevido con grandeza, de modo que su lugar jamás estará entre esas almas frías y apocadas que no conocen victoria ni derrota.[4]

La realidad es que cada cual puede ser una mezcla de señalador y torpe en determinados momentos. Pero ninguna crítica es eterna, aunque a veces se sienta así. Aclararé que no estoy minimizando su impacto emocional, pero recibir críticas en internet o que alguien se ría de ti no debe determinar la dirección de tu vida. Esas personas solo tienen poder sobre ti si se lo permites.

Así que no se lo permitas. ¡Retoma tu poder!

Durante muchos años, mi miedo a ser juzgado me llevó a perseguir el éxito para demostrar a quienes me criticaban que se equivocaban. Pero este tipo de combustible y energía no eran sostenibles, porque el logro de mis objetivos provenía de un lugar de inseguridad: no hacía las cosas porque me gustaran, ni porque quisiera inspirar o animar al resto. En lugar de sentirme orgulloso tras cinco o diez años de perseguir un objetivo y, al fin, lograrlo, una vez conseguido volvía a deprimirme a la media hora.

Huimos de nuestros miedos, y por eso nos desviamos del buen camino o inventamos excusas sin pasar a la acción. Por ejemplo, una persona a la que le hacía de coach me explicó que no dejaba de apuntarse a cursos y volver a la universidad para aprender más, pero que nunca pasaba a la acción, porque sentía que no estaba preparada para luchar por sus objetivos. A pesar de todos los cursos, títulos y certificados, jamás se sentía lista. Se desviaba del camino, se decía a sí misma que necesitaba más... de lo que fuera. Pero la realidad era que temía fracasar y ser juzgada por ello.

Durante mi conversación con la doctora Ellen Vora, autora de *La anatomía de la ansiedad*, debatimos sobre cómo nos sentimos al preocuparnos por complacer a los demás y no ser fieles a nosotros mismos. Ella lo llamó «dar un sí falso». Y usó el ejemplo siguiente: imagina que estás en una tienda y te encuentras con alguien a quien hace quince años que no ves. Tras un rato de charla la otra persona sugiere quedar la próxima semana para tomar un café. Repasas en tu interior todo lo que tienes que hacer en esos días y piensas: *No me queda tiempo para esto.* No tienes nada contra esa persona, pero para ti no es una prioridad.

Pero, en lugar de declinar de forma educada la invitación, tienes miedo al juicio y te oyes decir: «¡Claro, quedemos!». En cambio, tu cerebro grita: «¡Di que no! ¡Di que no!». Según la doctora Vora, eso sería un «sí» falso.

Cuando llega la semana siguiente, o bien cancelas a última hora, o acudes a la cita por compromiso mientras piensas en todas las otras cosas que *podrías* estar haciendo. Al final, acabas sintiendo un cierto resentimiento hacia esa persona, porque diste un «sí» falso en lugar de un «no» auténtico.

Como concluyó la doctora Vora: «Esto es una pequeña traición a uno mismo».[5]

Durante años, yo también seguí ese patrón. Pero romperlo me ha liberado y ahora puedo disfrutar de mejores relaciones y vivir con confianza, sabiendo que persigo una vida con propósito y de servicio fiel a mis valores.

LA VERDAD SOBRE LOS CRÍTICOS

Lo siguiente es una gran verdad: la gente te juzgará hagas lo que hagas. Si te sientas en el sofá sin hacer nada, te criticarán. Si vas en busca de tus sueños, opinarán. Te juzgarán de todos modos, así que tal vez sea mejor ir en busca de tus sueños y hacer lo que más te gusta.

Cuando te mires al espejo, por lo menos deberías sentir orgullo de haberlo dado todo sobre el terreno de juego, con independencia de lo que diga la gente. Sé fiel a ti.

El comandante de los Navy SEAL Rich Diviney me planteó en cierta ocasión una pregunta: *¿Cómo podemos saber con certeza lo que piensan los demás?* Bueno, lo normal es que no lo sepamos, solo *creemos* saberlo. Pero la realidad es que no solemos tener ni la más remota idea. Rich apunta que tenemos tendencia a obsesionarnos con las cosas negativas que la gente *podría* estar pensando, y esto es así por la forma en que funciona el cerebro:

> Formulamos una pregunta de forma consciente en el cerebro anterior. De inmediato, este empieza a dar respuestas. Suelo hacer este experimento con mis estudiantes. Les digo:

«Tómense un momento. Les daré 30 segundos para responder a esta pregunta: ¿cómo podría duplicar mis ingresos en los próximos 30 días? Cualquier cosa que les venga a la cabeza escríbanla en un papel». Todo el mundo hace entonces una pequeña lista.

Luego les digo: «No me interesa lo que hayan respondido. Lo único que me interesa es lo ridículas que son sus respuestas, ¿Cuántas respuestas se les ocurrieron?». Suelen ser tres, cuatro, cinco y a veces incluso siete u ocho. ¿Por qué? Porque han lanzado una pregunta en su cerebro anterior.

Sea cual sea la pregunta que lances, el cerebro empezará a responder. Pero lo suele hacer de forma equivocada. Por ejemplo, nos preguntamos: «¿Por qué esto se me da tan mal? ¿Por qué siempre me pasa a mí? ¿Por qué esta gente está en mi contra?». Cuando esto ocurre, el cerebro empieza a responder, ¡y algunas de las respuestas que da son igual de ridículas que las de ciertas personas acerca de cómo duplicar sus ingresos![6]

En otras palabras, nuestras respuestas por defecto suelen salir de un lugar de debilidad y miedo. El cerebro entra con facilidad en modo supervivencia, una reacción de lucha o huida que presume lo peor. Dicho de otro modo, las respuestas que da el cerebro sobre los demás pueden ser ridículas, pero en el momento nos parecen muy reales.

Gran parte de nuestros temores acerca de las percepciones ajenas son imaginarios. Pero algunos son reales. La gente juzga, y muchas veces lo hace de forma dañina. Y tampoco pasa nada.

Te juzgarán de todos modos, así que tal vez sea mejor ir en busca de tus sueños y hacer lo que más te gusta.

Le pregunté a Joel Osteen, pastor de la congregación más grande de Estados Unidos, telepredicador y escritor afincado en Houston, Texas, cómo consigue superar la inseguridad por lo que piensen los demás. Me contó que al principio todo el mundo le mostraba su apoyo. Pero a medida que su ministerio avanzaba también lo hicieron las críticas. Como él mismo señala:

> No puedes llegar a tu destino sin tener a gente en contra. Algunas personas no llegarán a comprenderte, porque no quieren. A veces dedicamos tiempo y energía intentando convencer a alguien para gustarle, alguien a quien jamás le gustaremos. Y no pasa nada. Céntrate en tu carrera. Así es como yo lo he gestionado con éxito, y animo a otros a hacer lo mismo: desconectar del ruido negativo y centrarte en *tu* camino.
>
> Creo que cada día disponemos de una cantidad limitada de energía emocional. No es infinita. ¿Cuánta energía estoy desperdiciando en negatividad, en rencores, en lo que dijo aquel tipo, en el que se me cruzó con el coche o en un colega que jugó sucio en el trabajo? Toda esa energía es la que luego me falta para mis sueños y mis metas.
>
> La vida es demasiado corta como para malgastar la energía emocional en cosas que no son importantes.[7]

Pero no te equivoques: siempre recibirás críticas. Cualquiera que persiga la grandeza las recibe. Lo que importa es qué haces una vez eres consciente de que hay gente que te critica. En esos momentos es cuando tienes que tomar una decisión: replegarte y dar un paso atrás o ponerte en pie, salir al terreno de juego y darlo todo.

REFLEXIONES PRÁCTICAS

Todo el mundo tiene una opinión, pero no todas merecen nuestra consideración. Me gustó lo que me dijo Priyanka Chopra Jonas acerca de cultivar la propia felicidad: «Es tu viaje y solo tuyo». Esto significa que tú decides cómo se desarrolla este viaje. Si te basas en las opiniones ajenas o buscas la validación de los demás, el trayecto será largo y agitado. Y prosiguió: «Si esperamos que otra persona contribuya a nuestra trayectoria, será una trayectoria sesgada».[8]

Añadió que, si *recibimos validación* de los demás en lugar de encontrarla en nuestro interior o generar una validación propia a través de las cosas que más nos importan, siempre nos supeditaremos al juicio externo. Ella ha elegido centrarse en el amor, el afecto y el apoyo de su familia y amistades, e ignorar a los troles. «Sentir orgullo por quienes somos —apuntó— y por lo que aportamos es la mayor felicidad que existe».[9]

¡Esto me abrió los ojos!

Rich Diviney sugiere otra forma de superar el miedo y redirigir tu rumbo: «La calidad de la propia vida es directamente proporcional a la de las preguntas que te haces. Las personas nos hacemos preguntas de forma constante; si son negativas, vamos a sufrir en la vida».[10] Por el contrario, si nos hacemos mejores preguntas, nuestra vida mejora. Y lo primero que él se pregunta es: *¿Cuál sería la mejor pregunta en esta situación?*

Lo que importa es qué haces una vez eres consciente de que hay gente que te critica.

Parece contraintuitivo e incluso sarcástico, pero hacer la mejor pregunta detiene el proceso de pensamiento negativo y genera una nueva trayectoria. Y, tanto si se trata de compararnos con los demás (*¿Por qué estas personas son más o mejores que yo?*), de quejarnos de las circunstancias (*¿Por qué siempre me pasa lo mismo?*) o de plantearnos el futuro (*¿Esto cuándo va a cambiar?*), la respuesta es hacerse una pregunta mejor.

Para contrarrestar la negatividad y dejar de preocuparse por lo que otros piensan de ella, la doctora Wendi Suzuki, profesora de Neurociencia y Psicología del New York University Center for Neural Science, emplea un procedimiento que ha bautizado como «condicionamiento de la alegría». Tras 25 años estudiando el funcionamiento de la memoria y aplicando todos sus conocimientos al tratamiento de la ansiedad, ha dado con este procedimiento como antídoto contra el condicionamiento del miedo, que, según ella, todo el mundo experimenta por defecto. El condicionamiento de la alegría no requiere ningún tipo de entrenamiento, solo la voluntad de mirar hacia el propio pasado. Tal y como ella lo describe, «consiste en buscar en tu banco de memoria los acontecimientos emocionales positivos, alegres, divertidos, o cualquier momento favorito de tu vida, sacarlos a colación y revivirlos de forma consciente».[11]

En esencia, se trata de buscar emociones positivas en tu vida e inundar tu mente con ellas.

La doctora Suzuki afirma que el secreto para lograrlo es pensar en un recuerdo con un componente aromático, un olor que se te quede grabado en la mente. Me puso como ejemplo un momento concreto en el que asistió a una clase de yoga. Fue para ella una experiencia reconstituyente en general, pero la mejor parte llegó cuando el instructor se puso loción de lavanda en las manos, las pasó por delante del rostro de Wendy y le dio un masaje breve pero relajante en el cuello. Se le quedó tan grabado que ahora Wendy lleva siempre consigo un frasquito de esencia de lavanda y lo utiliza como estimulante.

No dejes que la negatividad ajena te desvíe de tu camino.

Es una forma sencilla de autocondicionarse hacia la alegría y dejar atrás la negatividad.[12]

Tú puedes hacer lo mismo. Recupera un recuerdo alegre (¡punto extra si tiene un olor asociado!) y úsalo para combatir los pensamientos negativos.

Ya sea ahogando las opiniones negativas de los demás con otras positivas de la gente en la que confías, haciéndote mejores preguntas que te saquen de la espiral negativa o condicionándote hacia la alegría para dejar de vivir con temor, puedes y debes tomar la decisión de dejar atrás el miedo a que te juzguen.

Solo tienes una oportunidad en tu búsqueda de la grandeza. No dejes que la negatividad ajena te desvíe de tu camino.

CAMINO HACIA LA GRANDEZA

Antes de empezar con las actividades propuestas en el Juego de Herramientas para Transformar el Miedo (pág. 109) hazte estas sencillas preguntas:

- ¿Hasta qué punto te cuesta superar el miedo al juicio de los demás?
- ¿Cómo te ha frenado ese miedo a la hora de entregarte de lleno a tu Misión Significativa?

Anota aquí todos los miedos relacionados con lo que piensan los demás mientras los tengas frescos en la cabeza:

____

____

____

____

____

____

____

____

____

Capítulo 7

LO QUE MATA LOS SUEÑOS: LA FALTA DE CONFIANZA

Cuando era pequeño, mi padre nunca se acordaba de mi cumpleaños. No había fiestas, ni regalos ni tarta. Un día le pregunté:

—Papá, ¿por qué no celebras mi cumpleaños? ¿Es que no me quieres?

—Te quiero mucho —respondió—. Te celebro todos los días, pero en mi trabajo y por mi experiencia veo a muchas personas que se ven limitadas por su edad, porque tienen una forma limitada de entender el paso del tiempo.

Claro que me habría encantado recibir regalos y pasteles de vez en cuando, pero aquel mensaje tuvo una influencia potente y edificante en mi vida desde una edad temprana.

—No quiero que pienses jamás que eres demasiado mayor para empezar nada —me dijo—. No quiero que sientas tampoco que eres demasiado joven o que te falta experiencia para perseguir tus sueños. No quiero que creas jamás que no eres capaz de adquirir los recursos, la inteligencia, la sabiduría, las habilidades o la experiencia necesarias para atraer la abundancia a tu vida.

En resumen, mi padre me estaba diciendo: *Lewis, no quiero que sientas nunca que no eres suficiente.*

¿Sabes qué mata más sueños que ninguna otra cosa en este mundo? La falta de autoconfianza. Muchas personas fracasan antes de empezar solo porque no creen que puedan alcanzar el éxito. El miedo al fracaso, al éxito y al juicio externo son ingredientes de este veneno tan potente.

Vi cómo actuaba este «asesino de sueños» ya en octavo curso. Yo admiraba a un jugador de baloncesto que iba al último curso, el deportista con más talento que había visto jamás; su explosividad era de otro mundo, estaba muy musculado, tenía una capacidad de salto vertical de más de un metro y podía hacer mates con un giro de 360 grados. Todo lo que te puedas imaginar. Aquel tipo poseía unas capacidades atléticas increíbles. Y allí estaba yo, un crío flacucho de trece años que apenas podía tocar el aro de la canasta de un salto. Tenía todos los motivos para dudar de mis capacidades y para pensar que él acabaría siendo deportista profesional.

> **Muchas personas fracasan antes de empezar solo porque no creen que puedan alcanzar el éxito.**

Sin embargo, a pesar de su talento, ese chico no creía en sí mismo. Cedía una y otra vez ante la presión. Ver que no alcanzaba su potencial me enseñó que un talento extraordinario no sirve de nada si no sabes creer en ti. Y, lo que es más importante, si tienes mentalidad ganadora y la disposición a esforzarte para superar la adversidad, no necesitas ser el deportista con más talento para ganar.

Cuando le conté esta anécdota a Tim Grover, entrenador de deportistas profesionales, me dio la razón. De hecho, dijo que él prefería trabajar con gente de menor talento, siempre que se esforzase por dar lo mejor de sí. Esas personas eran siempre las mejores. Eran individuos ganadores. Y se convertían en grandes deportistas.[1]

¿NO ERES SUFICIENTE?

Tal vez en este punto de tu viaje hacia la grandeza ya tengas idea de cuál podría ser tu Misión Significativa; quizá hayas identificado los miedos que te frenan, y quieras dar un paso al frente y caminar hacia la grandeza. Pero en el fondo crees que eres demasiado joven o que te pasas de edad. Tal vez sientas que tienes demasiadas responsabilidades en este momento de tu vida, o creas que es muy tarde para perseguir tu misión. Quizá todavía no te sientes con las suficientes capacidades. En resumidas cuentas, cuando dudamos de nuestras capacidades nos autointimidamos y pasar a la acción resulta imposible.

Un talento extraordinario no sirve de nada si no sabes creer en ti.

Ya *eres* suficiente. Por desgracia, la positividad no es innata para la mayoría de la gente, tampoco respecto a cómo nos percibimos. Y muchas veces el propio entorno puede contribuir a una mentalidad autocrítica. Joel Osteen es una de las personas más positivas que he conocido. Él atribuye su positividad y confianza a sus padres, que le rodearon de ánimo y optimismo, y reafirmaban con frecuencia sus capacidades y su valía.

Después de ejercer como pastor durante muchos años, Joel descubrió que hay gente que tiene una «grabación innata» en la cabeza que le dice que no es lo bastante buena. Así, su propia negatividad les hace perder la autoconfianza y les impide alcanzar la grandeza. Pensando en esto, Joel me contó una enseñanza que le transmitió su padre: «Nunca podrás ser mejor de como te ves a ti mismo».

Por tanto, la única forma de silenciar este mensaje negativo, dice Joel, es prestar atención a tus pensamientos sobre ti y alinearlos con la visión de futuro que deseas. ¿Quieres saldar tus deudas? ¿Perder 10 kilos? ¿Hacer crecer un negocio próspero? Sea cual sea la forma del éxito para ti, debes ser capaz de visualizarte alcanzando ese sueño. De lo contrario, jamás darás los pasos adecuados para conseguirlo.[2]

Quizá estés pensando que tú no dudas de tus capacidades y que, por lo tanto, no tienes problemas de falta de confianza. No obstante, hay otra forma de dudar de uno mismo, y es la duda sobre tu valía. Muchísima gente sufre en silencio pensando que no *merece* la grandeza o siquiera nada bueno.

Por eso le agradecí tanto a mi amigo Dan Millman que me enseñara el ejercicio de «sí, gracias». Es sencillo pero eficaz: cuando se crucen en tu camino oportunidades de éxito, elige creer que las mereces y limítate a decir: «Sí, gracias» al mundo. Al practicar esta respuesta reconoces tu valía y lo que te mereces como ser humano.

Cuando se crucen en tu camino oportunidades de éxito, elige creer que las mereces.

No mereces más que nadie, pero tampoco menos. Lo que ocurre es que nos autosaboteamos con demasiada frecuencia porque no creemos merecer el éxito. *No soy suficiente. No me lo merezco.* Al pensar que no mereces algo, llegas a la conclusión de que cualquier éxito inicial debe ser, por necesidad, efímero. Como resultado, te complicas la vida sin querer, y lo haces porque no crees merecer las recompensas. Así, el miedo al fracaso se convierte en una profecía autocumplida, y todo porque no sientes que lo merezcas. Y el miedo al éxito limita tus posibilidades por idéntica razón. Es el mismo motivo por el que el miedo a que te juzguen te hace ceder.

Practica la bondad contigo o, como propone Dan, pregúntate a diario: «¿Cuántas cosas buenas seré capaz de aguantar hoy?». Hazlo todos los días. Ejercita tu tolerancia a lo bueno hasta poder decir: «Me merezco alcanzar la grandeza»[3].

TRABAJO EN CURSO

La bondad con uno mismo es una de las claves para vencer la falta de confianza que acaba con los sueños. A pesar de ser capaz de mostrar una enorme gratitud hacia los demás, a la mayoría de la gente le resulta difícil mostrarla hacia sí misma. Por ejemplo, podría estar agradecido conmigo por ser coherente con lo que dije que haría. Tal vez fui puntual en mis citas, completé mi reto de 30 días, bebí a diario la cantidad de agua que me había propuesto o incluso descansé las horas que necesitaba para rendir al máximo. En todas estas ocasiones, por insignificantes que puedan ser, puedo darme las gracias por ser suficiente. No estoy hablando de regar el ego cual narcisista, sino solo de reconocer los propios éxitos y mostrar agradecimiento por mi contribución para lograrlos.

Me merezco alcanzar la grandeza.

Vi un ejemplo de esto en un vídeo de Snoop Dogg, tras serle concedida una estrella en el Paseo de la Fama de Hollywood. Recitó una larga lista de cosas por las que se sentía afortunado y dio las gracias a mucha gente. Por último, dijo:

> Quiero darme las gracias a mí. Quiero darme las gracias por creer en mí. Quiero darme las gracias por haberme esforzado tanto. Quiero darme las gracias por no tomarme días libres. Quiero darme las gracias por no rendirme. Quiero darme las gracias por dar siempre e intentar dar más de lo que recibo. Quiero darme las gracias por intentar acertar más veces de las que yerro. Quiero darme las gracias simplemente por ser siempre yo mismo.[4]

Y es verdad. No nos agradecemos las cosas lo suficiente. No mostramos autoagradecimiento cuando deberíamos: tras dar un paso al frente y sacar el trabajo adelante, al afrontar un reto, tener una conversación incómoda o llamar a alguien con quien cortamos la relación para reconciliarnos, cuando hacemos el trabajo emocional necesario para sanar un trauma o al enfrentaros a miedos e inseguridades y superarlos.

He descubierto un ejercicio poderoso para reafirmarnos en que, en efecto, somos suficientes tal y como somos. Consiste en mostrar aprecio hacia uno mismo dos veces al día, una por la mañana y otra por la noche. Si lo haces a diario, liberarás una cascada de abundancia que te envolverá y atraerá hacia ti nuevas oportunidades positivas.

Volviendo a Dan Millman, él cree que la forma de adquirir seguridad respecto a la propia valía es apreciar la historia individual y el viaje de crecimiento que se haya hecho. El libro de Dan, *Las doce puertas*, habla de «doce puertas hacia el crecimiento personal». La primera de ellas es darte cuenta de tu valor innato como ser humano. Dan posee un hermoso punto de vista sobre el valor humano: cree que cada persona tiene una historia que es única y se despliega de forma continua. Por consiguiente, debes valorar tu trayectoria, y sobre todo las partes dolorosas, porque esos obstáculos son lo que te da fuerza.

Cada cual tiene un pasado y un camino hacia el futuro único y diferente. Es posible que tu sendero hacia el porvenir no se parezca al de la persona que tienes al lado. Por eso Dan advierte que «compararnos con los demás es una enorme falta de respeto hacia nuestro propio proceso». La realidad es que tal vez tu proceso no vaya al mismo ritmo que el de otro individuo. Cuando era entrenador de gimnasia, Dan veía a los niños aprender a dar volteretas a ritmos diferentes. Resulta paradójico, pero quienes tardaban más solían dominar mejor la técnica que quienes aprendían rápido. Dan lo resume así: no hay un camino correcto, solo el camino correcto para ti en este momento. Cuando descubres el valor de tu trayectoria pasada y la que te espera en el futuro, ya no necesitas medirte con el resto de la gente y puedes reconocer tu valía.[5]

Joel Osteen también cree que la forma de superar las inseguridades es centrarse en uno mismo, identificar y celebrar la propia individualidad. Durante una conversación que mantuvimos acerca del síndrome del impostor, me contó cómo superó su falta de confianza en asumir la dirección de la iglesia Lakewood tras la muerte de su padre. En aquel momento, su progenitor llevaba 40 años como pastor de esa comunidad, y había conseguido reunir a una congregación muy fiel. Al incorporarse a una comunidad tan consolidada, Joel sintió que tenía la obligación de adoptar el mismo rol que su padre, de transformarse para llenar el vacío que este había dejado. *Cada persona que viene lo hace por mi padre*, pensaba. *No vienen a escucharme a mí.*

Aunque habían tenido una relación estrecha, Joel no era su padre. Su estilo como predicador era relajado, muy distinto de los sermones enérgicos y apasionados de su progenitor. Aun así, los primeros tres o cuatro meses hizo lo posible por predicar como él, siguiendo las notas que le había dejado. Aunque pensaba que hacía lo mejor para su iglesia, en realidad estaba imitando a su padre. Tras cuatro meses, se topó con un pasaje de las Escrituras que decía que David cumplió el propósito de Dios para su generación (Hechos, 13:36). En ese versículo, Joel leyó entre líneas estas palabras: *Joel, tu padre cumplió su propósito para su generación. Ahora ve y cumple tú el tuyo para esta generación.* Comprendió entonces que su don, otorgado por Dios, era distinto al de su padre, pero no por ello menos poderoso.

Cuando al final se dio permiso para ser él mismo, su iglesia empezó a crecer de forma exponencial. La gente respondió de forma positiva a su estilo como pastor. Además de contarme esta historia, Joel me ofreció unas palabras llenas de sabiduría: «Tienes el poder de ser tú mismo, y nadie puede ganarte en eso». Así es como combatimos el síndrome del impostor. Si no intentas ser nadie más que tú, es imposible ser un impostor. En cambio, cuando nos esforzamos por parecernos a otra persona, puede que lo hagamos bastante bien, pero, según Joel, intentando imitar a otro estamos «reduciendo nuestro poder». Dan lo resume así: «Si no te das cuenta de que eres una obra maestra, de que tienes algo que ofrecer que nadie más posee, te estás limitando».[6]

Ser tú te libera para poder aplaudir a los demás de forma sincera.

Por cierto, otro beneficio más de ser tú es que te libera para poder aplaudir a los demás de forma sincera. El éxito de otra persona no te resta talentos, porque, aunque tal vez ella sea mejor que tú en algo concreto, tú eres excelente en otra cosa y de otra forma.

Si te has pasado la vida teniendo la autoestima baja y valorándote poco, la idea de aplaudirte puede parecerte presuntuosa; tal vez sientas que la expectativa de alcanzar la grandeza es pura arrogancia. La humildad y el sacrificio suelen considerarse virtudes, y es cierto que pueden serlo, pero para alcanzar tu máximo potencial y ayudar a los demás ofreciéndolo primero debes ser capaz de apreciar tu valía e invertir en ti. Dicho de otro modo, primero tienes que llenar tu plato; cuidar tu salud, tu forma de pensar, tus energías. Recuerda: la Mentalidad de Grandeza es una mentalidad de crecimiento, no una forma de pensar fija, y parte de esa mentalidad de crecimiento consiste en dar prioridad a tu propio camino, que aún estás recorriendo.

¿QUÉ TIPO DE COACH QUIERES SER?

¿Qué acciones prácticas puedes llevar a cabo para dejar de sabotearte? Permíteme empezar, cómo no, con una analogía deportiva. Como jugador de fútbol americano he tenido entrenadores desagradables que me criticaban y avergonzaban. Podía estar dándolo todo y aun así ellos seguían acosándome y avergonzándome. También tuve entrenadores que me mostraron un gran afecto, de una manera positiva y cariñosa. Quizá me llamasen la atención y me usaran para dar ejemplo, pero al fin y al cabo me demostraban que les importaba y que querían verme crecer.

Hay una gran diferencia entre estos dos tipos de entrenador. De forma análoga, puedes ser tu mejor coach o tu peor crítico. Si tu coach interno se basa en el amor, te dirá: *Soy suficiente. Me quiero tal como soy, pero a la vez trabajo para mejorar.* Si tu crítico interno se basa en el miedo te dirá: *No soy suficiente.* Esa voz también busca mejorar, pero desde la negatividad, mientras que el entrenador basado en el amor siempre procede de un lugar de estima.

> **Puedes ser tu mejor coach o tu peor crítico.**

Para curar tus inseguridades tienes que adoptar la mentalidad de un entrenador que se basa en el amor, dejando de compararte con los demás. En vez de eso, compárate con tu propia versión del pasado. Cuando comparas tu yo actual con quien eras hace un mes, o un año, eres capaz de ver todo lo que has avanzado. Y entonces puedes reconocer esos logros y marcarte nuevas metas. La clave no está en mejorar porque no seas suficiente, sino por tener siempre una mentalidad de crecimiento.

La segunda forma práctica de mejorar la autoconfianza es rodearte de una comunidad de aprendizaje que te apoye. Le pregunté en una ocasión al conferenciante y escritor de textos motivacionales Simon Sinek cómo puede alguien empezar a creer en sí mismo cuando siente inseguridad. Me contó la historia de una amiga que estaba pasando por un momento difícil y dudaba de sí misma. Tras intentar animarla para reafirmar su autoestima (sin éxito), decidió modificar su enfoque: le pidió ayuda para mejorar sus habilidades en algo que a él no se le daba bien, pero a ella sí. En cuanto fue ella quien empezó a dar consejos en lugar de recibirlos, su confianza se disparó.

Así pues, si temes no ser suficiente en algún ámbito, encuentra formas de servir a tu comunidad con las habilidades con las que sí sientes confianza. Luego concede la misma oportunidad a otros miembros de tu comunidad y deja que te enseñen las habilidades que a ti te gustaría reforzar. De este modo, abordarás las áreas en las que te falta confianza y, al mismo tiempo, valorarás las capacidades que sí tienes.

Por último, a veces la solución ante la falta de autoconfianza es ponerse manos a la obra. Seth Godin, escritor y exdirectivo del sector digital, resumió con claridad qué hay que hacer para superar la inseguridad. Me dijo que algunas veces solo se trata de dejar de darle vueltas al asunto:

> He redactado 7500 publicaciones consecutivas para un blog. Mañana viernes por la mañana habré publicado otra. Pero no porque sea la mejor entrada de blog de la historia, ni porque haya decidido publicarla mañana. Habrá una nueva publicación porque es viernes. Y no me he replanteado esta decisión en 20 años.
>
> Lo que quiero decir es que no necesito reunirme conmigo mismo para decidir si es el momento adecuado para redactar una publicación: habrá una nueva mañana en el blog, y ya está. Solo somos capaces de tomar pico y pala cuando dejamos de debatirlo todo.
>
> Piensa en todas las cosas que haces y que en algún momento creíste imposibles. Cruzar la ciudad en coche suponía al principio un desafío tremendo, pero te acabaste acostumbrando. Lo hiciste siguiendo un patrón. Lo que yo he intentado es que escribir una entrada de blog para un millón de personas no me ponga nervioso, porque lo hago todos los días. Me he entrenado para que no sea tan arriesgado.[7]

Tal vez puedas adoptar el mismo planteamiento que Seth en algún ámbito de tu vida en el que te sueles enfrentar a inseguridades y has acabado dejando que estas maten tus sueños. Toma la decisión de dar un paso al frente y ponerte manos a la obra. Organiza un sistema que te empodere para superar tus miedos y ser tu mejor coach a base de repeticiones.

> **Toma la decisión de dar un paso al frente y ponerte manos a la obra.**

Para alcanzar la grandeza, no puedes dejar que tus inseguridades y miedos te frenen, aunque está claro que todo el mundo tiene defectos. Pero los defectos no son un motivo para no intentarlo, solo algo a superar. Y el primer paso es autoaceptarse como una obra en construcción, un trabajo en curso. Recuerda que ya eres *suficiente* y lo eres cada vez *más*. De hecho, te estás acercando a la *grandeza*.

CAMINO HACIA LA GRANDEZA

El primer paso es empezar con los ejercicios propuestos en el Juego de Herramientas para Transformar el Miedo (pág. 109). Pero antes de ponerte con ello hazte estas sencillas preguntas:

- ¿Hasta qué punto tu falta de confianza mata tus sueños?
- ¿En qué medida te cuesta creer que mereces algo bueno?
- ¿Cómo te ha frenado esta falta de confianza a la hora de entregarte de lleno a tu Misión Significativa?
- ¿Cuentas con la preparación adecuada para hacer algo al respecto?

Capítulo 8

TU JUEGO DE HERRAMIENTAS PARA TRANSFORMAR EL MIEDO

Este juego de herramientas contiene algunos de mis mejores ejercicios que convierten los temores en combustible para el viaje hacia la grandeza. Puedes hacerlos todos, uno tras otro, o elegir los que sientas que encajan mejor contigo en este momento.

¿Quieres superar esas barreras que te impiden alcanzar la grandeza? ¡Pues empecemos!

Ejercicio 1. El conversor de miedos

Es el momento de identificar tus temores y plantarles cara. Luego modifica la narrativa para cada uno y elige ver cada situación desde una perspectiva de abundancia y no con una actitud temerosa.

PASO 1. HAZ UNA LISTA DE MIEDOS

Vamos a despejar la mente volcando en un papel todos los miedos que nos rondan por la cabeza. A esto lo llamo «la lista de miedos», y es uno de los ejercicios más reveladores y útiles que puedes hacer para ayudarte. No solo te permitirá ver con claridad lo que estás sintiendo, sino que transformará esos pensamientos intimidantes y angustiosos en simples palabras escritas. Cada vez que conseguimos sacar cualquier cosa de los rincones más oscuros de la mente y plasmarla en algo concreto (como una hoja de papel), podemos empezar a avanzar de forma consciente.

> **¿Qué significaría para mí abrazar de verdad la grandeza?**

No hay reglas para hacer esa lista de miedos. La clave es sacarlos a la luz y ponerlos en el papel. ¿Temes al fracaso? ¿Al ridículo? ¿Al juicio externo? ¿Tienes miedo de que te guste el dinero? ¿De decepcionar a tu familia? ¿O tal vez solo te da miedo el primer paso hacia tu Misión Significativa? Cuando te pongas a enumerar tus miedos, asegúrate de anotar todos los que te vengan a la cabeza.

En mis inicios, algunos de mis temores eran hablar en público, exponerme y conocer a extraños, aprender a bailar salsa, aprender a hablar español o cantar en público. Todos estaban relacionados con el miedo a ser juzgado. ¿Qué pensaría la gente de mí? ¿Se reirían de mí? ¿Me aceptarían si mi aspecto no era perfecto?

Si te cuesta empezar, pregúntate: *¿Qué significaría para mí abrazar de verdad la grandeza?* O bien: *¿Cómo sería vivir desde la abundancia en lugar de tener una mentalidad de escasez?*

PASO 2. FORMULA TUS MIEDOS

Tal vez hayas oído hablar del término *creencia limitante*. Es una expresión habitual que se usa en psicología y coaching para ayudar a la gente a identificar ideas restrictivas sobre sí misma que en realidad no son ciertas. Estas creencias nos impiden crecer, en lugar de permitirnos vivir con plenitud y confianza.

Echa un vistazo a la lista de miedos que has elaborado antes e identifica entre tres y cinco que sientas que son los principales obstáculos recurrentes que te impiden vivir con pasión. Por ejemplo, supongamos que escribiste «miedo a hablar en público». Vamos a profundizar un poco más en ello, utilizando frases del tipo «si esto, entonces aquello», para definir con claridad qué te asusta:

> *Mi temor es que, al hablar en público, empiece a tartamudear y a sudar, que olvide lo que iba a decir, quede en ridículo y parezca que no me he preparado. Si no aprendo a sentirme bien hablando en público no podré hacer una presentación a inversores. Si no consigo inversores, nunca podré poner en marcha mi nuevo negocio. Y si no pongo en marcha mi negocio me tendré que quedar para siempre en este trabajo que detesto.*

En este ejemplo, lo que de verdad asusta no es hablar en público, sino parecer ignorante y con poca preparación. Son cosas que pueden superarse con cierto esfuerzo y una dosis saludable de preparación. La clave es usar frases del tipo «si esto, entonces aquello» para bajar peldaños en la escalera de la abstracción y descubrir cuál es la causa del temor.

Cuando los miedos no hacen más que dar vueltas en la cabeza, no proporcionan ninguna información útil. Pero una vez que los *formulamos* estamos identificando qué los impulsa y encontrando formas de combatir el *verdadero* origen de esas creencias limitantes.

PASO 3. PENSAR DESDE LA ABUNDANCIA

A partir de los principales miedos que hayas identificado (entre tres y cinco), ahora toca darle la vuelta a la tortilla, dejar atrás las creencias que te limitan y empezar a pensar desde la abundancia. Tus viejos patrones de pensamiento morirán y los nuevos echarán raíces.

En lugar de decir que te asusta hablar en público, di: *Sé que tengo un mensaje que puede ayudar a mucha gente. Sé que tengo todo lo necesario para que se me dé bien la oratoria. Con suficiente preparación y práctica, podré hablar en público con confianza.*

Haz este ejercicio con tus miedos. Presta atención a tu cuerpo mientras lo haces. ¿Sientes algo de alivio cada vez que haces una afirmación desde la abundancia? ¿Notas un leve cosquilleo de emoción recorriéndote la espalda? Eso es buena señal. Vas a necesitar ambas emociones en tu camino hacia una nueva misión.

La Mentalidad de Grandeza trata, a fin de cuentas, de abrazar el potencial de tu vida y progresar en tu Misión Significativa.

Del mismo modo que entrenamos los músculos cuando vamos al gimnasio, debemos entrenar la mente para que deje de pensar en exceso y se sienta cómoda en la acción. Formular los propios miedos y elegir la abundancia en lugar de la escasez es una forma de detener los bucles de pensamiento y abrazar la acción.

Hemos de pasar del *No puedo* al *Lo haré*; del *No sé cómo hacerlo* al *Lo hice de todos modos*. La Mentalidad de Grandeza trata, a fin de cuentas, de abrazar el potencial de tu vida y progresar en tu Misión Significativa. Ganar impulso empieza por afrontar tus miedos y convertirlos en combustible para tu viaje hacia la grandeza.

Ejercicio 2. La fórmula mágica de la minimización

Supongo que alguna vez te ha surgido una preocupación o un temor al intentar hacer algo nuevo o al prepararte para un cambio importante. Es posible que en esos momentos sientas que lo único que puedes hacer es dejarte llevar por la oleada de emociones que conlleva un gran cambio o un nuevo proyecto, *pero te equivocas*. Dale Carnegie —que quizá sea uno de los gurús de la autoayuda más influyentes de todos los tiempos— tenía una estrategia que denominaba «Fórmula mágica para resolver situaciones de preocupación».[1] Se trata de un proceso tranquilo y desapegado para vencer la preocupación y recuperar la paz.

Con algo de planificación previa podemos aprender a *controlar* la oleada de emociones y avanzar en paz y con los pies en la tierra. En el siguiente ejercicio aprenderemos a manejar las preocupaciones en favor de nuestra misión.

PASO 1. ANALIZA EL PROBLEMA

La fórmula mágica de Carnegie empieza por contemplar el problema con un poco más de desapego del que resulte cómodo. El primer paso es analizar el problema *sin miedo y con honestidad.* Comienza escribiendo lo que te preocupa, aunque te parezca demasiado personal o privado. Sea lo que sea, escríbelo.

Sigue anotando todo lo que te esté nublando la mente en este momento. La clave aquí no solo es aclararte sobre cada preocupación, sino también poner por escrito la peor consecuencia posible en cada caso. Cuando anotes cada cosa que te preocupa, plantéate: «¿Qué es lo peor que podría pasar?» y responde a esa pregunta.

Me preocupa que, si persigo mi verdadera pasión, pierda mi empleo, porque no apoyarán que haga horas fuera del trabajo.

PASO 2. ACEPTA EL PEOR RESULTADO POSIBLE

Después de anotar cada preocupación y el peor resultado posible en cada caso, lo siguiente es *aceptar* que puede ocurrir lo peor. Debemos admitir el peor de los escenarios posibles para poder *relajarnos.* Y es que, cuando el miedo nos distrae, no somos capaces de concentrarnos: ni tomar decisiones con seguridad ni comprender la verdadera naturaleza de la batalla que nos espera. Pero la buena noticia es que, *en cuanto dejamos de resistirnos a los posibles escenarios que nos asustan,* empezamos a relajarnos. Las habilidades para resolver problemas se activarán y podremos avanzar con mayor celeridad hacia nuestra Misión Significativa.

En el ejemplo anterior, el peor escenario posible es la pérdida del puesto de trabajo. Así es como alguien podría llegar a aceptarlo:

Me preocupa perder el trabajo. Si esto sucede, sé que hay vacantes en otras empresas. Puedo usar mi cuenta de LinkedIn para contactar con otros profesionales del sector. Si esto no funciona, tengo la posibilidad de ponerme en contacto con exalumnos de mi universidad para ver si puedo acceder a oportunidades de trabajo que me gusten. Pase lo que pase, tengo la posibilidad de empezar a buscar un nuevo trabajo, tal vez algo que desee más que lo que tengo.

Dedica unos momentos a cada problema que hayas anotado en el primer paso de este ejercicio y escribe cómo aceptarías las consecuencias. Creo que te sorprenderá con qué facilidad y rapidez notarás alivio al hacerlo.

PASO 3. MINIMIZA EL PROBLEMA

La última fase de este ejercicio es dedicar un tiempo a pensar cómo mejorar el peor resultado posible. Esto quizá parezca innecesario, puesto que ya hemos aceptado lo peor que podría pasar, pero aquí es donde puede suceder la magia de verdad. En este paso «minimizaremos el problema», como dice Carnegie:[2] nos centraremos en el futuro y nos desharemos de todos los «y si», la culpa y la vergüenza. Lo único necesario en este paso es preguntarnos: *¿Cómo puedo minimizar las consecuencias?*

Sigamos con el ejemplo de la pérdida del puesto de trabajo:

> *Si pierdo mi trabajo, entonces no podré pagar las facturas. Sin embargo, sentiría mucho menos estrés si tuviera el equivalente a seis meses de plazos de la casa y el coche en un fondo de emergencia. Voy a empezar a apartar dinero cada mes, hasta reunir lo necesario para tener seis meses cubiertos en caso de perder el trabajo. Después, me reuniré con un asesor financiero para saber cómo lograr que ese fondo de emergencia genere el mayor interés posible.*

Tómate el tiempo que necesites para revisar cada preocupación y el peor escenario posible que hayas aceptado, y anota cómo puedes mejorar cada situación y minimizar sus consecuencias.

ÚLTIMAS REFLEXIONES

Este ejercicio no solo sirve para anotar hechos —como preocupaciones reales y posibles consecuencias que supongan un riesgo—; también es una forma de actuar con objetividad y tomar distancia respecto a los propios temores. Herbert E. Hawkes, exdecano del Columbia College, le dijo una vez a Carnegie: «Si alguien dedica su tiempo a asegurarse de los hechos de forma imparcial y objetiva, lo más probable es que sus preocupaciones se evaporen a la luz del conocimiento».[3] Dicho de otro modo, con un poco de planificación los miedos se disiparán, y la acción y una auténtica sensación de paz ocuparán su lugar.

Ejercicio 3. Ser tu propio coach

¿Cuántas veces has sido víctima de una voz crítica o desesperada en tu cabeza? Como vimos en el primer capítulo, los pensamientos moldean nuestra realidad, y, en especial, la palabrería que nos ocupa la mente. Pero existe una forma de autoentrenarte para lidiar con tu voz crítica interior y salir de las arenas movedizas de la negatividad. Con este ejercicio, cambiarás tu forma de hablarte y empezarás a usar la tercera persona y tu nombre para referirte a ti. Los estudios del doctor Ethan Kross, psicólogo experimental, neurocientífico y autor del libro *Cháchara: por qué es tan importante la voz en tu cabeza y cómo sacarle partido*, han demostrado que hablarse en tercera persona no solo disipa el estrés, sino que también puede hacer pasar a una persona del *No puedo* al *Sí puedo*. Si nos hablamos igual que hablaríamos a las personas que amamos, entonces somos capaces de aprender a controlar y trabajar los pensamientos negativos, en lugar de dejarlos dirigir el cotarro.[4]

Los pensamientos moldean nuestra realidad.

PASO 1. RECONOCER EL BUCLE

Es probable que se repita un guion en tu cabeza en momentos de estrés personal. *No lo conseguiré. No tengo lo necesario. Todo el mundo se va a reír de mí. Soy imbécil. ¡Soy lo peor!* Quizá todo esto sean vestigios de acontecimientos emocionales importantes que viviste en la adolescencia, o incluso heredados de tus padres.

Apuesto a que tienes como mínimo un pensamiento que se repite en bucle en tu cabeza. Es posible que ni siquiera lo hayas dicho jamás en voz alta. Bien, pues ha llegado la hora de identificar estos pensamientos. Carl Jung dijo una vez: «Hasta que lo inconsciente no se haga consciente, seguirá dirigiendo tu vida».[5] Dedica unos minutos, pues, a hacer más conscientes estos pensamientos negativos repetitivos, anotándolos en un papel. Si tienes más de un pensamiento en bucle que suele mermar tu confianza, tómate el tiempo que necesites para anotarlo todo.

PASO 2. HAZ TUS CÁLCULOS

La palabrería negativa suele ser siempre hiperbólica. Si uno de tus pensamientos en bucle es que *la gente siempre me mira y se ríe de mí,* tómate un momento para identificar esa voz. Luego disecciónala.

En este ejemplo, empezaríamos abordando la palabra *siempre,* que significa «a cada momento, todos los días». ¿Crees, en un nivel consciente y racional, que en cada momento de cada día «siempre» ocurre lo que te asusta o te produce estrés? Lo más probable es que no. Es importante reconocerlo, porque en cuanto nos damos cuenta de que esa voz casi seguro nos miente empezamos a tener mucho más control sobre lo que ocurrirá a continuación. Y pasamos de las arenas movedizas de la cháchara interna a un lugar en el que tenemos la posibilidad de avanzar de manera libre y rápida.

Dedica un momento a detectar la hipérbole o las afirmaciones dramáticas en los pensamientos recurrentes que anotaste en el último ejercicio. Lo más probable es que estos pensamientos en bucle se activen de forma automática en situaciones de estrés. ¿Cuántas veces ha tenido razón tu crítico interior? Apuesto a que la cifra es muy baja. Tu porcentaje de éxitos quizá sea mucho mayor que el de fracasos.

A continuación, hazte estas preguntas decisivas:

- ¿Cuándo fue la última vez que experimentaste este tipo de estrés en concreto?
- ¿Sobreviviste a él?
- ¿Aprendiste algo de ello?
- ¿Podría haber sido peor?
- ¿Qué cosas positivas surgieron de esa situación estresante?

Después (y sé que esto puede cohibirte, pero quiero que lo hagas de todos modos) ponte delante del espejo y empareja cada pensamiento negativo y repetitivo con una nueva afirmación que te dé confianza. Usa tu propio nombre y haz estas afirmaciones en voz alta.

Aquí tienes un ejemplo de cómo podría funcionar:

Afirmación del Paso 1: *Cada vez que hago una presentación en el trabajo, me hago un lío y parezco idiota. Tropiezo con las palabras, sudo, se me seca la boca y sé que todo el mundo me está juzgando por no tener una mejor capacidad de oratoria.*

Afirmación de confianza: *Lewis, la última presentación que hiciste en el trabajo te resultó más fácil que cualquiera de las anteriores. Tu jefe comentó que le había gustado. Tus colegas incluso se rieron del chiste que hiciste al final. Es cierto que se te veía algo sudoroso, pero ese es el lenguaje que usa el cuerpo para expresar: «Estoy nervioso en este momento». Nadie lo mencionó, y en cambio sí dijeron que había sido una excelente presentación. En la próxima tal vez sudes un poco, así que ponte ropa más ligera o capas para que los demás no vean las marcas de sudor. Demos por hecho que se te secará la boca, así que asegúrate de tener agua a mano. Nunca nadie se ha reído de ti mientras estabas ahí arriba, a menos que hayas hecho una broma. Tus probabilidades de éxito son mayores que las de fracaso, siempre que te prepares bien. Lewis, tienes todo lo necesario para bordar tu próxima presentación en el trabajo.*

Hablarnos así, como le hablaríamos a alguien a quien apreciamos, es una forma eficaz de distanciarnos del estrés, el miedo o el dolor. A primera vista, pueden parecer un montón de afirmaciones «tontas». Pero te prometo que, si adoptas esta estrategia al tiempo que abrazas tu miedo hasta hacerlo desaparecer, se producirá la magia. Sigue escribiendo y pronunciando en voz alta nuevas afirmaciones que te aporten confianza para cada nuevo pensamiento repetitivo consciente, hasta que los hayas identificado todos.

PASO 3. SÉ TU PROPIO COACH EN ESE MOMENTO

Para poner en práctica este ejercicio en el momento preciso, quiero que busques una foto tuya de cuando eras más joven. Si no encuentras una de esa época, elige una imagen tuya que te encante. Si te resulta más útil, imprímela y guárdala en un lugar al que tengas fácil acceso. Puedes llevarla en el bolso o la cartera, o tenerla en el móvil.

La próxima vez que tu voz crítica interior ocupe el escenario principal con uno de esos pensamientos negativos en bucle, busca un espacio privado para hablarle a tu foto como si estuvieras hablando con un amigo.

> *Lewis, me acabo de enterar de que crees que no cuentas con lo necesario para montar tu propio negocio, y quiero que sepas que te equivocas. En primer lugar, te has esforzado mucho para prepararte. En segundo lugar, te mereces todo lo bueno que vendrá al abrir tu negocio. En tercer lugar, hay mucha alegría al otro lado de ese miedo. Así que hagámoslo juntos. Pase lo que pase, sobreviviremos. Sé que puedes hacerlo.*

Hablar con tu foto puede parecer una tontería, pero te ayudará a identificar los pensamientos negativos, suavizar su impacto y recordarte que eres capaz de hacer cosas increíbles. El objetivo no es silenciar los pensamientos negativos, sino quitarles poder. Afirmar tu confianza en voz alta es una herramienta muy potente que te ayudará a salir de ese bucle de negatividad. Y puedes hacerlo *en cualquier momento* en el que esa negatividad amenace con impedirte actuar.

PASO 4. DIALOGA CON TU CRÍTICO INTERIOR

Es fundamental entablar un diálogo con la propia voz crítica interior en el camino hacia la grandeza. El estrés aparecerá en determinadas situaciones o acontecimientos que no dependen de ti. Pero, en lugar de sufrir ese estrés una y otra vez, cada vez que revivas recuerdos en reproducción automática o escuches el parloteo dentro de la cabeza, necesitas recuperar el control y disipar la toxicidad.

> **Recuérdate que eres capaz de hacer cosas increíbles.**

¿Vives una vida segura? ¿Cómoda? ¿Es demasiado cómoda o a diario haces cosas que te ayudan a superar tus inseguridades, miedos, dudas y todo lo que te impide vivir con más alegría? Lo bueno llega al superar la inseguridad. Así que abraza tus inseguridades y atrévete a bucear en ese murmullo inconsciente para hacerlo consciente; porque, te lo aseguro, al otro lado hay magia y belleza. Tienes a gente que te quiere, te lo mereces y eres importante. Ha llegado el momento de salir ahí fuera y hacer algo grande.

Ejercicio 4. Sentarte con tus miedos

El miedo no es el hombre del saco. Es propio de la naturaleza humana evitar las acciones y emociones que nos asustan. No conozco a nadie a quien le entusiasme caminar a propósito hacia el dolor. El problema es que si evitamos los miedos no podemos ser de verdad felices, porque entonces sabremos que algo nos está impidiendo ser nuestra mejor versión.

Aunque intentemos ignorarlo, el miedo *aparecerá*. Empecemos, pues, por aprender a convivir con él.

PASO 1. VISUALIZA EL TRIUNFO

En el Ejercicio 1 anotaste todos tus temores y viste cómo te impedían alcanzar la abundancia. Recupera ahora esa lista e identifica cuáles han sido los miedos más paralizantes que has tenido en tu vida. Permítete convivir entre 3 y 5 minutos con esos temores que más te han limitado.

En este ejercicio, la clave es que te permitas pensar en situaciones que hagan emerger tus miedos más importantes y engorrosos. Date el espacio para sentir tu respuesta corporal, identifica las voces hiperbólicas en tu cabeza y acepta el agobio que puedas sentir.

Lo bueno llega al superar la inseguridad.

Al hacerlo, inhala y exhala mientras imaginas las olas del mar. El miedo es como una ola: agresivo al principio, pero luego va menguando. Si reconoces tus miedos y aprendes a convivir con ellos, terminan disipándose poco a poco.

Cuando hablo de convivir con los propios temores me refiero a hacer lo siguiente:

1. Pon en el temporizador de tu móvil 5 minutos.
2. Imagínate haciendo algo que te asusta.
3. Visualiza cada elemento de la situación.
4. Inhala y exhala de forma lenta y profunda.
5. Toma nota mental de los cambios que sientas en el cuerpo.

Supongamos que la ansiedad social te impide ir al gimnasio, algo que antes te encantaba. Imagina entonces cómo te vistes para ir al gimnasio. Piensa en el trayecto en coche para llegar allí. Evoca tu llegada, cómo entras y saludas a la gente. Visualízate metiendo tus cosas en la taquilla y eligiendo una lista de reproducción adecuada mientras te pones los auriculares. Proyéctate abriendo tu cuaderno de entrenamiento y yendo a la zona de pesas o cardio. Anticipa la sensación al terminar de entrenar: has sudado mucho, pero te sientes muy bien. Recrea esa sonrisa que se dibuja en tu rostro mientras vuelves a casa.

Al visualizarte superando tu temor es probable que notes una respuesta en el cuerpo, como sudor o falta de aliento. Es normal. Tu tarea es llegar al otro lado de ese miedo con la mirada interior. Haz todo lo posible por mantener una respiración lenta y constante: inhala contando hasta cuatro, mantén el aire durante 4 segundos y luego suelta el aire despacio, contando hasta ocho.

Cuando suene el temporizador, pasados los 5 minutos, tómate un momento para reconocer el valor que has demostrado al convivir con tu miedo.

PASO 2. DATE UNA RECOMPENSA

A continuación, sumérgete en una actividad que te guste durante media hora. ¿Te encanta pintar? ¿Bailar? ¿Te apetece hacer una videollamada con alguien? ¿Tienes un plato favorito? ¿Disfrutas bajando al sótano y golpeando un saco de boxeo? Lo que sea. Regálate un momento para disfrutar de algo que te apasione durante la próxima media hora. Hacer cosas que nos gustan nos da confianza y nos ayuda a sentirnos más capaces.

PASO 3. DA UN PEQUEÑO PASO ADELANTE

Después de retarte con tu propio miedo y recompensarte por ello, es hora de dar un pequeño paso adelante. A estas alturas, tendrás preparación de sobra para afrontarlo. Siguiendo con el ejemplo del gimnasio:

> Llama por teléfono a algunos gimnasios de la zona y pregunta: «¿Cuáles son las horas punta? ¿Hay clases que puedan adaptarse a sesiones individuales? ¿Existen horarios de baja estimulación sensorial?

No hay por qué sentirse preparado de inmediato para avanzar a grandes saltos. Solo es necesario dar un pequeño paso adelante. Cada pasito va sumando, y cada acción que emprendemos es significativa, por minúscula que parezca en ese momento. Dedica un tiempo a pensar qué breves pasos podrías dar y luego da al menos uno para avanzar.

Si evitas tus miedos no puedes ser feliz de verdad, porque sabes que hay algo que te está impidiendo ser tu mejor versión.

Tras haber completado este paso, corto pero importantísimo, tómate otro momento para reconocer tu valentía. Puedes basarte en el ejercicio anterior del autocoaching (página 115) y hablarte en tercera persona: «Buen trabajo, Lewis. Esto ha requerido coraje y estoy orgulloso de ti».

Dejar atrás los temores requiere tanto reflexión como acción. No es posible entregarse por completo a los sueños ni reunir el valor para apostar por ti si no haces ambas cosas. Creo que este ejercicio te ayudará a emprender ese camino.

Ejercicio 5. Identificar a tu *alter ego*

Adoptar el rol de un *alter ego* es una práctica común entre músicos, oradores profesionales, personas creativas, deportistas y emprendedores. Los *alter ego* pueden ser muy poderosos, porque nos permiten tomar distancia de nuestro yo más profundo. Tal vez hayas oído hablar del *alter ego* de Beyoncé, Sasha Fierce, que la ayudaba a superar el miedo y las inhibiciones en el escenario. En mi caso, adoptar un *alter ego* sobre el terreno de juego antes de un partido importante o durante las competiciones nacionales de decatlón me ayudó a distanciarme de los fracasos y a prepararme mejor para el éxito. En este ejercicio, vamos a aplicar los mismos principios que yo empleé para construir mi *alter ego*.

PASO 1. ENCUENTRA LA INSPIRACIÓN

Como deportista, tenía la enorme necesidad de buscar un héroe, alguien en quien reflejarme y que me hiciera creer que podía lograr lo que me propusiera. Cuando jugaba al fútbol americano me fijaba en jugadores que me inspiraran y veía vídeos de sus mejores jugadas. Luego investigaba quiénes eran *sus* héroes y veía también sus vídeos.

En este paso quiero que hagas eso mismo. Es muy probable que ya existan personas que influyen en tu vida, sea en tu ámbito actual o en aquel al que aspiras. Si eres una persona ambiciosa o competitiva, seguro que ya te has fijado en quién está ahí fuera. Pero ahora vamos a formalizarlo: identifica a personas que estén haciendo lo que tú quieres hacer. Obsérvalas. Analízalas. Averigua quién las inspira. Investiga quiénes son *sus* referentes.

Estudia a estas personas. Síguelas en las redes sociales, escucha sus podcast y lee sus libros. Si no son figuras públicas, ponte en contacto con ellas y pídeles una entrevista. Esta es tu oportunidad para investigar a fondo, descubrir qué las impulsa y decidir qué cualidades te gustaría incorporar. Trata de identificar a algunas figuras clave en esta fase.

Después de unas semanas estudiando a tus referentes, anota las características y cualidades que poseen y que tú también deseas cultivar. ¿Parecen personas intrépidas? ¿No se rinden nunca? ¿Son capaces de reírse de sí mismas? ¿Convierten el fracaso en un peldaño hacia el éxito? Utiliza todo lo que descubras para definir con claridad qué quieres integrar en tu propio camino hacia la grandeza.

Héroes que me inspiran	Características que quiero adoptar
1.	
2.	
3.	
4.	
5.	

PASO 2. VISUALIZA

Cuando me entrenaba para el decatlón, sabía que el salto con pértiga sería para mí la prueba más difícil. Me daba miedo quedarme colgado boca abajo, caer sobre el pavimento y abrirme la cabeza. Así que cada noche, justo antes de dormirme y tras ver vídeos de saltadores en su mejor momento, me imaginaba superando el listón. Lo hacía una y otra vez. Como era de esperar, eso me hacía entrenar mejor al día siguiente. Cuando llegaba el momento de saltar, recordaba esa imagen mental de mí mismo superando el listón. Invocaba a mi *alter ego* como si fuera uno de esos grandes atletas que había visto en los vídeos de mejores momentos y me convencía de que yo también podía lograrlo. Hice esto cada noche durante seis meses, hasta que sentí que podía volar.

Y eso es justo lo que quiero que hagas tú: cada noche, visualiza lo que quieres lograr. Incluso puedes practicar la aceptación de tu grandeza con el lenguaje, algo que, como ya hemos visto en ejercicios anteriores, es muy poderoso.

Estoy muy feliz por haber participado en el micrófono abierto del club. Fue muy emocionante subir ahí arriba y hacerlo bien.

Rumiar y hablarnos a nosotros mismos nos ayuda en las cosas importantes y también en las pequeñas. Igual que puede hacernos sentir mal por cosas que no han ocurrido, también puede hacernos sentir que gozamos de poder y seguridad.

Dedica un momento a anotar algunas cosas concretas que querrías visualizar.

PASO 3. ENCUENTRA UN TÓTEM

Después de estudiar a los grandes y verte alcanzando la grandeza, ya se puede decir que te has encaminado hacia la superación de los miedos que podrían hacerte tropezar. Lo siguiente que te animo a hacer es buscar un objeto simbólico que te ayude a dar vida a tu *alter ego*. Winston Churchill, por ejemplo, se ponía distintos sombreros para meterse en diferentes personajes. Martin Luther King Jr., que tenía una vista perfecta, llevaba gafas porque sentía que una imagen más «distinguida» imponía más respeto.[6]

¿Qué podrías usar que te hiciera sentir mayor seguridad? ¿Tu objeto serían unas gafas o un sombrero? Tal vez sea un tono de pintalabios, o incluso algo tan simple como un par de calcetines. Apuesto a que tienes algo en casa que ya has usado alguna vez para darte seguridad. Bien, pues ahora hazlo oficial. Ya estás en camino de convertirte en tu propia versión de Sasha Fierce.

PASO 4. SÉ UN SUPERHÉROE

Perseguir la grandeza es un objetivo muy ambicioso. Cuando James Lawrence se propuso hacer 50 triatlones Ironman en 50 estados y a lo largo de 50 días, empezó como un simple mortal. Pero el trigésimo día creó a Iron Cowboy, su *alter ego* superhéroe. Cada vez que se ponía las gafas, dejaba de ser James Lawrence para convertirse en Iron Cowboy. El día 30, Iron Cowboy era ya la versión más valiente y decidida de James, listo para enfrentarse a los siguientes 20 días. Sin esa versión de sí mismo, es bastante probable que hubiera cedido ante sus miedos y dudas.

Cuando no puedas vencer el miedo con la razón, sigue adelante con tu *alter ego*. No solo te conectarás con tu lado más valiente y juguetón, sino que ese impulso te dará coraje. Y el coraje te abrirá las puertas al crecimiento. Y con ese crecimiento llegará la excelencia.

El coraje te abrirá las puertas al crecimiento. Y con ese crecimiento llegará la excelencia.

Ejercicio 6. El condicionamiento de la alegría

Comprender los propios temores puede fortalecer la resiliencia, mejorar la creatividad e incluso potenciar la inteligencia emocional. En cierta ocasión mantuve una conversación con la doctora Wendy Suzuki en la que me explicó su teoría del condicionamiento de la alegría. En mi opinión, es una forma apasionante de empezar a superar ciertos factores naturales de ansiedad que sufrimos algunas personas, ya sea en la vida cotidiana o en la búsqueda de la Misión Significativa.

En este ejercicio, aprenderemos a reconfigurar los factores que disparan la ansiedad y a contrarrestarlos. Muchas de estas ideas son adaptaciones a partir del libro de la doctora Suzuki *La buena ansiedad: cómo aprovechar el poder de la emoción más incomprendida.*[7]

PASO 1. COMPRENDER LO QUE DESENCADENA TU ANSIEDAD

Una vez que entiendes qué te provoca ansiedad ya puedes redirigir esa energía hacia algo más positivo. Esta comprensión tiene el poder de hacerte pasar de la sensación de escasez a la de abundancia.

Para empezar, escribe entre tres y cinco factores conocidos de ansiedad. ¿Te entran los nervios cuando tu jefe convoca una reunión inesperada? ¿Sientes terror cuando los planes cambian en el último minuto? Sea lo que sea, anótalo.

A continuación, anota un pensamiento o recuerdo reciente que te haya provocado ansiedad. ¿Te hace sentir cierta desconexión? ¿Tristeza? ¿Enfado? Sea lo que sea, ponlo negro sobre blanco.

Tómate un momento para permanecer con esas emociones. Recuérdalas y permítete experimentarlas. Este acto de abrirte a lo que sientes te recuerda que puedes *sobrevivir* a esta sensación de miedo, incomodidad o ansiedad. Así estarás entrenando tu músculo de la resiliencia.

PASO 2. RECUERDA LA ALEGRÍA

A continuación, anota cinco recuerdos alegres, divertidos, emocionantes o felices. Igual que en el paso anterior, hazlo de la manera más descriptiva posible y recopila todos los detalles que seas capaz de recordar: qué llevabas puesto, con quién estabas y cómo te sentías.

Luego, junto a cada recuerdo, anota los olores que asocias con ellos. El olfato tiene un poder inmenso para hacernos revivir las emociones positivas vinculadas a los recuerdos. Si uno de ellos es tu satisfacción tras una caminata de 20 kilómetros hasta un mirador espectacular, ¿a qué olía ese momento? ¿A crema solar? ¿A naturaleza? ¿A humo de hoguera? ¿A la empuñadura de goma de tu bastón? Si tienes un recuerdo maravilloso de un viaje a Disney World en tu infancia, ¿qué aromas vuelven a tu memoria? ¿La panadería de Main Street? ¿Frutos secos tostados? Cualquier olor que te venga a la memoria anótalo junto a ese recuerdo alegre.

Por último, escribe cómo te sentiste en cada uno de esos momentos. Es probable que tu estado de ánimo ya sea más positivo solo por hacer este ejercicio. Puede que incluso se te escape una gran sonrisa mientras escribes. Deja que estas emociones positivas te inunden. Si experimentaste una sensación de triunfo, satisfacción, euforia o una calma profunda, permítete revivirlo de forma plena.

PASO 3. CONTRARRESTA LOS FACTORES DE ANSIEDAD

Ahora que te has permitido bucear tanto en los momentos de alegría como en los de ansiedad, es el momento de trazar un plan de acción para contrarrestar los factores desencadenantes de esa ansiedad. Primero, vuelve a la lista de recuerdos que anotaste en el primer ejercicio de transformación del miedo. Para cada recuerdo, dedica un momento a pensar cómo podrías condicionarte para sentirte mejor incluso en medio de la ansiedad.

Por ejemplo:

> *La próxima vez que una reunión inesperada me abrume y me enfade, no me resistiré a sentirme así: reconoceré estas emociones y me permitiré sentirlas. A continuación, cortaré una lima por la mitad e inhalaré su fragancia. Recordaré la felicidad, relajación y tranquilidad que experimenté el día que mi pareja y yo nos comimos una deliciosa tarta de lima tras un largo paseo durante nuestra luna de miel.*

Cuando sufrimos ansiedad es posible que este plan de acción no la disipe por completo, pero sí es probable que nos ayude a relajarnos el tiempo suficiente como para avanzar sintiéndonos mejor que antes. Porque en lugar de centrarnos en lo negativo (escasez), esto nos permitirá hacerlo en lo positivo (abundancia).

Una vez que hayas trazado un plan de acción para cada uno de tus cinco factores de ansiedad, dedica un tiempo a encontrar formas fáciles de acceder a los olores asociados a tus recuerdos positivos. ¿Hay algún aceite esencial, vela o ambientador que puedas tener a mano? Encuentra estos objetos y elige un lugar para guardarlos, ya sea en el coche, en casa o en la oficina (¡o en los tres sitios!).

La ansiedad nos da información. Es una emoción que alerta de la necesidad de encontrar soluciones, una vía alternativa o incluso de marcar nuevos límites. Si no te permites sentirla te estás negando la oportunidad de empoderarte y tener más resiliencia. Y cuando logras abrirte al malestar y lo combinas con alegría, entonces te conviertes en una fuerza imparable, capaz de avanzar incluso en medio del agobio y la ansiedad. ¿Qué podría ser mejor para tu Misión Significativa?

TE MERECES MÁS

Hace poco me recordaron una cita de Ramakrishna: «Puede caer un océano de dicha de los cielos, pero si solo sostienes un dedal, eso es todo lo que recibirás».[8] Mucha gente lleva demasiado tiempo apuntando con un simple dedal hacia el cielo, porque cree que eso es lo único que merece. En el fondo, hemos dejado que el miedo pilote la nave, porque pensamos que nuestros temores y dudas merecen el mayor protagonismo. Pero no es así. *Quien lo merece eres tú.*

> **Tu gran momento está más cerca de lo que imaginas.**

No dejes que tus miedos te impidan alcanzar tu propósito. Habrá días fáciles y difíciles, y se irán intercalando. Todo parece difícil hasta que deja de serlo. Lo importante es regresar siempre a tu propósito. Sigue marcándote objetivos y pasando a la acción. Incluso en tus peores días habrá avances.

Te mereces algo más que un dedal de dicha. Eres una persona valiosa. *Importas.* Estás en este mundo para algo mucho más grande que lo que hoy aceptas como el *statu quo.* Estás aquí por una razón. Mereces amor, abundancia y nuevas oportunidades.

Persiste ante las dificultades. Sigue avanzando. Tu gran momento está más cerca de lo que imaginas.

Si deseas obtener más recursos para vivir con una Mentalidad de Grandeza, visita: TheGreatnessMindset.com/resources

TERCER PASO

La Mentalidad de Grandeza

Capítulo 9

SANA TU PASADO

Durante un trayecto en Uber por Atlanta, entablé conversación con la conductora. Cuando era pequeña, su padre se había ido de casa y la había dejado a cargo de su madre, que era adicta a las drogas. De mayor, la mujer había replicado ese patrón en sus relaciones y se había emparejado con hombres que sufrían adicciones para intentar ayudarles a salir del hoyo. En consecuencia, acabó atrapada en relaciones caracterizadas por el abuso físico y emocional. A medida que me revelaba más detalles de su vida se hizo evidente que su trayectoria estaba marcada por aquel trauma infantil: aceptaba las relaciones tóxicas porque su niña interior intentaba sanarse a sí misma tratando de rescatar los demás.

Pero a pesar de todo, aquel día, sentado en el asiento de atrás del coche de Uber, no escuché a una persona derrotada. Sí, era indiscutible que las heridas de su pasado seguían ahí, pero la energía que desprendía estaba llena de positividad y bondad. Luego dijo algo que me dejó pasmado: «Ya no siento dolor. Ha aprendido a seguir adelante y transformar el dolor en conocimiento».

¡Vaya! Así que eso era. Esta increíble mujer estaba en pleno proceso de convertirse en una persona nueva, que ya no se definía por sus traumas. De hecho, estaba sanando sus heridas para poder avanzar de forma saludable. Me contó que ahora estaba casada con un hombre maravilloso. Juntos habían formado una familia unida en la que se prestaban apoyo como un verdadero equipo. Había tomado decisiones conscientes para romper con el ciclo del trauma.

Sea cual sea tu trauma (quien más, quien menos lleva alguno a cuestas), si no lo sanas también acabará marcando tu futuro. Un trauma llama a otro. Y para romper ese ciclo es necesario que quien tome las decisiones sea tu yo adulto y no ese otro yo más joven y herido.

Mi propio proceso de sanación me ha revelado mucho sobre mi niño interior y sus necesidades. En mitad de una crisis de pareja tuve la fortuna de entrevistar a la doctora Ramani Durvasula, una de las principales expertas en narcisismo. Me explicó que los individuos narcisistas raras veces son diagnosticados, porque se niegan a acudir a terapia. La terapia obliga a la persona a afrontar sus decisiones y asumir las consecuencias de estas. En cambio, los narcisistas prefieren proyectar sus problemas en los demás y adoptar el papel de víctima.[1]

Cuando Ramani me dijo eso, todo cambió para mí. En mis últimas tres relaciones, había pedido a mis parejas que fuéramos a terapia, y las tres se habían negado. Aquello me desconcertaba muchísimo. Siempre había pensado que a la mayoría de las mujeres les encantaría estar con un hombre dispuesto a hablar de sus emociones y a trabajar la relación en terapia. Sin embargo, incluso en los momentos en que nuestra relación estaba más deteriorada y lograba convencerlas de acudir a un terapeuta, no escuchaban lo que este tenía que decir.

No quiero dar a entender que yo haya sido perfecto en ninguna de mis relaciones. ¡Nada más lejos de la realidad! Parte del problema, sin duda, era yo. No sabía establecer límites sanos porque estaba dispuesto a sacrificar partes de mí mismo con tal de mantener la armonía y hacer felices a los demás. Alguien que me ayudó a reconocer esta tendencia fue Nedra Glover Tawwab, autora de *Set Boundaries, Find Peace: A Guide to Reclaiming Yourself.* Fue entonces cuando entendí que solía elegir como pareja a mujeres que vivían en un estado de caos emocional, llenas de inseguridades o con una visión muy crítica de sí mismas. Por eso yo intentaba entrar en su vida con la intención de rescatarlas, de «arreglarlas» y convencerlas de que valían la pena.

Ahora, echando la vista atrás, entiendo que debería haberme percatado de que no podía obligarlas a crecer si no estaban preparadas para ello. Tendría que haberme dado cuenta de que podía aceptarlas tal y como eran sin la necesidad de empezar una relación amorosa con ellas. Mis anteriores parejas tenían sus propios traumas de abandono, y esos se mezclaban con el mío en una especie de «veneno personalizado».

Mi padre sí que se hizo cargo de mí, pero durante mi infancia tuve miedo de su temperamento. En casa, la tensión era siempre insoportable. En cambio, el carácter de mi madre era muy pasivo: hacía cualquier cosa para mantener la armonía familiar, incluso si ello requería renunciar a ciertas partes de sí misma. Al hacerme mayor, tomé como ejemplo el comportamiento de mi madre, con lo cual nunca fijaba límites en aras de mantener la paz del hogar. Mantenía relaciones tóxicas demasiado tiempo con la esperanza de poder arreglarlas. Replicaba de forma natural lo que había presenciado en mi infancia.

Hasta que no hice el trabajo de sanación que necesitaba mi niño interior, solía sentirme avergonzado en cada relación amorosa. Todo empezaba bien, pero luego se activaban mis detonantes emocionales. Podía darme cuenta de que la relación no funcionaba, pero tanto el miedo a estar solo como mi afán por que funcionara me llevaban a hacer lo imposible por salvarla, incluso si eso significaba abandonarme a mí mismo. Y, sin embargo, siempre sentía que no estaba siendo yo mismo, y me resentía por haber perdido mi voz.

Sentía que no estaba siendo yo mismo, y me resentía por haber perdido mi voz.

Solo una vez que empecé a sanar a mi niño interior y el trauma de mi pasado pude sentir que actuaba de acuerdo con mi auténtico yo. Aprendí a decirle a ese niño interior lo que necesitaba escuchar. Cuando logré reconocer mi parte infantil, sentí que tenía la capacidad de convertirme en una nueva persona. Ahora, cada vez que aparece un detonante, puedo decir con firmeza que esos comportamientos dañinos ya no me definen. No tengo por qué reaccionar de forma emocional ni seguir repitiendo los patrones poco saludables de mi antiguo yo. Eso no quiere decir, por supuesto, que esté todo hecho: se trata de un camino de sanación continuo; necesito recordarme todo el tiempo que soy alguien nuevo y que ya no tengo que responder desde los miedos que acarreaba cuando era niño.

También había otras heridas que necesitaba sanar. Como conté en *La máscara de la masculinidad,* de niño sufrí abusos sexuales. Los demás se burlaban de mí por asistir a las clases de educación especial en la escuela. Mi hermano fue a prisión cuando yo tenía ocho años. Y, en cierto modo, perdí a mi padre tras un accidente de coche que le provocó daños cerebrales y lo transformó para siempre. Ese cúmulo de traumas sembró en mí un miedo constante: el de no ser suficiente.

El doctor Gabor Maté es experto en adicciones y especialista en traumas infantiles, y ha ayudado a crear conciencia sobre cómo estos pueden dar lugar a adicciones que sirven para aliviar el dolor. Se trata de adicciones que van mucho más allá del consumo de alcohol o drogas. «Si recibes el mensaje de que no eres suficiente, de que no hay nada valioso en ti —cuenta el doctor Gabor—, puede que pases el resto de tu vida intentando demostrar que sí lo eres».[2] Los niños como yo que crecen con esta creencia pueden convertirse en adultos demasiado complacientes, que terminan sacrificando partes de sí mismos con tal de sentirse suficientes.

Mi forma de gestionar esto fue tratar de convertirme en un deportista grande y fuerte, para que nadie volviera a hacerme sentir pequeño. Y, en cierto modo, funcionó: obtuve muchos reconocimientos externos. Pero eso también me provocó más inseguridad y aún más vergüenza por mi pasado. Hasta que no empecé a sanar todo eso no fui capaz de empezar a experimentar una verdadera paz interior.

Hasta que no empecé a sanar todo eso no fui capaz de empezar a experimentar una verdadera paz interior.

La verdad es que la mayoría de la gente tiene a un niño interior traumatizado, con necesidades insatisfechas. Con mucha frecuencia, como en mi caso, sus mecanismos de defensa no son saludables. La única forma de superar estos hábitos poco saludables es reconectar con tu niño interior y darle lo que necesitaba desde un principio. Tal vez haga falta que le digas que es suficiente; o asegurarle que le proteges y apoyas. En resumen, necesitas hablarle de manera positiva para que sea posible abrazar de forma plena una Mentalidad de Grandeza.

TRAUMAS NO RESUELTOS

Vivir con un trauma no resuelto me afectó incluso físicamente. Muchas veces sentía que me asfixiaba, como si la garganta se me cerrara y un peso enorme me aplastara el pecho. Estaba agotado todo el tiempo y sentía que mi vida apenas era suficiente. Creía que había sacrificado mi integridad y que renunciaba a mis valores solo para tratar de hacer feliz a otra persona. O al menos eso pensaba. Porque resulta que la única persona a la que en realidad intentaba complacer era a mi propio niño interior.

Nadie necesita vivir un futuro definido por la culpa hacia otra persona.

Los traumas no resueltos pueden limitarnos de muchas formas. Una de ellas es a través de la conciencia de víctima. La doctora Shefali Tsabary, autora de *Radical Awakening: Turn Pain into Power, Embrace Your Truth, Live Free*, define la victimización como un estado real en el que se hallan algunas personas. Si alguien ha sufrido una violación o cualquier tipo de abuso físico, es una víctima. Tenemos todo el derecho a llamar a ese sufrimiento por su nombre y a decir sin pedir disculpas: «He sido una víctima». Pero la conciencia de víctima se manifiesta cuando las personas se atan a esa experiencia de victimización. Quienes viven desde ahí empiezan a definirse por ese hecho, dejando (sin querer) el poder en manos de los agresores. «El verdadero empoderamiento —dice la doctora Tsabary— consiste en recuperar todo el poder, incluida la culpa».[3]

Esto no significa que el agresor esté libre de culpa ni que por necesidad tengas que perdonarlo. Los infractores siempre son responsables de las injusticias que cometen, pero nadie necesita vivir un futuro definido por la culpa hacia otra persona. En cambio, cada individuo puede elegir vivir un porvenir por el que sienta orgullo. Y el primer paso para lograrlo es hacer un trabajo de sanación.

Aunque hayas dejado atrás la conciencia de víctima, tu pasado puede seguir reteniéndote de otras formas. Muchas veces desarrollamos mecanismos de defensa para sobrellevar los traumas. Esta capacidad natural de autopreservación es un don. Sin embargo, esas soluciones temporales pueden convertirse en patrones poco saludables. Es decir, lo que funcionó como mecanismo de defensa en una situación de emergencia en la infancia puede volverse un hábito de afrontamiento dañino en la edad adulta.

La doctora Nicole LaPera, autora de *How to Do the Work: Recognize Your Patterns, Heal from Your Past, and Create Your Self,* me puso un ejemplo: si alguien nunca se ha sentido aceptado cuando expresaba tristeza, aprenderá a evitar traumas similares en el futuro reprimiendo sus emociones. La ventaja de tales mecanismos de defensa o afrontamiento es el alivio que ofrecen en el momento. Pero, al repetirlos una y otra vez, estos hábitos poco saludables quizá se vuelvan automáticos.

> **La clave para *hallar* la paz es fijar unos límites en tus relaciones, que estén en armonía con tu Misión Significativa, y rodearte de personas que compartan y respalden esa misión.**

Para la doctora LaPera, los ciclos de estrés pueden convertirse en un mecanismo de afrontamiento habitual. Al no contar con herramientas para manejar el estrés, tal vez halles consuelo en la emoción que genera ese mismo estrés. Este libera una descarga de adrenalina, un pico de cortisol, y a veces eso es lo mejor que se puede obtener en un momento delicado. La doctora me comentó que incluso ahora se sorprende a veces buscando reseñas negativas de la gente, por la agitación que le generan. ¿Y por qué? Pues porque es un estado familiar. El subconsciente, dice Nicole, funciona según el principio de familiaridad: nos convence de que lo conocido siempre es mejor que algo impredecible, incluso si un enfoque nuevo puede resultar mejor.[4]

Mi estado habitual era el que me mantenía en esas relaciones tóxicas. Tenía miedo de lastimar a la otra persona y no podía soportar la idea de hacer daño a alguien que me importaba. Además, temía el juicio ajeno, que hablasen mal de mí.

A lo largo de todo un año asistí a terapia con el propósito de encontrar algo de paz. Al principio, mi terapeuta me planteó una pregunta inspiradora: «¿Qué pretendes conseguir con esta terapia?». Le respondí: «Quiero encontrar claridad, paz y libertad». En cada sesión me repetía la pregunta: «¿Qué quieres?». Y yo respondía lo mismo: «Claridad, paz y libertad». Al final del año, me preguntó: «¿Has encontrado lo que buscabas?». Y esto fue lo que saqué en claro: no encontré lo que buscaba, me había convertido en ello. Había logrado encarnar la paz, la claridad y la libertad. Te cuento esto porque antes de perseguir cualquier cosa en el mundo primero tienes que convertirte en tu propia fuente de paz y dicha.

La clave para *hallar* la paz es fijar unos límites en tus relaciones, que estén en armonía con tu Misión Significativa, y rodearte de personas que compartan y respalden esa misión. Esto no solo afecta a las relaciones sentimentales, también a las laborales, familiares, de amistad o cualquiera que tengas con personas cercanas.

Cuando recuperes el poder, sanes tu pasado y empieces a actuar según tu visión, sentirás que ya nada te retiene. Incrementarás tu confianza porque te arrastrará una espiral de positividad en lugar de una de negatividad.

COACH O CRÍTICO

Retomemos la idea que mencioné antes: todo el mundo tiene un coach y un crítico interior. He vivido en carne propia la diferencia entre un coach exigente pero inspirador y un crítico que solo sabe señalar lo negativo. Un coach que actúa desde el cariño te impulsa a dar lo mejor de ti, sin menospreciarte.

La vida funciona de forma similar, con la diferencia de que *tú* eres tu propio coach o tu propio crítico más influyente. Puedes elegir de forma consciente ser ese coach que te inspira y te acepta

En vez de compararte con los demás, compárate con quien eras antes.

como la persona en desarrollo que eres. Es posible mejorar sin dejar de aceptarte. En vez de compararte con los demás, compárate con quien eras antes y celebra todo lo que has crecido.

Las investigaciones sobre el alzhéimer del reputado neurólogo David Perlmutter lo han consolidado como uno de los mayores expertos en el cerebro. Según sus estudios, el cerebro está compuesto por dos sistemas principales: uno basado en el miedo y otro en la compasión. El basado en el miedo es reactivo: nos impulsa a buscar gratificación inmediata y activa la respuesta de lucha o huida. En cambio, el sistema compasivo está orientado al futuro; es el que permite que «el adulto funcional» tome el control cuando nos alteramos. Ese adulto es quien toma decisiones conscientes, claras y con visión a largo plazo. De acuerdo con los hallazgos del doctor Perlmutter, resulta imposible tomar decisiones del todo conscientes cuando el sistema basado en el miedo está activo, ya que no hay calma para pensar con claridad. Esa parte del cerebro no está diseñada para la reflexión, sino para reaccionar con rapidez ante amenazas y garantizar la supervivencia.

Sentir que no tienes límites consiste en descubrir cómo puedes vivir en un estado bello del ser.

A lo que el doctor Perlmutter denomina «estado basado en el miedo» yo lo llamo «estado negativo»; suele ir acompañado de emociones intensas que pueden llevarte a reaccionar de forma opuesta a tu yo auténtico. En cambio, el estado positivo te permite decir: «No me gusta esta situación, pero voy a tomar la decisión consciente de no dejarme llevar por miedos irracionales». Este tipo de control requiere prestar atención a tus emociones.[5]

Hace algunos años, cuando viajé a la India, estudié meditación en la One World Academy. Durante dos semanas nos dedicamos de forma exclusiva a meditar. La Academia emplea otra terminología para describir estos estados mentales positivos y negativos: el estado bello y el estado de sufrimiento. El primero se caracteriza por vivir en amor, alegría, abundancia y gratitud, mientras que el de sufrimiento se manifiesta en ansiedad, estrés, celos y duda. Lo que aprendí allí es que sentir que no tienes límites consiste en descubrir cómo puedes vivir en un estado bello de ser. Esto supone fomentar relaciones duraderas, afrontar los retos de manera consciente, hallar la realización personal y ejercer un liderazgo más compasivo.

Estamos hablando del estado bello y el de sufrimiento; de la mente positiva y la negativa; de la basada en el miedo y la compasiva, orientada al futuro; del coach y del crítico. En el fondo de todos estos conceptos está la necesidad de aprender a amarte y sanar un pensamiento, un recuerdo o una experiencia traumática.

¿Qué pasaría si siempre fuera posible optar por la bondad y por el coaching positivo? ¿Si pudieras elegir ese estado bello del ser? Para lograrlo es necesario aprender a desprenderte del pasado con el fin de sanarlo. Aunque el camino siga siendo complejo, esos obstáculos dejarán de frenarte. Es más, te otorgarán más fuerza para avanzar, porque ya no vivirás bajo la dominación del miedo al fracaso, al éxito o al juicio ajeno.

El crítico basado en el miedo te repite una y otra vez: *No eres suficiente*. En cambio, el coach bondadoso te recuerda que sí lo eres: *Te amo tal como eres, vamos a seguir mejorando y creciendo*. El crecimiento y la sanación son procesos constantes. Un auténtico héroe dice: *Esta adversidad no definirá el resto de mi vida. Es un obstáculo, no el final del camino. Y esta dificultad me hará mucho más fuerte cuando aprenda a superarla.*

Un futuro mejor se alcanza mediante acciones intencionadas, guiadas por una visión clara.

Construir un futuro mejor no es algo que ocurra por casualidad. Un futuro mejor se alcanza mediante acciones intencionadas, guiadas por una visión clara. Y no podrás tener esa visión mientras tu mente se encuentre en un estado caótico.

El psiquiatra Paul Conti, autor de *Trauma: The Invisible Epidemic*, estudia los trastornos mentales desde la perspectiva del tratamiento, enfocándose sobre todo en la prevención social del trauma. Nos invita a imaginar una enfermedad que apenas presenta síntomas, pero que puede apoderarse de tu cuerpo sin que lo notes; una que se transmite con facilidad de padres a hijos y que, si no se trata, puede volverse crónica.

Según el doctor Conti, así es como la sociedad debería entender los traumas, como una epidemia descontrolada con un pronóstico potencialmente fatal.[6] Pero la clave está en que no se trata de una situación permanente: tanto en el ámbito individual como en el colectivo podemos aplicar cambios para mitigar los efectos de los traumas y evitar la aparición de otros nuevos, siempre y cuando asumamos una verdad fundamental: el trauma es tan tratable como prevenible.

CAMINO HACIA LA GRANDEZA

Para ayudarte a reconocer el trauma en tu propia historia y comenzar a sanar tu pasado, aquí te presento algunas actividades que podrían serte útiles.

Ejercicio 1. Tus Mecanismos de Defensa

Todo el mundo tiene formas de aliviar el dolor, sobrellevar la decepción o procesar el trauma cuando se activa. Estos mecanismos pueden ir desde hábitos extremos (como la adicción a las drogas) hasta otros más «socialmente aceptables» (como el exceso de trabajo). Sea cual sea tu forma de afrontarlo, cualquiera sabe de qué estoy hablando. En este ejercicio, exploraremos en profundidad nuestros mecanismos de defensa y lo que en realidad ganamos (o perdemos) con ellos.

PASO 1. IDENTIFICA TUS MECANISMOS DE DEFENSA

Es momento de actuar aún con más honestidad contigo. Toma tu diario o abre la aplicación de notas de tu móvil, y haz un inventario de tus mecanismos de defensa. Puedes empezar con las siguientes preguntas —recuerda que no buscan un juicio de valor, sino ayudarte a identificar las herramientas que usas para calmar tu dolor—:

- ¿Consumes alcohol?
- ¿Comes en exceso de forma compulsiva?
- ¿Fumas?

- ¿Consumes marihuana?
- ¿Ves pornografía?
- ¿Tienes adicción al trabajo?
- ¿Complaces en exceso a los demás?
- ¿Ves la televisión de manera compulsiva por las noches?

Estas son las preguntas que quiero que te plantees. Cuando era más joven, estaba dispuesto a negociar cualquier cosa (incluso mis límites o deseos) para mantener el *statu quo*. Como no estaba en paz conmigo mismo, era una persona muy complaciente, siempre dispuesta a hacer lo necesario para estar en paz. Cuando experimentamos dolor o sufrimiento, a menudo nos refugiamos en nuestros mecanismos de defensa. Es así como logramos sobrevivir.

Dedica un tiempo a la reflexión para identificar los tuyos. Si te encuentras en un punto muerto y no logras identificarlos, pide a un amigo de confianza o a tu pareja que te diga cómo cree que afrontas las circunstancias difíciles.

PASO 2. ¿QUÉ OBTENGO DE ESTAS ADICCIONES?

Ahora quiero que analices qué obtienes en realidad de estos mecanismos de defensa. Tal vez te sorprenda que me refiera a ellos como «adicciones». Lo hago porque eso pueden llegar a ser: cuando usamos métodos conocidos para aliviar el dolor o evitar sentir lo que nos pasa, le estamos entregando a algo externo el control del propio bienestar.

Tómate un momento para revisar tu lista de estrategias. ¿Qué función cumplen en tu vida? Cuando trabajas en exceso, ¿logras silenciar los pensamientos intrusivos? Al beber alcohol, ¿sientes que te resulta más fácil relajarte o reír? ¿Fumar marihuana es la única forma de lograr la calma necesaria para dormir? ¿Sientes que dependes de alguna de estas conductas?

Aquí no hay respuestas equivocadas. Lo importante es la honestidad con tus mecanismos de defensa, y que reconozcas qué te atrae de ellos. Si no te ofrecieran algo (por poco que sea), no seguirías recurriendo a ellos.

Escribe todo lo que se te ocurra, sin filtro.

PASO 3. ¿ESTAS ADICCIONES ESTÁN AL SERVICIO DE MI MEJOR VERSIÓN?

Hasta ahora has identificado tu punto de equilibrio, has explorado tu propósito y has trazado tu camino de crecimiento. Para llegar a donde de verdad quieres estar, necesitas convertirte en la mejor versión de ti. Tómate un momento para visualizar a ese «yo» en su máximo potencial (más adelante trabajaremos en esto con mayor profundidad): imagínate cumpliendo tu Misión Significativa, viviendo tu legado con plenitud.

> ¿Esa versión de ti evita el dolor? ¿O hace todo lo posible por afrontarlo?

Los mecanismos de defensa cumplen una función hasta que eres capaz de pasar a la acción. Para convertirte en tu mejor versión debes dar pasos conscientes hacia el centro del cuadrilátero de la vida; has de enfundarte los guantes (aunque sean metafóricos) y pelear por tu curación.

Pero ¿qué necesitas para esa pelea? Si decidieras abandonar de golpe alguna de tus adicciones, ¿qué te haría falta para lograrlo? ¿Hacer terapia? ¿Alguien que te acompañe y te haga rendir cuentas? ¿Un médico? ¿Un coach? Reflexiona sobre las herramientas emocionales, espirituales y físicas que podrías requerir para dar ese paso: alejarte de la dependencia y acercarte a la sanación.

Cuando lo tengas todo claro, ponlo por escrito.

ERES ALGUIEN EXTRAORDINARIO

Es posible que este ejercicio no te haya resultado sencillo. A mí me costó años reconocer mis adicciones y reunir el coraje necesario para dejarlas atrás y abrirme al proceso de sanación. Quiero recordarte algo fundamental: eres *suficiente*. Eres alguien valioso y digno. Tienes todo lo necesario para vivir una existencia plena y con un propósito. Todo lo que te hace falta para avanzar está dentro de ti. Una parte esencial del camino hacia la grandeza es descubrir las herramientas que te permitan desenterrar a tu yo más auténtico y completo, y reconectar con él.

Ejercicio 2. Conexión entre mente y cuerpo

Hasta hace unos años, mi sistema nervioso me controlaba por completo los pensamientos, las relaciones y el cuerpo. Respondía de forma automática (con reacciones físicas y patrones mentales) ante situaciones o conversaciones que me generaban estrés. Me sudaban las manos, sentía pánico o alzaba la voz en momentos que no parecían justificar una respuesta tan intensa. Era como si estuviera atrapado en un ciclo constante de lucha o huida, sin comprender del todo por qué.

Hasta que logré tomar conciencia de esas reacciones y rastrear su origen no pude empezar un verdadero proceso de curación. Y es que, cuando afrontamos recuerdos dolorosos o traumáticos, ser conscientes de cómo responde el cuerpo y entender el motivo es el primer paso para encontrar nuestro auténtico yo. En este ejercicio, explorarás tus detonantes emocionales y harás una revisión consciente de las reacciones de tu cuerpo frente a ellos.

PASO 1. INVENTARIO DE REACCIONES

El primer paso para tomar conciencia de cómo responde el cuerpo ante un detonante es efectuar una evaluación cuando ya no estés experimentando esas reacciones intensas. No abordes esta primera parte del ejercicio si tus emociones están alteradas. Es importante que lo hagas cuando experimentes tranquilidad y equilibrio; así podrás observar tus respuestas con claridad y objetividad.

Toma tu diario o una hoja de papel y dedica un tiempo a reflexionar y responder con sinceridad a estas preguntas:

- ¿Cuándo te enfadas?
- ¿Qué te molesta de otras personas?
- ¿Cuándo sientes más soledad?
- ¿Qué sucede justo antes de que empiece el diálogo interno negativo?
- ¿Cuándo te sientes más triste?
- ¿Cuándo sientes que reaccionas más?

- ¿En qué situaciones sientes que pierdes el control?
- ¿Qué situaciones te provocan ansiedad o ataques de pánico?

La clave está en que comiences a observar tus reacciones físicas y emocionales desde la *conciencia plena*. El objetivo es llegar a un estado positivo y lleno de energía, *incluso frente a los detonantes*. Una vez que logramos ese nivel de empoderamiento somos capaces de generar oportunidades con mayor facilidad y avanzar con determinación en la Misión Significativa.

PASO 2. IDENTIFICA TUS RESPUESTAS FÍSICAS

Ahora, hagamos un inventario de cómo responde tu cuerpo ante los detonantes emocionales. Escribe qué sensaciones experimentas en las situaciones que mencionaste en el paso anterior. Por ejemplo, cuando te enfadas, ¿cierras los puños o aprietas la mandíbula? Cuando estás triste, ¿sientes cierto agotamiento?

Para ayudarte a identificar tus reacciones físicas, aquí tienes algunas preguntas:

- ¿Qué situaciones te hacen sudar más de la cuenta?
- ¿Qué te hace poner los ojos en blanco?
- ¿Cuándo aprietas los puños o la mandíbula?
- ¿En qué momentos levantas la voz?
- Aparte del insomnio, ¿qué otras cosas te llevan al agotamiento?

Mientras exploras tus detonantes y observas las respuestas de tu cuerpo, anota cada reacción que adviertas. El objetivo es que tomes conciencia de aquello (cuanto más, mejor) que está en el inconsciente.

PASO 3. COMPROMÉTETE CON UN NUEVO PATRÓN

Ahora que ya has identificado las situaciones desencadenantes y las respuestas físicas que experimentas, es el momento de comprometerte con una nueva forma de gestionarlas. Se trata de un proceso largo, y necesitarás practicar tus nuevas respuestas una y otra vez, hasta que empiecen a resultarte naturales.

Aquí tienes algunos consejos:

- Cuando comiences a sudar o a sentir ansiedad, te tomarás un momento para hacer una pausa y retirarte si es necesario.
- Cuando sientas que la situación te sobrepasa, respirarás hondo y relajarás de forma consciente la mandíbula, los puños y los hombros.
- Si alzas la voz o gritas, te disculparás de inmediato por el tono que has usado y continuarás la conversación con más calma. Si no puedes hacerlo en ese momento, te tomarás un tiempo y la retomarás más adelante.
- Si pierdes el control o te cuesta gestionar tus emociones, te comprometerás a escribir sobre lo ocurrido. Reflexionarás sobre qué te hizo reaccionar así y cómo podrías responder mejor la próxima vez.

Mientras defines tus nuevas formas de respuesta, no pierdas de vista tu Misión Significativa:

- ¿Cómo quieres actuar cuando estás a punto de perder el control?
- ¿Hay una forma de responder que encaje con tu misión?
- ¿Cómo podrías hacerte responsable, de manera consciente, de tus reacciones?

Todo el mundo experimenta respuestas físicas ante ciertas situaciones detonantes, porque quien más, quien menos lleva dentro alguna forma de dolor del pasado. Tratar de un modo consciente esas reacciones del inconsciente es una manera de cuidarnos y amarnos mejor. La vida es larga y, a veces, implacable. Incluso tras haber sanado y cambiado ciertos comportamientos, seguirás reaccionando físicamente ante situaciones estresantes. ¡Es uno de los signos del cuerpo! Por supuesto que seguirás «reaccionando», pero *lo harás con mayor conciencia.*

Tómate un momento para anotar en tu diario los nuevos patrones que quieres establecer.

SANAR ES UN PROCESO CONSTANTE

El objetivo de trabajar con los propios detonantes no es dejar de sentir emociones intensas, sino comprender qué estímulos activan las respuestas automáticas. Se trata de reconocer qué provoca que el cuerpo, la mente o el espíritu reaccionen luchando, paralizándose o huyendo.

¿Qué tipo de persona quieres ser? ¿Te gustaría ser alguien impulsivo o alguien que se conoce tan bien que puede salir de ese estado reactivo? Cuando tomas conciencia de tus detonantes comienzas a sanar, a tener mayor seguridad y a cuidarte mejor.

Y no olvides tener paciencia contigo. Sanar no es algo que ocurra de la noche a la mañana; es un proceso constante, un *largo camino.*

Ejercicio 3. El origen y la historia de tus detonantes

Según sea el origen de tu trauma, puede resultar útil hacer los siguientes ejercicios en compañía de un terapeuta o coach. Si en algún momento el ejercicio te resulta demasiado doloroso o te genera inseguridad, detente y retómalo cuando tengas la preparación suficiente, y siempre que sea posible con apoyo profesional.

Uno de los pasos más importantes para sanar traumas del pasado es identificar el origen de ese dolor. Yo he tenido que hacerlo varias veces en mi vida para avanzar en mi negocio, arriesgarme en mis relaciones y mejorar la forma en que me comunico con quienes me importan.

PASO 1. ESCRIBE TUS RECUERDOS

¿Tienes una lista de recuerdos que te causan dolor cada vez que los evocas? Por ejemplo, ¿recuerdas haber padecido acoso en la escuela o sentir cierta humillación ante un grupo de gente?

En este ejercicio, tómate todo el tiempo que necesites para plasmar en papel cada recuerdo, evento o persona problemática del pasado que aún influya en ti en el presente. Ya has identificado tus respuestas corporales y tus mecanismos de defensa; ahora es momento de descubrir qué los desencadena.

Toma una hoja o tu diario, y escribe todos los acontecimientos del pasado que te hayan provocado reacciones físicas en tu vida actual. Puede ser útil revisar tu lista de reacciones físicas para guiarte y rastrear así el origen de esos traumas.

Aquí tienes algunas preguntas que te ayudarán en este proceso:

1. ¿Cuáles son los recuerdos o acontecimientos que suelen activar tus detonantes?
2. ¿Quiénes son las personas que los han desencadenado?
3. ¿De dónde viene, quién o qué es la fuente principal de tu dolor?
4. ¿Qué recuerdos dolorosos puedes escribir que te conecten con esos sentimientos?

Este ejercicio puede requerir varios intentos y días para completarlo. Si en algún momento sientes que no eres capaz de gestionar los recuerdos, detente, y vuelve a ellos cuando te sientas con la preparación adecuada. Sanar no es un camino lineal; es un proceso que quizá requiera tiempo y pausas.

PASO 2. ESCRÍBELE UNA CARTA A TU YO MÁS JOVEN

En esta segunda etapa del ejercicio, te invito a escribir una carta dirigida a tu yo más joven por cada recuerdo o suceso que hayas anotado. Si no deseas hacerlo con todos, enfócate en los que sientas que han tenido mayor impacto en tu vida. El objetivo es devolverte el poder en esos momentos difíciles y agradecerle a tu yo más joven su fortaleza y resistencia.

A continuación, te pongo un ejemplo para que entiendas mejor a qué me refiero:

Querida Becky:

Cuando íbamos a sexto curso y Katie formó el club «Los amigos que odian a Becky» porque estaba enfadada contigo, no lo pasaste nada bien. Aquello fue cruel e injusto. ¡Nadie debería pasar por algo así!

Te hizo falta muchísima fortaleza para soportarlo. Sé que a los once años eso supone un dolor muy difícil de sobrellevar. Estoy muy orgullosa de que, a pesar de todo, siguieras yendo a la escuela cada día y te esforzaras por disfrutar con tus amigos, aunque enfrentarte a tus acosadores fuera un reto constante. ¡Fuiste muy valiente! Me llena de orgullo que nunca respondieras con crueldad y que siempre estuvieras dispuesta a ayudar a los demás cuando te necesitaban. No merecías ese trato, y admiro mucho que fueras capaz de mantener la calma.

Ahora me pregunto si hay algo que necesitas para desprenderte de ese dolor. Somos mayores y contamos con más recursos y fuerza que cuando teníamos once años. ¿Cómo puedo acompañarte para liberarte de ese sufrimiento?

Cuando termines de escribir la carta, tómate un momento para conectar con eso que tu yo más joven necesita para liberarse del dolor. Tal como hicimos antes, presta atención a las sensaciones de tu cuerpo mientras escribes: ¿sudas más de la cuenta? ¿O sientes alivio, tristeza o ira? Ninguna de estas emociones es incorrecta, y es valioso reconocer cómo te sientes a medida que escribes cada carta.

Recuerda otorgarle voz y poder a tu yo más joven, preguntándole qué necesita. Este ejercicio puede resultar intenso, porque ayuda a poner en orden esas partes internas y avanzar hacia una versión más íntegra de tu persona.

PASO 3. DECIDE DEJAR DE HUIR

Una de las principales razones por las que un trauma sigue causando dolor es porque seguimos intentando escapar de él, evitando experimentar las emociones que van aflorando. Cuando tomé la decisión de afrontar el dolor de mi pasado, fui capaz de avanzar de manera significativa y rápida. Enfrentarse a un trauma da miedo, y por eso es fundamental comprometerte contigo para afrontarlo, aceptarlo y abrir la puerta a un nuevo futuro.

El dolor vivido puede haber sido injusto, cruel o incluso ilegal. Pero ocurrió. Cuanto antes puedas decir: «Acepto que esto me pasó. No estuvo bien, no lo merecía, pero lo acepto», antes podrás abrazar tu Misión Significativa y caminar por un nuevo sendero de crecimiento personal.

Esto no significa que debas fomentar la amistad con quienes te hicieron daño ni mantener a esas personas en tu vida; pero aferrarte al dolor del pasado solo te causará más sufrimiento en el futuro.

Hoy, mientras revisas tu lista de momentos dolorosos, tómate un momento para aceptar lo que has vivido. Comprométete contigo a enfrentarte a tu trauma y sanar, sin importar lo difícil que puede ser.

Donald Miller me dijo una vez: «No estaría tan orgulloso de mí si no me hubieran roto el corazón. Simplemente no sería así. El dolor es de gran ayuda». Al igual que yo, estoy seguro de que tú también has soportado mucho dolor o muchas frustraciones. Bien, pues cuando afrontamos nuestros traumas comenzamos a recorrer un nuevo camino. Nos convertimos en héroes que avanzan por la senda de la grandeza.

Capítulo 10

ENCUENTRA TU IDENTIDAD

Durante mucho tiempo me sentí incompleto por dentro. No importaba ni la envergadura de los éxitos que lograba ni la cantidad de objetivos que era capaz de cumplir. Más tarde, sentía en todo momento que no era suficiente. Esperaba estar satisfecho y, en lugar de eso, me sentía vacío. Pero no me malinterpretes. Me sentaba bien lograr mis metas, aunque la satisfacción plena siempre me parecía inalcanzable. Después de perseguir un objetivo, incluso durante décadas, siempre me preguntaba: *¿Y ahora qué?*

Como comenté en mi primer libro, *The Mask of Masculinity,* esos primeros años en los que fundé mi negocio logré mucho reconocimiento externo: ganaba dinero y mi marca no dejaba de crecer. Sin embargo, no me sentía satisfecho, porque no había sanado muchos aspectos de mi vida. En realidad, me sentía frustrado, ya que no estaba alineado con mis valores o mi visión. Me preocupaba más ganar aún más dinero y demostrar a los demás que se equivocaban que ayudar a otras personas y trabajar en mi Misión Significativa.

Con el tiempo, lo que he logrado entender es que, durante gran parte de mi vida, solo me esforzaba por demostrar a los demás (los abusones de la escuela o quienes me habían rechazado) que se equivocaban. Me enfocaba en obviar mis cicatrices y en demostrar que era distinto de lo que ellos creían; o, al menos, distinto de lo que yo creía que pensaban de mí. Mi combustible para el éxito provenía de mi niño interior herido. Sin embargo, esa no es una fuente de energía significativa ni duradera. Eso me llevó a perseguir metas por motivos egoístas, alejados del auténtico amor.

En resumen, permití que otras personas definieran mi identidad. Traté de ser alguien que no era. Pero gracias a mi formación en *The School of Greatness* logré descubrir quién soy y comencé a enfocarme en servir a los demás. Mi nueva fuente de energía pasó a ser esta pregunta: *¿Cómo puedo recabar más conocimientos para mejorar mi vida y compartirlos con los demás para que también puedan convertirse en mejores versiones de sí mismos?*

El proceso de curar tu pasado es esencial para responder a una de las preguntas más importantes que jamás te harás: *¿Quién eres?*

Y solo tú puedes darle respuesta.

¿CULTIVO O PODA?

De niña, Payal Kadakia (artista, fundadora de ClassPass y autora de *LifePass*) vivía entre dos mundos. Con sus amigas estadounidenses adoptaba una identidad norteamericana, y con sus amigas indias se mostraba orgullosa de compartir otra cultura en común.

Sin embargo, en ambas comunidades Payal sentía la presión de avergonzarse de la otra parte de sí misma, esa que parecía estar en conflicto con el entorno. Pero la verdad es que ambas eran piedras angulares de su identidad. Ahora, con el tiempo, Payal afirma que cuando vives para complacer a los demás «no tienes la menor idea de qué significa tener éxito».[1] Ella lo llama un éxito «de marca blanca»: no es el camino que elegiste de forma consciente, sino uno en el que caíste casi por accidente. Y no es de extrañar que no te llene. ¡Porque no es tuyo!

Creo que cualquiera podría aprender algo valioso de la historia de Payal: «Tenemos derecho a tomar lo mejor de las distintas partes de nuestra identidad».[2] Ahora, al mirar atrás, reconoce que esa mezcla de identidades es justo lo que le permite afrontar y resolver los retos que tiene por delante. Se siente agradecida de haber podido vivir tanto en el mundo de los negocios como en el creativo, porque eso le permitió explorar distintas formas de pensar, crear y resolver problemas.

¿Quién o qué ha moldeado tu identidad? ¿La has cultivado por tu cuenta o alguien decidió «podarte», es decir, perfilarte para que crecieras en una dirección específica? Muchas veces, esta poda sucede sin darnos cuenta y es resultado del entorno en que vivimos.

Si no diriges tu crecimiento hacia tu Misión Significativa, entonces seguirás el rumbo que otros decidan por ti. Este proceso de crecimiento es un viaje a la vez dirigido y flexible: debes comprometerte con tu camino, pero prepararte también para explorar nuevas direcciones. El psicólogo organizacional Adam Grant me habló de un concepto interesante llamado *cierre de identidad*, que sucede cuando alguien se compromete con una única identidad (aunque sea una que le apasione) antes de haber explorado otras opciones. Adam ha encontrado este patrón en estudiantes universitarios que se deciden por una carrera sin haber probado otras alternativas. Con frecuencia, estas personas llegan a un punto en el que sienten que tomaron la decisión equivocada, pero ya no pueden salir de ahí porque su identidad queda vinculada con fuerza a esa elección profesional.[3]

Si no diriges tu crecimiento hacia tu Misión Significativa, entonces seguirás el rumbo que otros decidan por ti.

Tal vez te resulte familiar esa estrecha relación entre tu identidad y tu trabajo. O quizá sientas que te limita más la comunidad a la que perteneces. En cualquier caso, debes cuidarte de no poner por encima de tus valores la necesidad de pertenecer a una comunidad o de desempeñar cualquier trabajo. La psicóloga social Amy Cuddy me habló sobre esta tentación y me recordó que nuestros valores son la esencia de quienes somos, por lo que comprometerlos por una comunidad o un grupo implica renunciar al control sobre nuestra propia vida. Es muy fácil sucumbir a la presión social y adoptar las creencias de quienes te rodean, pero resulta fundamental mantenerse fiel a lo que es correcto para ti y para tu misión.

OBSÉRVATE SIN FILTROS

Para experimentar tu propia grandeza (y no esa versión ajena) debes construir tu identidad de forma consciente. Parte de ese proceso implicará dejar atrás ciertas partes antiguas de ti y visualizar a la persona nueva en la que deseas convertirte.

Mientras hablaba conmigo sobre la necesidad de cambio, Leon Howard, representante estatal de Carolina del Sur, me contó una historia que había leído sobre dos hombres que decidieron dejar de fumar. Uno de ellos, cuando le ofrecieron un cigarrillo, respondió: «No, estoy intentando dejarlo». Todavía se veía a sí mismo como fumador, aunque estuviera intentando dejar el hábito; pero, a fin de cuentas, seguía siendo fumador. El otro, en cambio, respondió: «No, no fumo». Este se había comprometido de forma plena con una nueva identidad al dejar atrás su antiguo yo y asumir uno nuevo.

Esto nos permite recordar que eres suficiente tal como eres y que, al mismo tiempo, estás en constante crecimiento. No es cuestión de elegir entre una cosa y otra, sino de integrar ambas. Como me dijo Leon: «Valoro quién soy ahora mismo, pero valoro todavía más hacia dónde me dirijo».[5] La realidad es que tu identidad estará en constante evolución y abarcará elementos diversos, por lo que debes tener cuidado de no autolimitarte.

Eres el fruto de la sociedad en la que vives y de todas tus experiencias y creencias. Y esta mezcla singular es lo que te convierte en la persona más indicada para perseguir tu Misión Significativa, que es única. Si mantienes una imagen nítida de tu yo ideal podrás hacer cambios graduales en tu vida que te acercarán al éxito auténtico y significativo que te llenará de satisfacción.

La investigación al respecto ha demostrado de forma fehaciente que las personas de mayor éxito son las que exploran múltiples identidades. Herminia Ibarra, profesora de la London Business School, ha analizado cómo construye la gente su carrera, y descubrió que quienes triunfan no se conforman con adoptar una identidad para complacer a los demás, sino que toman la iniciativa de experimentar con diferentes roles hasta encontrar la combinación que les funciona de verdad.[6]

Algunas veces —como en el caso de Adam Grant— tu proceso de experimentación puede implicar desprenderte de identidades que has asumido durante un tiempo. Adam quería difundir sus ideas en la sociedad, pero durante mucho tiempo alimentó una identidad de persona introvertida que temía hablar en público. Para poder asumir otra se puso a escuchar los valiosos discursos de personas introvertidas como Brian Little, Susan Cain y Malcom Gladwell. Entonces decidió dejar atrás su antigua identidad como orador inseguro y probar una nueva que sirviera a su propósito. Ahora puedes encontrar sus inspiradores discursos en todas partes, desde YouTube hasta las TED Talks.

El doctor Benjamin Hardy, psicólogo organizacional, también remarca la importancia de poseer una identidad flexible. Me contó que ello no implica perder el control sobre tu identidad. A pesar de que siempre debes ser tú quien dirija los cambios que la afectan, es inevitable que esta evolucione con el paso del tiempo. Tu yo del pasado tenía enfoques distintos, porque perseguía metas diferentes. Por eso, Ben advierte que siempre habría que trabajar con objetivos y creencias útiles para la versión actual, no para una del pasado. También te anima a preguntarte qué deberías pensar en este momento, sin atarte a estándares antiguos. Para él, esta mentalidad centrada en el presente te permite dirigir tu atención de forma selectiva hacia lo que te permitirá alcanzar la próxima gran meta en tu vida.[7]

> **Para alcanzar la grandeza, primero debes conocerte a fondo.**

Cuando el emprendedor y coach motivacional Tim Storey estuvo en mi programa, me hizo llegar esta poderosa reflexión: «Una vez que descubres de dónde vienes, quién eres y cuál es tu propósito, nadie puede detenerte».[8]

Para alcanzar la grandeza, primero debes conocerte a fondo. Nadie más puede hacerlo por ti. Hay desafíos que solo tú puedes afrontar. No renuncies a la oportunidad de conocerte en detalle y experimentar la satisfacción de lograr el éxito que te pertenece en exclusiva.

HÉROE O VILLANO

Donald Miller nos brinda un maravilloso ejemplo para explicar cómo se construye la identidad. Para él, esta lo es todo, porque los propios actos responden a esa autoimagen. Como dice Miller, en toda narrativa existen cuatro personajes fundamentales: la víctima, el villano, el héroe y el guía.

> La víctima cree que está condenada y que no tiene escapatoria, por eso espera que alguien venga a rescatarla. El villano es quien menosprecia a los demás; necesita rebajarlos para sentirse poderoso. El héroe es aquel que, aunque al principio no se siente preparado, acepta el reto y aprende para estar a su altura. Y el guía es quien ya ha recorrido el camino del héroe y, gracias a su experiencia, ahora puede acompañar y orientar a los demás.[9]

El punto fundamental que destaca Miller es que estos cuatro personajes coexisten en todas las historias, porque también habitan dentro de ti y de mí. En cualquier situación, interpretamos uno de esos papeles, aunque es muy probable que vaya oscilando a lo largo del día. Es posible que no siempre controlemos lo que nos ocurre; sin embargo, casi siempre podemos decidir qué rol queremos jugar en nuestra propia historia. Como me dijo Miller:

Cuanto más te identifiques como víctima, peor será el curso de tu historia. Las víctimas no experimentan transformación alguna; solo cumplen un papel secundario que sirve para que el héroe brille y el villano pueda ejercer su poder. Cuando adoptamos el rol de víctimas nuestras historias se estancan. Nunca logramos lo que deseamos, no elaboramos un legado y no dejamos huella.[10] Para ponerlo en contexto con el capítulo anterior: las víctimas no se esfuerzan por sanar sus traumas, sino que permiten que ese dolor defina quiénes son.

Sin embargo, existe un matiz sutil, pero mucho más importante, respecto a cómo decidimos gestionar el dolor del pasado. Don lo plantea de esta manera:

> En realidad, héroes y villanos comparten una misma historia de fondo. Tanto el villano como el héroe poseen un pasado

doloroso. Al inicio de la historia, el héroe carga con algún tipo de sufrimiento y el villano también tiene un pasado marcado por el dolor. La verdadera diferencia entre ellos radica en cómo responden a ese dolor. El villano piensa: *El mundo me ha maltratado y yo voy a pagarle con la misma moneda.* En cambio, el héroe tiene otro discurso: *El mundo me ha maltratado, pero no permitiré que eso le suceda a nadie más.*[11]

La forma en que eliges afrontar los padecimientos de tu vida determina si serás víctima, villano o héroe en la historia de tu identidad. Como me explicó Don, el mayor aprendizaje ocurre cuando el héroe pasa a la acción: acudiendo a terapia, comprometiéndose en una relación, aprendiendo de errores pasados o ayudando a otras personas. La sanación es un proceso, un viaje que debes emprender para descubrir quién eres en realidad.

La sanación es un proceso, un viaje que debes emprender para descubrir quién eres en realidad.

COMPROMÉTETE CON LA GRANDEZA

Si sabes que es el momento de descubrir tu identidad y verte con claridad, te invito a hacer el siguiente ejercicio, que te ayudará a identificar quién eres ahora y quién quieres llegar a ser.

Ejercicio 1. Tu identidad actual

Si no te amas tal y como eres, te resultará difícil perseguir una Misión Significativa y construir la vida que tienes en tu destino. Estoy convencido de que eres un regalo para el mundo y mereces una identidad basada en la prosperidad. Aunque aún no lo sientas así, sé que esa verdad está dentro de ti. Y el mejor punto de partida para crear una identidad próspera, sólida y sin limitaciones es reconocer quién eres hoy y trazar un camino hacia la persona en quien deseas convertirte. Este ejercicio te ayudará a dar ese primer paso.

PASO 1. HAZ UN INVENTARIO DE TU YO ACTUAL

Tener autoconciencia es fundamental para construir una nueva identidad. No podrás alcanzar la meta si no sabes desde dónde partir. Evalúate del 1 al 10 en las siguientes afirmaciones. Asegúrate de anotar tus respuestas aquí o en un lugar donde puedas revisarlas dentro de unos meses. Así tendrás la oportunidad de monitorizar tu progreso.

Me satisface mi identidad.

Muy en desacuerdo			De acuerdo				Muy de acuerdo		
1	2	3	4	5	6	7	8	9	10

Quiero atraer oportunidades, prosperidad y relaciones significativas.

Muy en desacuerdo			De acuerdo				Muy de acuerdo		
1	2	3	4	5	6	7	8	9	10

Deseo sentirme mucho mejor por dentro de lo que me siento ahora.

Muy en desacuerdo			De acuerdo				Muy de acuerdo		
1	2	3	4	5	6	7	8	9	10

Tengo hábitos que necesito cambiar.

Muy en desacuerdo			De acuerdo				Muy de acuerdo		
1	2	3	4	5	6	7	8	9	10

Sé qué nuevos hábitos debo desarrollar.

Muy en desacuerdo			De acuerdo				Muy de acuerdo		
1	2	3	4	5	6	7	8	9	10

Sé qué acciones debo poner en práctica para convertirme en la persona que quiero ser.

Muy en desacuerdo			De acuerdo				Muy de acuerdo		
1	2	3	4	5	6	7	8	9	10

Sé cómo debe ser mi identidad para que esté alineada con mi Misión Significativa.

Muy en desacuerdo			De acuerdo				Muy de acuerdo		
1	2	3	4	5	6	7	8	9	10

Tengo claro cuál es mi Misión Significativa.

Muy en desacuerdo			De acuerdo				Muy de acuerdo		
1	2	3	4	5	6	7	8	9	10

Puede que aún no tenga clara mi Misión Significativa, pero deseo dar pasos concretos para descubrirla y construir una identidad que la respalde.

Muy en desacuerdo			De acuerdo				Muy de acuerdo		
1	2	3	4	5	6	7	8	9	10

Estas preguntas solo pretenden estimar tu punto de partida; no son un reflejo de lo valiosa y próspera que puede ser tu nueva identidad. Recuerda, esto *solo es el principio* de un viaje increíble. No te desmoralices si alguna de las puntuaciones es más baja de lo que esperas. En lugar de eso, tómate un minuto para reflexionar sobre cualquiera de las respuestas previas que quieras explorar más a fondo, y pon por escrito tus pensamientos.

PASO 2. ESCRIBE UN MANIFIESTO DE MISIÓN SIGNIFICATIVA (MMS)

Todos los seres humanos, en algún momento, sentimos que no damos la talla, que no somos suficiente. Es parte de la experiencia vital que la autoconfianza fluctúe. Pero cuando la propia identidad se basa sobre todo en experiencias negativas o limitantes, esa sensación de incompetencia puede volverse angustiosa. Hay quienes trabajan más de 60 horas a la semana, obtienen los ascensos que desean y, aun así, sienten que son un fracaso. Esto ocurre cuando su identidad no está construida sobre una base firme, o cuando sus acciones no están alineadas con su verdadero yo.

> **Debes descubrir quién quieres llegar a ser y trazar una hoja de ruta hacia esa persona, ese propósito y esa identidad.**

Si sientes que nada de lo que haces es suficiente y que una y otra vez te estancas, esto puede venir de que tus acciones no están alineadas con tu auténtico propósito, o quizá hay una herida abierta que te obliga a sentirte así. No importa lo que hagas, lo que logres o cuántas acciones que parezcan buenas lleves a cabo: siempre sentirás un cierto vacío si no estás en la senda correcta.

Para escapar de ese calabozo de negatividad debes descubrir quién quieres llegar a ser y trazar una hoja de ruta hacia esa persona, ese propósito y esa identidad. Ahora quiero que te tomes unos minutos para revisar tus respuestas del paso anterior, reflexionar sobre algunas de ellas y determinar los resultados que deseas obtener.

Estos son los comportamientos que sé que quiero cambiar: ___________

____

Mi yo más auténtico ya no dedica tiempo a: ____________________

____

Mi yo más auténtico prefiere invertir su tiempo en: ______________

____

Mi yo más auténtico desea ayudar a los demás a través de: __________

____

Cuando visualizo a mi mejor versión, estas son las cualidades que la definen: ______________________________________

____

Ahora que has puesto por escrito estas respuestas, tómate un momento para incluirlas en un Manifiesto de Misión Significativa (MMS).

> *Yo, _______, me comprometo a abandonar los comportamientos que no están en consonancia con la persona que quiero llegar a ser. Dejaré de __________________. Ya no invertiré tiempo en __________. En cambio, dedicaré mi tiempo a ___________ porque quiero ayudar a otros a __________. Me esforzaré por convertirme en alguien que ________________. Cuando progreso en sintonía con mi yo más auténtico, soy capaz de cumplir mi Misión Significativa, ayudar a otros, atraer la prosperidad y crear oportunidades positivas para mí.*

Ejemplo:

Yo, Anthony Cooper, me comprometo a abandonar los comportamientos que no están en consonancia con la persona que quiero llegar a ser. Dejaré de procrastinar cuando deba cumplir con un plazo de entrega. Dejaré de enfadarme por asuntos sin importancia y aprenderé a ser más indulgente. Ya no pasaré horas viendo la televisión ni jugando a videojuegos. En cambio, limitaré el tiempo que dedico a estas actividades, pasaré más con los amigos, buscaré a un mentor de negocios y aprenderé a llevar un diario. Quiero ayudar a otras personas a escribir para tener éxito en el ámbito corporativo. Cuando progreso en sintonía con mi yo más auténtico puedo cumplir con mi Misión Significativa, ayudar a los demás, atraer la prosperidad y crear oportunidades positivas para mí.

Este manifiesto será tu hoja de ruta mientras construyes una identidad nueva y más positiva. Si no actúas de acuerdo con la persona que quieres ser, con la manera en que te ves y con las acciones que emprendes, no te sentirás un individuo completo; experimentarás una profunda sensación de vacío que es dañina para tu identidad.

Tu Manifiesto de Misión Significativa es un compromiso contigo para llevar a cabo las acciones que confirmen una identidad próspera, apoyen tu crecimiento y, en última instancia, te ayuden a cumplir tu Misión Significativa. Habrá días, semanas y meses en los que no tendrás ganas de emprender las acciones que respaldan la identidad que deseas, pero debes seguir adelante. La última afirmación de tu Manifiesto te explica por qué.

PASO 3. DESARROLLA NUEVAS HABILIDADES

Ahora que tienes redactado tu Manifiesto de Misión Significativa (MMS), es probable que necesites adquirir y perfeccionar nuevas habilidades para reforzar tu camino. Transformar tus hábitos, aprender nuevas competencias y crecer desde el punto de vista personal son aspectos clave para construir una identidad renovada. Además, estos nuevos comportamientos y habilidades te ayudarán a sentirte mejor contigo, a atraer relaciones significativas y a detectar buenas oportunidades.

Basándote en tus respuestas del primer paso, dedica un momento a enumerar las habilidades que necesitas desarrollar. Al lado de cada una, anota cómo podrías adquirirlas (gracias a un mentor, un curso, un libro, etc.). He incluido algunos ejemplos para que te sirvan de referencia. Completa tu lista en una hoja aparte o en tu diario personal.

Habilidad que quiero desarrollar	Cómo puedo desarrollarla
Sobriedad	Buscando un curso online o un libro para trabajar sobre ello
Resiliencia	Buscando una terapia especializada en autoafirmaciones
No procrastinar	Buscando a personas o podcast que enseñen técnicas para desarrollar esta habilidad; encontrando a alguien que me ayude a rendir cuentas en este aspecto.

PREPÁRATE PARA LA GRANDEZA

Valora la fortaleza que te ha permitido avanzar desde donde estabas hasta donde te encuentras hoy. Si a lo largo de este ejercicio experimentaste inseguridad o frustración, quiero recordarte que estás construyendo un *nuevo tú*; estás forjando una identidad libre de traumas, críticas y falsas creencias sobre tus capacidades. Tómate un instante para respirar hondo. Tu fuerza interior te guiará hacia donde deseas llegar. ¡La grandeza te está esperando!

¡La grandeza te está esperando!

Ejercicio 2. Celebración de la Identidad

Cuando emprendí mi propio camino hacia la grandeza era reactivo, temeroso, ansioso. Había construido mi identidad sobre un pasado marcado por traumas y experiencias difíciles. Tuve que encontrar la forma consciente de curar mis heridas, afrontar mis miedos y crearme una nueva identidad. Un paso fundamental en mi proceso de sanación fue la aceptación. Decidí amarme tal como soy, valorar en quién me estaba convirtiendo y celebrar cada paso del camino. Dejé de castigarme por no ser perfecto y comencé a llevar a cabo acciones concretas para protegerme de pensamientos dañinos.

Los pensamientos moldean la propia identidad.

Los pensamientos moldean la propia identidad. Tenemos que ser capaces de mirarnos hacia dentro para construir la identidad que queremos. Tómate hoy mismo un momento para limpiar de negatividad tu interior y celebrar *quien eres ahora*.

PASO 1. REEMPLAZA TUS PENSAMIENTOS NEGATIVOS

Los pensamientos negativos te chupan la energía y pueden afectar a tu Misión Significativa, tu desempeño laboral y, lo más importante, a tus relaciones. Una de las mejores formas de pararles los pies es identificarlos, sacarlos a la superficie y reconocerlos. Parece contraintuitivo no limitarse a suprimir los pensamientos negativos; pero son los villanos de la identidad, y se vuelven más grandes y fuertes cada vez que miramos hacia otro lado o los metemos en un cajón. En este paso, quiero que te tomes un tiempo para identificar los pensamientos y sentimientos que te quitan la energía, te hacen reaccionar en exceso o te sacan de tus casillas.

Acude a tu fiel diario o toma una hoja de papel en blanco.

1. Identifica tus pensamientos y sentimientos negativos recurrentes.
2. Pregúntate *si este pensamiento o sentimiento apoya una identidad próspera.*
3. Reformula tu pensamiento intrusivo con una mentalidad próspera.

Dibuja una tabla como la que sigue y complétala. He incluido algunos ejemplos para que veas lo que quiero que hagas.

PENSAMIENTO O EMOCIÓN INVASIVO	REENCUADRE CON MENTALIDAD DE ABUNDANCIA
Estoy tan frágil que no puedo ayudar a nadie.	Tengo la empatía y la experiencia necesarias para acompañar a quienes han pasado por momentos difíciles.
Soy demasiado mayor para empezar de nuevo. Perdí mi oportunidad.	Mi edad me da perspectiva y sabiduría para comenzar con intención, y guiar a otras personas para que eviten los errores que yo ya cometí.
Nunca voy a estar al nivel de los demás. Todo el mundo ha avanzado mucho más que yo.	Mi único punto de comparación soy yo. Estoy en un proceso de crecimiento, y cada paso me acerca a donde quiero estar.

Muchas veces, los pensamientos y emociones que experimentamos no provienen de nuestro verdadero yo; son huellas de traumas o construcciones del miedo. Si un pintor se imaginara antes de pintar lo que alguien podría comentar de su obra en Instagram, no pintaría nada. Si un corredor que se propone participar en la maratón de Boston sigue escuchando en su mente a su entrenador de la universidad llamándolo perdedor, nunca se inscribirá en esa carrera.

La identidad más auténtica no se critica ni se autodecepciona. La propia esencia más verdadera es amorosa, amable y alentadora consigo misma. Cuando se sacan a la luz esos pensamientos de «no valgo» o «no soy suficiente», pierden fuerza, porque no pueden sobrevivir a la claridad.

PASO 2. AUTOELOGIOS

Eres alguien *valioso*.

Mereces una vida plena y próspera.

Tu *existencia* importa.

Eres un regalo para el mundo.

Tómate un momento para reconocer lo extraordinario que hay en ti. Vamos a hacer una lista de las cosas que amas de tu persona. Anota todo lo que te hace sentir orgullo o satisfacción por ser quien eres. ¡Lo que sea! No hace falta escribir mucho, pero sí lo más específico posible. Por ejemplo, en vez de poner algo genérico como «Se me da bien practicar el peso muerto», intenta profundizar un poco más: «Se me da bien practicar el peso muerto porque nunca me intimida el peso en la barra». Luego reflexiona un poco más: ¿cómo pueden estas cualidades ayudarte en tu proceso de curación? ¿De qué modo pueden ser de ayuda para tu Misión Significativa?

Aquí tienes un ejemplo:

CELEBRO ESTO DE MÍ	CÓMO PUEDE APLICARSE ESTO CON SENTIDO A MI MISIÓN Y A MI IDENTIDAD DE ABUNDANCIA
Se me da muy bien practicar el peso muerto porque nunca me intimida el peso en la barra.	Si pienso que los obstáculos son como un disco más en la barra, puedo conectar con esa parte de mí que no se echa atrás y es capaz de avanzar con confianza.
Soy buen/a amigo/a porque siempre animo a los demás y estoy presente cuando me necesitan.	Puedo empezar a tratarme como a un amigo: darme ánimo y estar ahí para mí cuando paso por una crisis.
Me gusta ser amable con todas las personas que conozco, incluso cuando estoy de mal humor.	Cuando me enfado conmigo por no llegar a la perfección, puedo recordar que tengo los recursos para tratarme con amabilidad. Si puedo actuar de forma compasiva con gente desconocida, también puedo hacerlo conmigo.

Cuando termines, coloca esta lista en un lugar donde puedas verla con frecuencia: tómale una foto con tu teléfono para tenerla siempre a mano, pégala en las páginas de tu diario o en la nevera. Ponla donde puedas verla con facilidad. Cada vez que la negatividad intente apoderarse de ti, esta lista te recordará la persona valiosa que eres y te ayudará a reenfocar tu mente.

PASO 3. ESCRIBE UNA CARTA DESDE TU YO FUTURO

Ahora aprovecha los sentimientos positivos que descubriste en el Paso 2 y conviértelos en una carta que tu yo del futuro le escribiría a tu yo presente. Imagina que eres tu yo futuro y le mandas una carta a tu yo presente, ese que se encuentra justo en medio de su proceso de sanación y crecimiento personal. En esta carta puedes expresarte con libertad. Para ayudarte a comenzar, aquí tienes algunas ideas que quizá te sirvan de inspiración:

- Agradece a tu yo presente el esfuerzo por mantener el compromiso diario que ha fortalecido tu identidad.
- Reconoce el orgullo que sientes por tu yo más joven, gracias a que ha hecho frente a la situación y ha trabajado en pro de su sanación.
- Explica por qué sientes orgullo de la persona que eres hoy.
- Valora tu constancia y dedicación a lo largo del proceso.
- Recuerda los obstáculos que tuviste que superar y celebra cada victoria.
- Reconoce las adicciones o conductas destructivas que lograste dejar atrás.
- Agradece las rutinas y los hábitos saludables que has creado.
- Motívate a seguir adelante sin desviarte del camino.
- Sé tu propio guía, identificando los hábitos y comportamientos que necesitas mantener para seguir construyendo tu nueva identidad.
- Celebra que tu yo más joven nunca tiró la toalla y te impulsó hacia delante.

Sigue tu intuición mientras escribes la carta. Estás celebrándote, en el presente, por haber llegado adonde quieres estar. *Eres increíble.*

TÚ ERES UNA PERSONA ÚNICA

Es probable que me hayas oído decir esto antes: si quieres encontrar a la única persona que puede cambiar tu vida, mírate en el espejo. *Eres la única persona capaz de darte lo que quieres*, y debes tener la disposición de trabajar por ello todos los días. Por eso es tan importante aceptarte, celebrar tu esfuerzo y reprogramar tus pensamientos negativos. Ahora estás en el camino hacia la grandeza. Así que desarrolla tus habilidades, acepta tus inseguridades y celebra tus capacidades. Trabaja cada día. Constrúyete hasta convertirte en una fuerza imparable. Tienes todo lo que necesitas, aquí y ahora, para triunfar.

Ejercicio 3. Cómo hallar la inspiración

La palabra *inspiración* está tan trillada que a veces carece de sentido, pero la auténtica es esencial en tu camino hacia una nueva identidad. La verdadera inspiración puede ayudarte a superar obstáculos, ampliar tu aprendizaje y vivir con mayor plenitud. Cuando nos rodeamos de personas que nos inspiran (ya sea en la vida cotidiana o en el mundo digital), creo con sinceridad que llegamos a vivir con más alegría y somos capaces de dejar una huella más significativa. Este ejercicio te ayudará a hallar la inspiración, a identificar lo que deseas obtener de ella y a trazar un plan para lograrlo.

> **Eres la única persona capaz de darte lo que quieres.**

PASO 1. ELABORA TU LISTA DE INSPIRACIÓN

En este primer paso, vas a identificar a las personas que admiras y que despiertan en ti una verdadera inspiración. Puede ser cualquiera: madre, hermano, amiga, maestro, mentor online, autora, figura pública o celebridad. No descartes a nadie solo porque parezca una elección poco convencional. Si te inspira, merece estar en la lista.

- Elabora una lista de personas que te inspiran.
- Junto a cada nombre, anota una o dos frases que expliquen por qué te inspiran.

Saber a quién admiras y qué cualidades valoras en esas personas te dará pistas sobre lo que deseas encarnar en tu vida.

PASO 2. VISUALÍZATE

Ahora es momento de ir más allá y concretar qué cualidades deseas cultivar en ti. Para hacerlo, vuelve a revisar tu lista del Paso 1 y reflexiona sobre qué rasgos o valores admiras en esas personas. ¿Qué te inspira de ellas? Identificarlo te ayudará a definir las características que quieres desarrollar en tu propia vida.

- Visualiza con detalle en quién deseas convertirte.
  - ¿Qué cualidades y características te definen en esa futura versión de ti?
  - ¿De qué manera esas cualidades te impulsan en el camino de tu Misión Significativa?

- Mientras te visualizas, haz una pequeña evaluación personal:
  - ¿Sientes inseguridad o confianza?
  - ¿Qué piensas de ti en esa versión futura?
  - ¿Actúas desde el miedo o desde la valentía?
  - ¿Qué otras emociones surgen al imaginarte en ese estado?

- Haz el mismo ejercicio con las personas que anotaste en el Paso 1:
  - ¿Cómo crees que se sienten consigo mismas?
  - ¿Siguen avanzando hacia sus metas incluso en momentos de duda?
  - ¿Cómo afrontan los retos u obstáculos?
  - ¿Qué estrategias usan para mantener alta su motivación?

Cuando te sientas con la preparación suficiente, toma una hoja o tu diario, o entra en la aplicación de notas de tu teléfono y escribe las cualidades que deseas cultivar en ti.

PASO 3. MEDITA CON ESTAS SUGERENCIAS

Ahora que has identificado las cualidades y características que deseas cultivar, tómate un momento para meditar sobre ellas. En los momentos de silencio podemos centrar los pensamientos y a generar patrones mentales saludables en torno a esas nuevas metas. La meditación también nos ofrece claridad sobre los pasos concretos a dar para avanzar. En ese espacio de quietud es posible que surjan verdaderos momentos de transformación.

En primer lugar, busca una posición cómoda. Mucha gente considera más eficaz meditar con los pies apoyados en el suelo, pero lo más importante es la relajación y la presencia.

1. Inicia tu meditación con varias respiraciones profundas. Inhala contando hasta siete y exhala contando hasta ocho.
2. Tómate un momento para conectar con tu cuerpo. Recórrelo con la mente, de la cabeza a los pies. Siente tus brazos, toma conciencia de tus pies, nota la posición de tu espalda y tus manos. Si alguna zona está tensa o rígida (como la mandíbula o los hombros), dedica unos instantes a relajarla.
3. Conecta con tu energía, tus pensamientos y emociones. ¿Estás de buen o de mal humor? ¿Sientes cansancio o energía? ¿Hambre o saciedad? No hay respuestas correctas o incorrectas, solo observa lo que sientes.
4. Dedica unos momentos a la gratitud. Piensa en tres cosas por las que sientas agradecimiento en tu vida y enfócate en cada una de ellas.
5. Elige una de las siguientes pautas y reflexiona sobre ella entre tres y cinco minutos. Mientras lo haces, abre la mente para permitir que fluyan nuevas ideas. Es normal que la mente se distraiga; si eso ocurre, centra de nuevo y con suavidad la atención en la pauta y continúa meditando.
   - *¿Qué te ha inspirado esta semana y por qué?*
   - *¿Cómo puede aumentar tu energía el desarrollo de estas cualidades o características?*
   - *¿Cómo contribuirán estas características a fortalecer la prosperidad en tu identidad?*
   - *¿De qué forma estas nuevas cualidades pueden impulsarte en el cumplimiento de tu Misión Significativa?*
   - *¿Qué primer paso puedes dar para incorporar estas nuevas cualidades? ¿Cómo podrías practicarlas en tu día a día?*

- *Reflexiona sobre esta frase de tu Manifiesto de la Misión Significativa, repitiéndola mentalmente*:
  «Cuando progreso en sintonía con mi yo
  más auténtico, soy capaz de cumplir mi
  Misión Significativa, ayudar a otras personas,
  atraer prosperidad y generar oportunidades
  positivas para mí.»

La meditación calma el sistema nervioso y entrena el cerebro para volver una y otra vez al momento presente. Esta habilidad resulta fundamental para enfrentarse a los pensamientos negativos y liberarse de las creencias limitantes. A medida que vayas construyendo tu nueva identidad, asegúrate de reservar un tiempo para meditar; descubrirás que es una práctica inspiradora, serena y muy enriquecedora.

TÚ ERES LA INSPIRACIÓN

Cuando tienes el valor de sanar, dejar atrás los pensamientos tóxicos y forjar una nueva identidad, te conviertes en fuente de inspiración para quienes te rodean. Esa inspiración se propagará en oleadas y llegará a todas las personas con las que entres en contacto. Construir una nueva identidad requiere de un esfuerzo constante, pero la perseverancia silenciosa con la que determinas y alcanzas tus objetivos motivará a los demás. No existen errores en ser quien eres, en lo que haces ni en el lugar donde la vida te ha puesto. Estás aquí para inspirar a los demás, así que continúa adelante con confianza.

Cuando tienes el valor de sanar, dejar atrás los pensamientos tóxicos y forjar una nueva identidad, te conviertes en fuente de inspiración para quienes te rodean.

Ejercicio extra. Creación de mantras

Tengo una técnica que uso cuando salgo a correr y me dan ganas de rendirme. Siempre que deseo parar o me siento fatigado, me repito: «Soy rápido. Estoy sano. Soy libre». Con cada paso repito: «Soy rápido. Estoy sano. Soy libre». Y así, la fatiga parece desvanecerse, el dolor disminuye y corro más rápido. Esto es así porque los pensamientos están ligados al rendimiento. Este ejercicio te ayudará a crear mantras que te sirvan de apoyo mientras construyes tu identidad.

1. Anota aquello que más deseas. Puede ser cualquier cosa: desde el éxito profesional a una relación amorosa sana, o incluso convertirte en el mayor experto mundial en limones. Sea lo que sea, anótalo.
2. Al lado de cada deseo, escribe una afirmación positiva.
3. Imagina que ya posees eso que más anhelas. Por ejemplo, si escribiste: «Quiero encontrar al amor de mi vida», añade: «Soy digno/a de recibir amor».
4. Reduce tu afirmación a unas pocas palabras para crear un mantra breve, fácil de recordar y repetir.

Consejos para crear tu mantra:

- Mantenlo en primera persona, comenzando con «Yo» o «Soy».
- Procura que sea específico.
- Asegúrate de que sea positivo, sin palabras negativas.

Utiliza esta fórmula para crear mantras en cualquier área de tu vida donde necesites superar obstáculos, afrontar situaciones difíciles o desviar la mente de pensamientos negativos. Y, como yo, repítelos siempre que lo necesites, con cada paso o cada respiración. No hay nada más poderoso que transformar tus pensamientos negativos en el momento presente.

Capítulo 11

EL CICLO DE LA MENTE EN MOVIMIENTO

Si ahora mismo dejas de leer, te plantas delante del espejo del baño y te miras con atención, ¿qué ves? Lo más seguro es que veas a esa persona que siempre has sido. Reconocerás a quien eres en el presente y es probable que no percibas los pequeños cambios que se han producido desde que hiciste las actividades del último capítulo; unos cambios que ocurren a cada minuto, a cada hora y día a día durante nuestro periplo vital.

Compáralo con el hecho de encontrarte con alguien a quien no ves desde hace mucho tiempo. Tal vez un amigo de la infancia del que no tenías noticias desde hacía veinte años, un amor del pasado o un familiar que no has visto desde tu niñez.

En estos casos sí notarías una diferencia *drástica*: la persona que recuerdas del pasado ya no está. Esa persona era más joven, tenía más pelo, usaba otra ropa o incluso su postura era distinta, tenía otra manera de caminar o de hablar.

Resulta irónico que, en los demás, los cambios parezcan suceder de golpe, casi de forma instantánea, mientras que en uno mismo se manifiesten de un modo sutil y silencioso. Solo tras recorrer un largo camino somos capaces de percibir de verdad cuánto hemos cambiado.

Y, sin embargo, los cambios son imprescindibles para buscar la grandeza.

Como hemos señalado antes, la grandeza es el resultado de sanar el pasado y encontrar la propia identidad para convertirte en una nueva persona, alguien distinto, mejor. Y este tipo de cambios requieren tiempo, esfuerzo y energía. Pero, además, exigen tomar conciencia de que el viraje se produce al explorar tres elementos fundamentales que se integran en un concepto central: la *mentalidad*. Esta consta de tres componentes interrelacionados y que se superponen:

- Tus pensamientos (cómo piensas)
- Tus emociones (cómo te sientes)
- Tu comportamiento (cómo actúas)

Analizaremos tales elementos con mayor profundidad en este capítulo, pero antes quiero explicarte por qué se combinan y ejercen una influencia directa sobre tu mentalidad. Al hablar del hondo efecto que pueden tener las emociones negativas en el comportamiento, el doctor Joe Dispenza, autor de *Becoming Supernatural*, afirmó: «Si no supero esa emoción, entonces estoy viviendo en el pasado, y eso es karma, porque esa emoción va a dirigir mis comportamientos y mis pensamientos. Mi futuro se parecerá mucho a mi pasado».[1]

> **Los cambios son imprescindibles para buscar la grandeza.**

Es decir, las emociones pueden anclarnos al pasado (donde sufrimos heridas o traumas), lo cual afecta a las acciones presentes y frena el crecimiento futuro. En definitiva, las emociones influyen en el comportamiento.

Como me explicó la patóloga del lenguaje y neurocientífica cognitiva Caroline Leaf:

No puedes controlar los acontecimientos ni las circunstancias, pero sí aprender a gestionar tu mente. Nada se detiene, todo sucede: la pandemia, los traumas, la muerte, la vida misma... Sin embargo, la grandeza surge de la capacidad para dirigir la propia mente. Buscar la grandeza es, en el fondo, un camino de transformación. Y no se trata de tener millones en el banco o fama mundial. La grandeza auténtica es gozar de paz interior, crecer de manera constante y sentir satisfacción con uno mismo.[2]

Las emociones influyen en el comportamiento.

Los acontecimientos (sobre todo los traumáticos o negativos) generan emociones, y estas, a su vez, originan pensamientos que, si no se gestionan de la manera adecuada, pueden influir de forma negativa en el comportamiento.

Marissa Peer, reconocida a nivel mundial como instructora de Terapia Rápida Transformacional, afirma lo siguiente:

> Cada pensamiento que tienes se vuelve real. Y si dudas de ello, piensa esto: si recuerdas algo embarazoso, te sonrojas; si piensas en algo triste, tus ojos se llenan de lágrimas; si piensas en comida, tu estómago ruge; si piensas en algo sexy, puedes excitarte. Esto es así porque tu cuerpo convierte los pensamientos en experiencias reales. Sea cual sea el pensamiento que tengas, tu cuerpo trabaja para hacerlo tangible. Por tanto, al cultivar pensamientos positivos generarás reacciones emocionales más saludables y respuestas más constructivas.[3]

Pensar. Sentir. Actuar. ¿Te das cuenta de lo relacionado que está todo?

En realidad, el proceso de convertirte en quien eres no ocurre de inmediato. Sucede poco a poco, con el tiempo, a medida que tus pensamientos se traducen en acciones, tus emociones se convierten en pensamientos, tu comportamiento genera nuevas emociones y estas influyen en tus acciones. Y así hasta el infinito.

Exploremos más a fondo esta conexión.

EL CICLO DE LA VIDA

El camino hacia cualquier lugar que valga la pena requiere pasar a la acción. Seguro que has visto reflejada esta realidad en tu propia vida. Por sí solos, los pensamientos (*debería hacer ejercicio, necesito comer mejor, tendría que escuchar a otras personas, necesito tomarme un descanso de redes sociales, o debería retomar el contacto con esa persona y reconciliarme con ella)* no conducen a la grandeza.

El camino hacia cualquier lugar que valga la pena requiere pasar a la acción.

Lo mismo se puede decir de las emociones. Los sentimientos (*me siento solo cuando por la noche no hay nadie en mi apartamento, me siento avergonzado por decir esas palabras desagradables, me siento furioso porque una persona me cerró el paso cuando iba en coche o me siento agradecido por lo que esa persona hizo por mí*) no cambian tu comportamiento.

Los pensamientos requieren acción.

Y eso exige lidiar con fuerzas internas y externas, entre lo que eras (sanar tu pasado) y lo que quieres ser (encontrar tu identidad), y entre tu pasado real, con todas las cosas que estás intentado sanar de él, y tu futuro ideal, la nueva identidad de *grandeza* que te esfuerzas por crear.

Es un proceso que lleva tiempo. Es una dirección en movimiento.

Considera este gráfico de lo que yo llamo el Ciclo de la Mente en Movimiento:

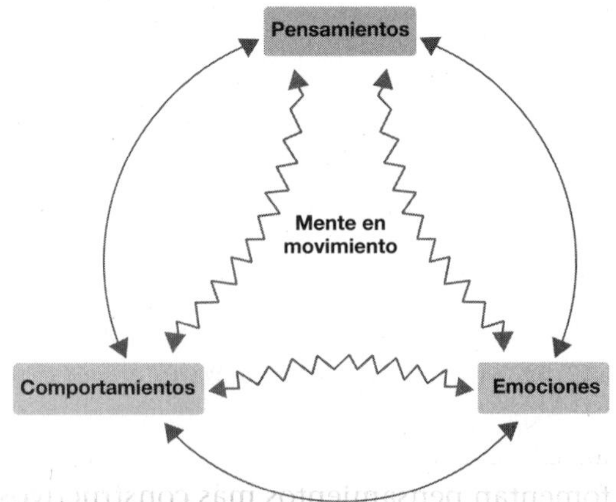

La Mentalidad de Grandeza es ese punto ideal en el que se combinan tu forma de pensar, tu forma de sentir y tu forma de actuar. Porque la mentalidad, en sí misma, es neutral. Puede ser positiva o negativa, caótica o diáfana. Eso es lo que representan los dos tipos de líneas en la ilustración: las irregulares serían lo opuesto a una Mentalidad de Grandeza. En ese caso, pensamientos, emociones y comportamientos están conectados, pero de una manera que no fomenta la prosperidad ni la grandeza.

Cuando estas líneas irregulares toman el mando, tus pensamientos pueden ser muy negativos y autocríticos, y, como resultado, afectan a tu mentalidad y la llenan de pensamientos como *nunca seré lo bastante brillante para alcanzar mis metas, no merezco el amor de nadie, todos mis proyectos fracasan* o *este tipo de cosas siempre le ocurren a gente como yo*. Estos pensamientos, es obvio, tienen efectos tóxicos y negativos en tus emociones. Te provocan frustración, consumen energía, te atrapan, te provocan ansiedad y dolor. Y cuando los experimentas no eres capaz de encontrar la inspiración necesaria para pasar a la acción: tu mentalidad negativa te recuerda que cualquier acción será en balde.

Por otro lado, existe un ciclo que impulsa la prosperidad y el crecimiento: el camino hacia la grandeza. Las líneas suaves representan una Mentalidad de Grandeza, en la que todo fluye con coherencia y equilibrio. Tus pensamientos tienden a ser positivos y constructivos, y elevan tu estado emocional. Es como si todo se alineara: *sientes confianza, seguridad, optimismo y entusiasmo*. A su vez, estas emociones refuerzan tu comportamiento: cuando aparece una oportunidad, la aprovechas. Actúas con intención y determinación; afrontas los desafíos con resiliencia y firmeza. Y cuando alcanzas una meta emergen pensamientos poderosos: *lo logré, resolví el problema, he aprendido de mis errores, he actuado con madurez*. Así, cada progreso refuerza tu identidad y alimenta el ciclo de tu crecimiento.

> **Cuando aparece una oportunidad, la aprovechas.**

Por lo tanto, los pensamientos positivos mejoran tu comportamiento y generan emociones más positivas.

A su vez, las emociones positivas impulsan un comportamiento más eficaz y fomentan pensamientos más constructivos.

Por último, los comportamientos constructivos refuerzan los pensamientos positivos y promueven emociones más saludables.

El verdadero reto está en mantener el equilibrio entre pensamientos, emociones y comportamientos. Es como intentar ponerte de pie sobre una tabla de pádel surf: puedes mantenerte firme cuando el agua está en calma, pero en cuanto aparecen las olas empiezas a tambalearte. Si tratas de remar, la estabilidad parece aún más inalcanzable. Y si chocas con algún objeto bajo la superficie puedes caer al agua. Se necesita una fuerza interior para mantenerte de pie, no perder el equilibrio y seguir avanzando hacia tu objetivo.

Así es como funciona el Ciclo de la Mente en Movimiento. Es una conciencia continua (aunque imperceptible) de tus pensamientos, emociones y comportamientos cotidianos, que te invita a hacer mínimos pero constantes ajustes para mantener el equilibrio. Y con el paso del tiempo, al aprender a gestionar estos tres elementos, avanzarás de forma paulatina hacia la persona que el destino tiene preparada para ti.

DESBLOQUEA LOS TRES COMPONENTES

Como los tres elementos de la mentalidad pueden confundirse, es mejor analizarlos por separado para luego integrarlos de nuevo. Comenzaremos con los pensamientos, seguiremos con las emociones y, para finalizar, abordaremos los comportamientos.

Optimizar el Ciclo del Pensamiento

No me resulta extraño enfrentarme a mis pensamientos y luchar por dar con la mentalidad adecuada. Durante muchos años, mi diálogo interno se repetía una y otra vez: me decía que no valía nada, que era un inútil y que nadie podría volver a amarme. Y lo más doloroso de todo era creer que era el único que se sentía así. Sin embargo, la realidad es que la mayoría de la gente ha pasado por lo mismo. Las mentiras pueden ser diferentes, pueden aparecer en distintos momentos o activarse por diferentes motivos, pero el daño del mensaje sigue siendo igual de grave.

No obstante, lo más difícil de aceptar es que esa voz que oyes es la tuya. ¿Y en quién confías más que en ti? Por eso, cuando aquella voz me decía esas cosas, parecía tener un peso y una credibilidad incuestionables.

El doctor Joe Dispenza me dijo lo siguiente:

> Al despertar, lo primero que hacen algunas personas es enfocarse en sus problemas. Estos son recuerdos grabados en el cerebro, asociados a ciertas personas, objetos o circunstancias, en un momento y lugar específicos. Cada problema lleva vinculada una emoción. Entonces, de repente, comienzan a sentirse infelices. En ese instante, el cuerpo se queda atrapado en el pasado, porque los pensamientos son el lenguaje del cerebro y los sentimientos, el lenguaje del cuerpo.[4]

¿Has prestado atención a la última frase? *Los pensamientos son el lenguaje del cerebro y los sentimientos, el lenguaje del cuerpo.*

Es el Ciclo de la Mente en Movimiento. Los pensamientos se comunican con el cerebro y los sentimientos con el cuerpo. Cuando esos pensamientos tienden a la negatividad o están ligados a un pasado doloroso, afectan a la manera de actuar en el presente, y esto, a su vez, al futuro y a la persona en la que te estás convirtiendo.

Los pensamientos, emociones y comportamientos correctos nos acercan a quienes queremos ser; los incorrectos nos mantienen inmóviles.

«Algunas personas experimentan emociones que condicionan sus pensamientos —siguió explicando Joe—. Otras son más analíticas: sus pensamientos influyen en sus emociones. Pero todo funciona como un ciclo, es una rueda de pensamiento».[5]

Entonces el reto consiste en modificar ese ciclo de pensamiento. Esta cuestión es crucial, porque está ligada a la *identidad*. Los pensamientos, emociones y comportamientos correctos nos acercan a quienes queremos ser; los incorrectos nos mantienen inmóviles.

¿QUÉ DICEN TUS PENSAMIENTOS SOBRE LA PERSONA QUE ERES?

Todo el mundo alberga grandes preguntas sobre su identidad que se entrelazan con sus pensamientos: «¿Quién soy? ¿Cuál es mi propósito? ¿Por qué estoy aquí? ¿Por qué reacciono como lo hago? ¿En quién me estoy convirtiendo?».

En el fondo de cada una de estas preguntas hay un pensamiento. Y, como hemos visto, está muy relacionado con las emociones y el comportamiento. Por eso es fundamental empezar a reconocer (y, en la medida de lo posible, moldear) lo que pensamos. Debemos aprender a rechazar los pensamientos que no están alineados con la identidad de grandeza, y a aceptar y consolidar los que sí lo están.

Me gusta la forma en que lo plantea el doctor Ethan Kross, autor del libro *Chatter*:

> No podemos controlar los pensamientos, pero sí cómo respondemos a ellos una vez que surgen. Podemos elegir zambullirnos en ellos; también tomar distancia o cuestionarlos. Existen muchas formas de actuar frente a un pensamiento, y ahí reside nuestro poder.[6]

Los pensamientos son inevitables, eso está claro. Pero tienes a tu alcance un superpoder (quizá aún sin explotar del todo) que te permite dejar atrás a la persona que fuiste y avanzar hacia quien te reserva el destino.

> **Debemos aprender a rechazar los pensamientos que no están alineados con la identidad de grandeza, y a aceptar y consolidar los que sí lo están.**

Igual que un ejército sin orden ni concierto se vendrá abajo, los pensamientos pueden volverse caóticos en tu mente si no los diriges. Esas minúsculas ideas que cruzan la mente cientos de veces al día pueden parecer inofensivas, pero tienen un gran impacto: quizá sean constructivas o destructivas, te alienten o te frenen. A lo mejor te impulsan a alcanzar tus mayores sueños (tu verdadera grandeza) o te mantienen en una situación de estancamiento, viendo pasar la vida desde el banquillo.

La grandeza exige que aprendas a dirigir tus pensamientos para que trabajen a tu favor.

TOMA EL CONTROL DE TUS PENSAMIENTOS

Quizá te estés preguntando: *Muy bien, Lewis, pero ¿cómo logro que mis pensamientos trabajen a mi favor?* Aquí tienes algunos consejos que he aprendido con los años, al entrevistar a expertos sobre este tema.

La grandeza exige que aprendas a dirigir tus pensamientos para que trabajen a tu favor.

Para empezar, tienes que crear una especie de «guardia mental» que vigile la puerta de tu mente y permita entrar solo los pensamientos positivos, dejando fuera los negativos. Escuché este concepto de la autora y conferenciante motivacional Mel Robbins, quien afirma: «Siempre estoy entrenando la mente para que trabaje a mi favor».

¿Y cómo lo hace? Pues recurriendo al poder del «sistema de activación reticular» (SAR). Así lo explicó Mel:

> Imagina que llevas una especie de malla eléctrica que te recubre todo el cerebro y tiene vida propia; eso es el sistema de activación reticular (SAR). Su única misión es filtrar la información: bloquea el 99 % de lo que ocurre a tu alrededor y solo deja pasar el 1 % que en realidad necesitas en este momento de tu vida. El SAR se enfrenta a una labor colosal. Es como el típico portero de discoteca que decide quién puede acceder al local.[7]

Y resulta fascinante entender cómo se relaciona con los pensamientos. Mel explica que hay cuatro cosas que el SAR permite filtrar: las tres primeras son el sonido de tu propio nombre, cualquier señal de amenaza para tu seguridad y el que alguien muestre interés en ti. Pero es la cuarta la que tiene el poder de transformar por completo la manera de pensar:

Es un dato que todo el mundo debería conocer: el guardián de tu mente deja pasar lo que tú consideras importante. Esto es, cuando le comunicas a tu cerebro cuáles son tus prioridades, tu mente reacciona y permite el acceso a ese contenido sin rechistar. Pero aquí viene el problema: si llevas diez años diciéndote que eres una mala persona, adivina qué ha aprendido a priorizar tu cerebro.[8]

¿Recuerdas esa letanía que me repetí durante años? *No valgo nada, soy estúpido, nadie puede quererme.* Sin darme cuenta, estaba entrenando a mi SAR para que dejara entrar más y más pensamientos como esos. En el fondo (y aunque no fuera de un modo consciente) estaba moldeando mi identidad hasta convertirme en *esa* versión de mí mismo.

Mel lo resume así: «En cuanto empiezas a pensar de forma consciente sobre quién quieres ser, tu cerebro reajusta de inmediato qué deja entrar y qué no».[9] Recuerda que los pensamientos están muy ligados a las emociones y a las acciones, y que los pensamientos negativos jugarán siempre en tu contra.

Entonces, ¿cómo se rompe ese ciclo? Bien, con algo que Mel llama actitud de «chocar las manos». A continuación, me lanzó este reto:

> A partir de mañana, una vez que te levantes, hagas la cama y calmes un poco tu sistema nervioso, decide qué te propones para el día y choca la mano contigo mismo. De este modo empezarás una rutina matinal muy distinta, con el sistema nervioso más tranquilo, unos objetivos claros y la certeza de sentirte apoyado y querido.[10]

Lo que está claro es que, si de verdad quieres cerrar la puerta a los pensamientos negativos que interrumpen el Ciclo de la Mente en Movimiento, necesitas reprogramar al guardián de tu mente. Así que cada mañana mírate al espejo, chócate la mano y asegúrate de que solo abres la puerta a pensamientos positivos: los que despiertan emociones constructivas y se traducen en acciones que trabajen a tu favor.

En su libro *Super Attractor,* Gabby Bernstein presenta su «Método de Elegir de Nuevo» como una forma práctica de retomar el control de los propios pensamientos. «El primer paso —explica— es identificar esos pensamientos negativos que se repiten una y otra vez, y observar cómo te hacen sentir».[11] Al principio puede resultar difícil detenerse en ese instante, pero con la práctica se vuelve un hábito. El segundo paso es «perdonarte por haber tenido ese pensamiento. Cuando lo haces, dejas de identificarte con él»,[12] y esto te permite tomar distancia, analizarlo con mayor objetividad y evitar que defina quién eres. El tercer paso, según Gabby, «es la parte más divertida: ahí es cuando puedes *elegir de nuevo*, es decir, buscar el siguiente pensamiento que te haga sentir un poco mejor».[13]

Aquí tienes un ejemplo que te ayudará a interiorizar esta idea. Imagina que te preocupa todo lo que no tienes y, por ello, actúas de forma egoísta y con una mentalidad poco amiga de la abundancia. El *Método de Elegir de Nuevo* te permite cambiar ese enfoque y centrarte en echar una mano a los demás. Tal vez no dispongas de grandes sumas de dinero, pero siempre puedes ayudar a alguien de tu círculo más cercano, dedicar tu tiempo libre a hacer un voluntariado o echar una mano a una persona desconocida que necesita subir un cochecito por las escaleras. Al hacer algo por otra persona te sientes alguien más valioso; percibes tu propio valor porque has contribuido al bienestar ajeno. Cuantos más momentos como estos acumules a lo largo de una jornada, mejor vas a sentirte al final del día. Y aquí está el verdadero secreto: con un pensamiento sencillo no necesitas tener un millón de dólares para sentir tu valía.

Emociones

Todo el mundo sabe lo que es experimentar emociones, porque las sentimos a cada instante. Y, por sí mismas, no son buenas ni malas. Igual que un termómetro se limita a indicar la temperatura, los sentimientos nos revelan lo que ocurre dentro de la mente en un momento dado. La diferencia es que muchas veces esas emociones no se limitan al presente: suelen estar ligadas a experiencias pasadas o a preocupaciones por el futuro.

Y eso tiene, a su vez, una influencia enorme en cómo vivimos el ahora.

Como dijo Dan Millman en mi programa: «Cuando te enfocas en el momento presente, en el aquí y ahora, tomas el mando de la situación. Es tu momento de realidad. Tu momento de cordura. Siempre podemos gestionar *este* momento».[14]

Dan también me contó una historia sobre un taller que organizó durante un retiro en Costa Rica. Una de las actividades consistía en lanzarse en tirolina. Mientras guiaba al grupo por una escalera de caracol que subía en torno a un enorme árbol, en medio del bosque, una mujer empezó a ponerse muy nerviosa. Dan le preguntó si alguna vez había subido por una escalera. La respuesta, es evidente, fue afirmativa. «Pues eso es lo único que estamos haciendo ahora», dijo. Y solo con eso ella se tranquilizó. Poco después llegaron a la plataforma, rodeada de barandillas y asegurada con cables al árbol.

Entonces Dan se dio cuenta de que la mujer estaba otra vez nerviosa. Y le dijo: «La única manera de hacernos daño es quitándonos el casco y golpeándonos la cabeza contra el árbol». Ella sonrió, y esa simple frase la devolvió al presente; sus emociones volvieron a estabilizarse. Al final, se engancharon al cable y se situaron en el borde de la plataforma. De nuevo, los nervios empezaron a hacer mella en la mujer. Esta vez, Dan le dijo: «Ahora sí puedes tener miedo. Al menos es un miedo adecuado para este momento».

Luego concluyó la historia con esta reflexión: «Al enfocarnos en el presente, la vida se simplifica. Es el momento de poder en el que debo concentrarme; no en mi propósito cósmico, ni en una meta a veinte años vista, sino en lo que necesito hacer *ahora mismo*. ¿Cuál es mi propósito en *este* instante?».[15]

Los sentimientos y las emociones muchas veces secuestran los pensamientos, paralizan las acciones y nos impiden alcanzar la grandeza justo aquí, en el presente. Por eso es fundamental aprender a procesarlos de un modo que nos libere y nos permita avanzar.

TENSIÓN, ATASCO Y ESTANCAMIENTO

A veces nos atrapa lo sucedido en el pasado, o nos angustiamos por lo que podría llegar a pasar. Esto nos impide disfrutar del presente y avanzar con seguridad hacia el futuro.

La doctora Susan David, autora de *Emotional Agility*, define la agilidad emocional de este modo:

> Es la capacidad de ser personas saludables. Me refiero a que, cada día, tenemos decenas de miles de pensamientos y emociones. Estas pueden ser de soledad, ansiedad, temor... y a partir de ellas creamos historias que nos contamos sobre

quiénes somos y nuestro lugar en el mundo. Estas historias se repiten a diario. Cuando experimentamos ansiedad o incertidumbre, esos pensamientos, emociones e historias suelen intensificarse y ejercer un mayor control sobre nosotros.[16]

La agilidad física nos permite actuar y reaccionar con rapidez, así como movernos con eficacia, ya sea para aprovechar nuevas oportunidades o para evitar un peligro. Cuando era deportista, trabajé mi agilidad física a diario para convertirla en una fortaleza. Con el tiempo descubrí que la agilidad emocional (es decir, la habilidad para gestionar las emociones de manera saludable) es igual de determinante o incluso más.

Cuando sufres un bloqueo emocional no eres capaz de cumplir tus objetivos. Hay algo que te ancla al pasado y las emociones comienzan a desbordarse sin control. Entras, pues, en un círculo vicioso, un torbellino de negatividad y duda.

La doctora David identifica tres formas comunes de procesar las emociones. Las dos primeras son reprimir y rumiar. Reprimir, como te imaginarás, consiste en esconder las emociones, ocultarlas o tratar de mirar hacia otro lado. A veces esa represión se disfraza de una positividad forzada, o bien se oculta tras esa costumbre de ignorar lo que te hace daño y reemplazarlo con algo que te hace sentir mejor de forma momentánea. En palabras de Susan, «reprimir es vivir una experiencia emocional compleja y, con la mejor intención, dejarla a un lado para poder seguir con tu día o con tu vida. Sin embargo, con el tiempo, reprimir se asocia con un menor nivel de bienestar, porque, como no has desarrollado tus habilidades emocionales, cuando llega una situación de verdad desafiante no sabes cómo afrontarla».[17]

Rumiar puede ser igual de dañino. Es ese estado en el que te quedas «dentro» de las emociones, y solo puedes pensar en lo justa o injusta que es una situación. Rumiar te impide ver más allá de tu dolor y de cómo te sientes.

Reprimir y rumiar las emociones son acciones que causan estragos en el cuerpo y, en particular, en el sistema nervioso, porque mantienen por las nubes las hormonas del estrés. En mi caso, cuando percibo que el estrés y la ansiedad me empiezan a hacer mella, me centro en la respiración. En lugar de quedarme atrapado en el dolor (reprimiéndolo o dándole vueltas sin parar), trato de conectar mi cuerpo con el ritmo de mi respiración, como si pudiera respirar por cada poro de la piel. Eso me ayuda a calmarme, y entonces puedo preguntarme: *¿Este sentimiento o pensamiento me está ayudando, o está ligado a algo del pasado que aún no he trabajado?*

Gabby Bernstein me dijo una vez: «En el momento en que notes que estás entrando en pánico, haz una pausa y repite esto: *Estoy a salvo, respira, me aman y me apoyan*. Tras cada catalizador emocional suele haber una sensación de inseguridad».[18]

Y hasta que no aprendamos a crear un espacio seguro donde observar y procesar las emociones, seguiremos en una situación de estancamiento, lejos de nuestro verdadero potencial. Pensamientos como *Siempre seré un desastre con el dinero, Nadie me va a querer jamás, Mi futuro tiene muy mal aspecto* o *Nunca alcanzaré mis metas* solo generan sentimientos de penuria, soledad, miedo y desesperanza.

Pero eso puede cambiar. Y va a cambiar.

SENTIR Y AVANZAR

Los sentimientos, como el dolor, cumplen con frecuencia una función importante, porque nos alertan cuando algo no marcha bien. Me gusta la forma en que lo expresó Dan Millman:

> Hay un dicho según el cual el miedo es un esclavo maravilloso, pero un maestro terrible. El miedo puede ser útil. Si es físico, si existe la posibilidad de que nos lastimemos, el miedo puede ser un sabio consejero que nos dice: «Espera un momento, aléjate de esto, no estás listo todavía», o que nos invita a prepararnos mejor o a tomar precauciones. Pero si el miedo es subjetivo (por ejemplo, el temor a parecer idiota, a sentir vergüenza, culpa o incomodidad), entonces es mejor hacer lo que sea de todos modos. Estas son las dos formas de afrontar el miedo. Pero ¿cómo saber cuándo escucharlo y cuándo ignorarlo?[19]

Se trata de dos preguntas cruciales que debes responder si quieres desbloquear tu Mentalidad de Grandeza.

El miedo (o cualquier emoción, en realidad) funciona como un filtro que ayuda a distinguir lo que de verdad importa. Si responde a un peligro físico, entonces es momento de evaluar dónde estás, cuáles serán tus siguientes pasos y cómo te mantendrás a salvo. Pero en muchos casos las emociones no tienen nada que ver con una amenaza real, más bien son bloqueos mentales que te impiden alcanzar la grandeza.

Los sentimientos pueden ser una señal de que hay un problema que atender. Del mismo modo que en el salpicadero del coche se enciende un piloto para advertir que hay que revisar el motor, cuando surge una emoción significa que hay algo pendiente de revisar. Es momento, pues, de *abrir el capó*, por así decirlo, y mirar más a fondo.[20] Cuando sientes miedo debes preguntarte por qué. ¿A qué le tengo miedo? ¿Temo la opinión de los demás? El solo hecho de identificarlo te ayudará a superar la emoción y pensar de un modo más racional.

El autor y conferenciante Nir Eyal ofrece una perspectiva interesante en este sentido:

> Con la felicidad perpetua nos venden una obsesión poco realista y poco saludable. La mayoría no entiende que a los seres humanos no se nos ha diseñado para estar felices todo el tiempo. Para la supervivencia de una especie es necesario que siempre haya cierto grado de inquietud (ese impulso constante de querer más), porque es lo que nos mueve a mejorar y corregir lo que no funciona.[21]

Lo que quiere decir esto es que los sentimientos de incomodidad son fundamentales, pues nos impulsan a detectar y corregir lo que está fallando.

Nir explica que la clave está en «imaginar otra vez el disparador interno, darle un nuevo significado a la incomodidad. Cuando nos aburrimos, cuando experimentamos soledad, incertidumbre, ansiedad, fatiga o miedo, debemos comprender que esas sensaciones incómodas son un regalo; uno que nos permite usar esa incomodidad como combustible para avanzar, en lugar de intentar evadirla con distracciones, que es lo que la mayoría hace al sentir esa soledad, ese aburrimiento, esa indecisión o ese temor».[22]

La psicóloga Susan David añade: «Nuestras emociones son datos, no órdenes».[23] Esto significa que debemos aprender cómo encajan en el Ciclo de la Mente en Movimiento, asegurándonos de interpretar de forma correcta la información que recibimos para que genere pensamientos y acciones que nos impulsen hacia el objetivo de grandeza.

La segunda función de los sentimientos es indicar una oportunidad para explorar. Cuando experimentamos emociones positivas como el asombro, la esperanza o la alegría, nos llenamos de una energía que nos impulsa a avanzar. Es como si algo estuviera a punto de revelarse justo a la vuelta de la esquina y necesitáramos descubrirlo.

En cualquier caso, lo esencial es recordar que ningún sentimiento es definitivo. Esto es clave para construir esa nueva identidad de grandeza. A veces queremos tomar decisiones rápidas, basadas en la intuición o el instinto; pero un sentimiento pasajero no refleja toda la realidad. Por ejemplo: estoy enfadado con mi pareja y por eso voy a romper con ella. O me enamoré a primera vista, así que voy a pedirle matrimonio a esa persona. O estoy tan entusiasmado con este negocio que me lanzaré de cabeza a él sin hacer un estudio de mercado.

Permítete sentir esas emociones, por supuesto, pero detente antes de pasar a la acción. Despierta tu curiosidad y empieza a cuestionar lo que estás experimentando. ¿Sientes mariposas en el estómago por una nueva relación? ¿Qué significado tiene eso? ¿Te entusiasma un nuevo proyecto profesional? ¿Qué te dice esa emoción? Haz hincapié en estas preguntas antes de actuar.

Derek Hough, bailarín profesional y campeón de *Dancing with the Stars*, me explicó que «las emociones existen para enviarnos mensajes».[24] Él las compara con oír que alguien llama a la puerta. Puedes ignorar los golpes y atrancar la puerta, pero eso solo provocará que las emociones se acumulen hasta que un buen día estallen. Otra opción es abrirles la puerta, observarlas y atenderlas de forma consciente.

Los sentimientos son pasajeros. Los negativos no se quedarán ahí para siempre, pero es necesario afrontarlos. Los positivos, por sí solos, no te sostendrán; se requiere mucho más que eso para lograr un cambio y alcanzar la grandeza.

Se requiere mucho más que eso para lograr un cambio y alcanzar la grandeza.

La doctora Susan David afirma que, una vez superamos la tendencia a reprimir nuestras emociones o a quedarnos dentro de ellas, hay un tercer paso esencial (que denomina «aceptación gentil») para desarrollar la agilidad emocional. Ella define este concepto como «tratarnos con compasión y amabilidad, sin invalidar lo que sentimos ni reprochárnoslo. Autoapoyarnos nos brinda la oportunidad de explorar, arriesgarnos, ser vulnerables, amar, aprovechar una oportunidad profesional, porque sabemos que si algo sale mal nos trataremos de forma comprensiva y bondadosa».[25]

Y eso, sin duda, sienta de fábula.

Comportamiento

Llegamos ahora a la parte final del Ciclo de la Mente en Movimiento: los comportamientos. Pensamientos y emociones ocurren, de forma principal, en el interior; es decir, poca gente de tu alrededor puede saber con certeza lo que estás sintiendo o pensando. En cambio, tu comportamiento es visible para todo el mundo.

Puedes dejar que tus emociones te obliguen a actuar contradiciendo a la persona que aspiras a ser, o elegir comportarte de un modo coherente con la identidad que estás construyendo. Y así es como se moldea la identidad.

De esta forma lo expresa Nir Eyal: «Cambiar el comportamiento es cambiar la identidad».

Vale la pena profundizar un poco en su mensaje. Según Eyal, «la percepción de quiénes somos (la propia identidad o autoimagen) tiene un profundo efecto en nuestras acciones futuras. Esto es así porque la autoimagen es un atajo mental que permite al cerebro tomar decisiones difíciles con antelación, facilitando así el proceso de elección».[26]

Esto significa que cuando decidimos quién queremos llegar a ser (nuestra definición de grandeza, nuestra Misión Significativa), eso se convierte en nuestra identidad. Y, una vez que esa identidad es sólida, establecer comportamientos coherentes con ella se vuelve mucho más sencillo.

Por ejemplo, si quieres correr una media maratón —suponiendo que cuentes con la salud y las capacidades físicas mínimas para ponerte a entrenar— ¿qué necesitas creer sobre ti para empezar?

Piensa en tu identidad. Hay una gran diferencia entre querer correr algún día una maratón y ser corredor profesional. Quien *quiere* correr no tiene un plan de entrenamiento; entrenar cada día dependerá de cómo se sienta. Pero si ya ha decidido: *yo soy corredor,* entonces hará lo que hacen los corredores: correr. No necesita pensarlo demasiado, no necesita tener ganas. *Lo hace* y punto.

A partir de ahí, todo es exponencial. Cuando esa persona se siente mal y aparece la tentación de darse un atracón de helado por autocompasión, no se pregunta si *debería* hacerlo, se pregunta si eso la acerca a su objetivo de correr la carrera. Y la respuesta es no, porque eso no es lo que hacen los corredores. El helado puede seguir siendo una opción atractiva, claro, pero como la *identidad* ya está definida (*soy corredor y entreno para una maratón*) tomar decisiones se vuelve mucho más sencillo.

Por supuesto, esto es una simplificación, y no se trata de restar importancia a tus pensamientos o emociones. Pero el principio es claro y potente. El siguiente ejemplo de Nir me parece especialmente acertado:

> Del mismo modo, decirte que nada te distraerá puede darte la fuerza necesaria para vencer las distracciones. Y ese poder se multiplica cuando no solo te lo repites en tu interior, sino que también lo compartes con los demás. Por ejemplo, si alguien te pregunta por qué haces cosas *extrañas* como planificar tu tiempo con tanto detalle o ignorar ciertas notificaciones en lugar de responder de inmediato, puedes explicarle que eres una persona *que no se distrae con facilidad* y que esos hábitos son coherentes con esa identidad. Así como la oración y el ayuno son prácticas comunes en una persona religiosa, planificar y proteger el estado de concentración lo son para alguien que ha decidido no dejarse distraer. [27]

¿Quién quieres llegar a ser?

- ¿Una persona emprendedora? ¿Qué creencias tienen esas personas sobre sí mismas?
- ¿Un gran amigo? ¿Cómo se comportan los buenos amigos?
- ¿Una ciudadana más comprometida? ¿Qué hacen, en la práctica, los ciudadanos comprometidos?
- ¿Una mejor pareja? ¿Cómo se traduce eso en acciones concretas?
- Leves ajustes en la manera en que te defines pueden provocar grandes transformaciones en el modo en que actúas.

LAS ACCIONES HABLAN

Las historias que nos contamos sobre quiénes somos y en quiénes nos estamos convirtiendo tienen un poder enorme. ¿Qué historia te estás narrando? ¿Esa historia está, en realidad, alineada con tu identidad?

Gabby Bernstein me dijo: «Cuando me limito a ser yo, no tengo nada que demostrar. Soy quien soy. Creo que uno de los secretos de la confianza es aceptar que tu verdad es la parte más valiosa de ti. En ese momento podemos dejar atrás las máscaras de quienes creemos que deberíamos ser y limitarnos a ser auténticos aquí y ahora».[28]

Ya lo habíamos mencionado, pero vale la pena recordarlo: ¿quién quieres llegar a ser? ¿Puedes definirlo con claridad? Si aún no lo has hecho, te reto a que dediques un momento a ponerlo en una frase y convertirla en tu lema a partir de ahora. Luego asegúrate de que todo lo que hagas esté alineado con esa identidad.

Seth Godin también me dijo:

> ¿Qué pasaría si pudiéramos decir que elegimos sentir pasión por lo que hacemos, que nuestro propósito es cualquier cosa en la que nos involucremos, que vamos a estar presentes y con un compromiso pleno con nuestras acciones, que hace tiempo tomamos la decisión de que la pasión y el propósito que tenemos fueran un objetivo en concreto, que podríamos haber elegido un camino distinto y también lo habríamos emprendido con la misma pasión?[29]

Una vez que tienes claro en quién te estás convirtiendo y te entregas a ello con pasión, necesitas observar los comportamientos que *refuerzan* esa identidad y los que la limitan. Los restrictivos te anclarán en el pasado, pues recurren una y otra vez al miedo al fracaso, al juicio ajeno o incluso al éxito. Te atrapan en un ciclo de inacción o de acciones equivocadas que no te llevan a la grandeza, sino al estancamiento.

En cambio, los comportamientos que refuerzan son los que están alineados con tu identidad. Aunque no siempre sientas o pienses que has cambiado, tus acciones revelan lo contrario. Son esos momentos en los que te atas las zapatillas y sales a correr, aunque no te apetezca, porque tu identidad te dice: *Soy corredor.* Significa dedicar horas extras por la noche a poner en marcha tu negocio, porque tu identidad te dice: *Soy emprendedor.* Es aceptar ir a terapia de pareja, aun sabiendo que pueden salir a la luz sentimientos dolorosos, porque tu identidad te dice: *Me he comprometido a construir esta relación a largo plazo.* Es asumir la responsabilidad de tus errores del pasado y seguir avanzando, porque tu identidad te dice: *Tengo el control de mi futuro.*

CAMINO HACIA LA GRANDEZA

El camino hacia la grandeza es un proceso vital, pero puedes empezar a poner en práctica lo que acabas de leer con estas actividades diseñadas para ayudarte a gestionar tus pensamientos, emociones y comportamientos.

Ejercicio. La Matriz de la Abundancia

Una de las mejores cosas que podemos hacer cuando nos enfrentamos a emociones intensas es dejar que el sentimiento fluya y resistir la tentación de reprimirlo. Te lo he repetido varias veces: ¡no reprimas! ¡Sácalo todo a la luz!

La próxima vez que tengas un sentimiento intenso (incluso uno positivo, como el entusiasmo), un pensamiento negativo (o intrusivo) o tengas que tomar una decisión importante, prueba este ejercicio.

PASO 1. DETENTE Y RESPIRA

Antes de comenzar a explorar, vamos a poner tu sistema nervioso en calma.

- Siéntate con la espalda erguida.
- Apoya los pies con firmeza en el suelo.
- Respira hondo durante al menos un minuto, buscando la mayor sensación de tranquilidad y relajación posible.
- Observa cualquier pensamiento o emoción intensa y persistente. No intentes detenerlos, limítate a observarlos desde la distancia, como si los contemplaras desde fuera.

Permite que esos pensamientos y emociones te atraviesen como una ola que cruza el océano.

- Imagina que estás de pie, un poco más allá de la orilla, dentro del agua. Tus pies pueden moverse con el oleaje, pero eres lo bastante fuerte para resistir las embestidas. Llegan las olas, pero esas emociones y pensamientos no te derribarán.

Cuando recuperes la calma, avanza al Paso 2.

PASO 2. REFLEXIONA

Evita reaccionar de forma impulsiva ante una emoción momentánea, incluso si es positiva. En lugar de actuar de inmediato, tómate un momento para explorar lo que sientes y piensas, y plantéate estas preguntas como si lo observaras todo desde fuera:

- Estoy sintiendo ___________________. ¿Qué creo que quiere mostrarme esta emoción?
- ¿Qué la provocó?
- ¿Qué tipo de respuesta me haría sentir orgullo de mí mismo/a?
- ¿La acción que quiero poner en marcha ahora beneficia o perjudica mi Misión Significativa?
- ¿Esta emoción me empuja hacia delante o hacia atrás?
- ¿Es fruto de un proceso de sanación o de una herida?
- ¿Cómo puedo gestionar esta emoción sin dejar que me consuma o me paralice?
- ¿Qué aspectos positivos pueden surgir a partir de este sentimiento?
- ¿Qué quiere enseñarme esta emoción? ¿Qué puedo aprender de ella?
- ¿Cómo respondería mi versión más sabia, más íntegra, ante esta emoción?
- ¿Esta emoción está alineada con mi identidad de prosperidad?

Mientras respondes a estas preguntas no olvides controlar la respiración. No es el momento de reaccionar de forma impulsiva o ponerte a la defensiva. Recuerda: solo estás observando con curiosidad.

Se trata de evaluar lo que sientes sin convertir esas emociones en una orden de acción definitiva ni en una etiqueta de identidad. Eres capaz de dejar de identificarte con algo que se supone pasajero. Si de verdad quieres sanar, no puedes construir tu identidad sobre la base de lo que sientes. Solo puedes usar esas emociones como fuente de información.

PASO 3. COMPLETA LA MATRIZ DE LA ABUNDANCIA

Ahora que ya has reflexionado, incorpora tus pensamientos y emociones en una Matriz de la Abundancia.

Dibuja esta matriz en una pizarra, libreta, diario u otro espacio adecuado donde puedas volcar tus observaciones con libertad. La idea es que esta herramienta te acompañe siempre que necesites procesar lo que está ocurriendo en tu mundo interior.

	Identidad de abundancia	Identidad neutra
Es crucial para mi misión		
No es crucial para mi misión		

PRIMER CUADRANTE (SUPERIOR IZQUIERDO)

Sitúa aquí los pensamientos y emociones que reflejen una identidad de abundancia y que, además, promuevan acciones alineadas con tu Misión Significativa.

Algunos ejemplos podrían ser: entusiasmo tras una reunión prometedora con alguien que puede ayudarte a progresar, o satisfacción por una nueva habilidad que estás perfeccionando. Tal vez incluso sientas una avalancha de cosas positivas y no sepas por dónde empezar.

Pregúntate: ¿esto es de verdad crucial para mi misión y para cultivar una vida de abundancia? Si la respuesta es sí, anótalo en este cuadrante.

SEGUNDO CUADRANTE (SUPERIOR DERECHO)

Este espacio es para pensamientos y emociones que, si bien son cruciales para tu misión, provienen de una identidad más neutra: no te limitan ni te ayudan, pero son importantes.

Por ejemplo, experimentar ira por una razón justa. Si tu misión está orientada a defender a comunidades marginadas, es necesario que te mantengas firme ante la injusticia sin que esa ira se apodere de ti. Otro caso podría ser: «Necesito aprender un idioma, pero me cuesta encontrar el momento para hacerlo».

Antes de reflexionar, estos pensamientos podrían haberte conducido a una mentalidad de escasez. Pero al detenerte a explorarlos con conciencia les has arrebatado ese poder limitante y los has llevado a un terreno neutral.

TERCER CUADRANTE (INFERIOR IZQUIERDO)

Sitúa aquí los pensamientos o emociones que, aunque no sean cruciales para tu Misión Significativa, fomentan una mentalidad de abundancia.

Por ejemplo, cuando empiezas a pensar en lo que sientes quizá experimentes cierto abatimiento o ganas de tirar la toalla. Pero, una vez que logras calmar tu sistema nervioso, reconoces que la solución es dejar de hacer una o dos actividades y así crear más espacio para la alegría. Esta conclusión no es esencial para tu misión, pero sí fortalece tu identidad de abundancia al generar un hueco en tu vida para la relajación y la felicidad.

CUARTO CUADRANTE (INFERIOR DERECHO)

Este espacio es para pensamientos y emociones que ni son cruciales para tu Misión Significativa ni contribuyen a forjar una identidad de abundancia. Lo más probable es que aquí se encuentren tus sentimientos negativos, las distracciones o los viejos patrones de pensamiento que te limitan.

Con la matriz ya completa, podrás tomar decisiones y actuar con claridad.

Las prioridades para tu Misión Significativa estarán en los cuadrantes superior izquierdo, superior derecho e inferior izquierdo.

Además, el cuadrante inferior derecho es especialmente valioso, pues revela el trabajo personal que debes afrontar para mantener tu identidad de abundancia. *Aquí están los aspectos que necesitas descartar de forma consciente,* los pensamientos y sentimientos que, si no se gestionan, te arrastran hacia una identidad neutral, limitante. Y recuerda que no se te creó para la neutralidad, sino para la grandeza.

Con independencia de quién seas o lo que logres, los pensamientos y emociones negativos siempre aparecerán. Así que debes expulsarlos de inmediato del Club de la Abundancia. Elimina esos pensamientos que te sabotean para poder sanar las emociones que los generan.

REFLEXIONA SOBRE TU CAMINO

Mientras trabajas en mejorar la gestión de tus pensamientos y emociones, te invito a adoptar una práctica de reflexión cotidiana antes de terminar el día. Plantéate las siguientes preguntas:

- *¿Cómo gestioné mis pensamientos hoy?*
  - *Cuando surgieron ideas que no estaban alineadas con una mentalidad de abundancia, con una identidad amorosa o poderosa, ¿permití que se quedaran en mi mente o las dejé ir?*
  - *¿Protegí mi espacio mental con pensamientos abiertos o dejé que la mentalidad de escasez me limitara?*

Al responder, evita juzgarte con demasiada severidad. Solo estás recabando información. Piensa que eres tu propio coach: alguien que recopila datos, ofrece feedback y te ayuda a mejorar.

Hagamos, pues, que esas voces internas sean positivas y afirmativas de forma consciente, y que nos guíen hacia la grandeza.

Las conversaciones silenciosas que mantenemos con nosotros mismos influyen en todo: nuestra misión, nuestra salud y nuestras relaciones. Hagamos, pues, que esas voces internas sean positivas y afirmativas de forma consciente, y que nos guíen hacia la grandeza.

CUARTO PASO

La Estrategia hacia la Grandeza

Comparar la Mentalidad de Grandeza con su opuesto natural, la Mentalidad de Impotencia, puede resultar útil.

La Mentalidad de Impotencia es la que suele operar en la mente humana por defecto, a menos que se decida, de forma voluntaria, tomar otro rumbo. Como puedes ver en la imagen, cuando nos afecta una Mentalidad de Impotencia tenemos sensación de soledad y cierta reclusión, como si contásemos con pocas opciones ni esperanza en un futuro mejor.

Pero existe un camino hacia la libertad que ofrece la Mentalidad de Grandeza. Y pasa por lo que yo llamo «la zona de transformación». Todo empieza con la *toma de conciencia* del problema y el reconocimiento de que es necesario hacer algo al respecto. Después viene la *decisión* de pasar a la acción. Y, por último, hace falta un *compromiso* firme para seguir adelante pese a los obstáculos que se presenten. En ese punto entra en juego la Estrategia hacia la Grandeza.

La clave para comprender la zona de transformación es saber que el proceso nunca es fácil. Como puedes ver en la imagen, el camino se estrecha al pasar de una mentalidad a otra. Pero, una vez emprendes ese camino y sigues recorriéndolo día a día, se abre ante ti un océano de posibilidades. Entonces ya no hay techo para tu potencial. ¡Y muy pronto el mundo entero será testigo de la grandeza que llevas dentro!

Te animo a atravesar con determinación el desafío que supone la zona de transformación y a avanzar desde la Mentalidad de Impotencia hacia la Mentalidad de Grandeza.

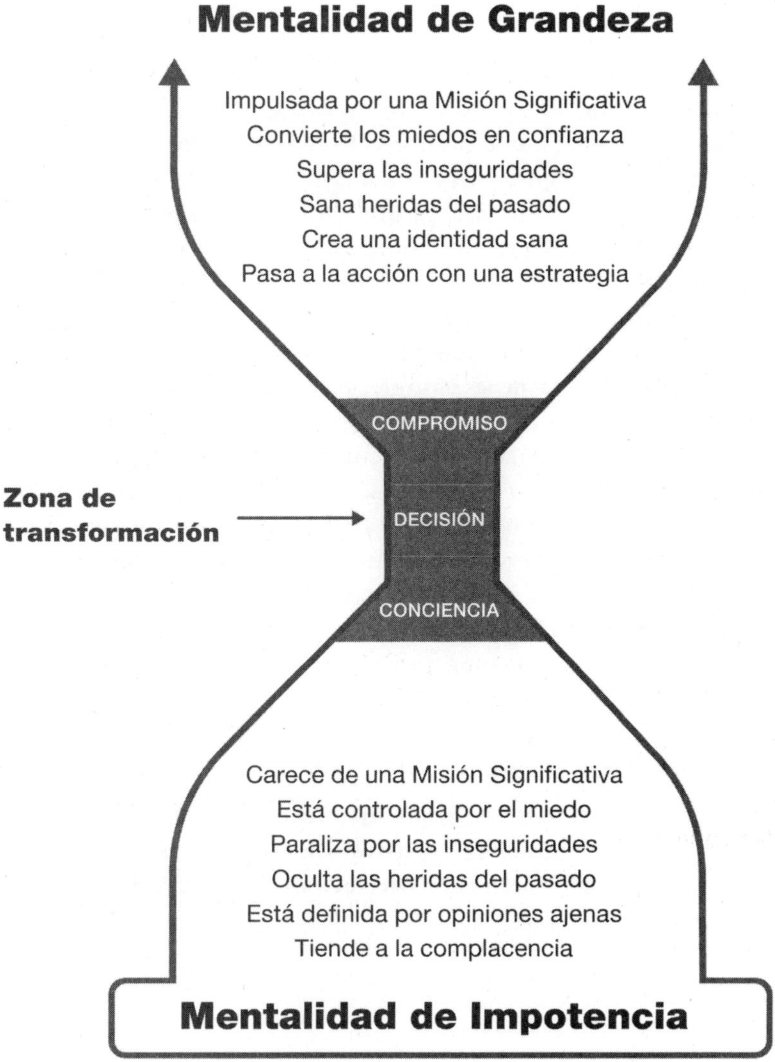

Mentalidad de Grandeza

Impulsada por una Misión Significativa
Convierte los miedos en confianza
Supera las inseguridades
Sana heridas del pasado
Crea una identidad sana
Pasa a la acción con una estrategia

COMPROMISO

Zona de transformación →

DECISIÓN

CONCIENCIA

Carece de una Misión Significativa
Está controlada por el miedo
Paraliza por las inseguridades
Oculta las heridas del pasado
Está definida por opiniones ajenas
Tiende a la complacencia

Mentalidad de Impotencia

Espero que en esta etapa del trayecto te sientas bien por haber hallado tu Misión Significativa y haber ido asentando una Mentalidad de Grandeza. Pero ¿ahora qué? ¿Cómo convertir todo eso en acciones cotidianas que te conduzcan a una vida significativa y con propósito?

Me alegra que me hagas esta pregunta, porque ha llegado el momento de actuar de forma práctica.

La Estrategia hacia la Grandeza es un método eficaz que yo mismo he seguido para avanzar hacia mi Misión Significativa, y cada paso ha sido avalado por los numerosos expertos con quienes he trabajado a lo largo de los años. Puedes seguir estos pasos como guía en tu propio camino hacia tu Misión Significativa. Te recomiendo que lo hagas en orden, del 1 al 7, para no saltarte ningún paso esencial, ya que cada uno se construye sobre el anterior.

Por supuesto, cada persona avanzará a su propio ritmo siguiendo estos pasos, y no hay que preocuparse por ello. Lo importante es avanzar.

Empieza ahora.

Si deseas obtener recursos adicionales que te ayuden a vivir con una Mentalidad de Grandeza, visita: TheGreatnessMindset.com/resources

Capítulo 12

HAZTE PREGUNTAS VALIENTES

—Qué es lo que te ha impedido hasta ahora empezar con tu Misión Significativa?

—El miedo de hacerlo mal.

Rachel Rodgers, empresaria negra, millonaria hecha a sí misma y autora de *We should all be millionaires,* fundó Hello Seven con el objetivo de ayudar a personas de comunidades marginadas a crear negocios millonarios. Impulsada por la convicción de que «cuando haya más personas marginadas con dinero, [el mundo] será más equitativo», formó una comunidad que bautizó (de forma entrañable) como The Club.[1] Hello Seven se convirtió en un éxito multimillonario, pero Rachel sentía que su papel dentro de la empresa no cumplía al cien por cien con su misión.

En su momento, Rachel estuvo durante casi un año considerando la idea de lanzar un proyecto sin ánimo de lucro. Me confesó lo siguiente: «Sé cómo fundar un negocio y ganar dinero. Pero crear un proyecto de carácter solidario, hacerlo bien y no meter la pata, eso me genera mucha inquietud».[2]

De modo que hice lo que he hecho con mucha otra gente: empecé a plantearle preguntas.

En primer lugar, le pregunté qué podría hacer realidad con 10 millones de dólares más en su cuenta. Y resultó que sabía muy bien qué hacer con ello: me contó su sueño de fundar una organización sin ánimo de lucro para apoyar a madres negras.

Esta organización ofrecería tres servicios principales: *doulas* para ayudar a las madres primerizas antes y después del parto, enfermeras de noche para permitirles más tiempo de descanso, y cuidado infantil subvencionado para dar a las madres la oportunidad de desarrollar su carrera profesional. Calculamos que con esos 10 millones podría ayudar a unas 1000 madres.

A continuación, le pregunté a Rachel:

—¿Cómo te haría sentir?

—Me sentiría en la cima del mundo.

Entonces la presioné con una pregunta más para ayudarla a concretar:

—Imagina que vas a ayudar a una madre. Y esa madre te está mirando y escuchando ahora mismo. ¿A qué lugares tendría que acudir? ¿A quién podría escribirle un correo? ¿Qué tendría que decir?

Tenía una razón para presionarla. Rachel ya había conseguido muchas cosas. Era experta en generar ingresos y liderar equipos, pero corría el riesgo de quedarse estancada por su miedo al fracaso. Yo quería saber qué le entusiasmaba en realidad, qué pasión le ardía por dentro y qué primeros pasos podría dar para hacer realidad su próximo sueño.

—Me imagino que habría un sencillo formulario de solicitud para que la gente lo rellenase.[3]

—Muy bien —asentí—. Dame ahora mismo la URL de una web de solicitudes que puedas garantizar que estará disponible en los próximos días.

—HelloSeven.org

Pero no nos detuvimos ahí. Como ya tenía a un par de personas en mente para ayudarla a poner en marcha sus ideas le lancé un segundo reto:

—Llama a esas dos personas con experiencia en organizaciones benéficas justo después de esta reunión.

Por último, quedaba el asunto de hacer que esos 10 millones de dólares fueran una realidad.

—¿A qué tres personas podrías llamar hoy y pedirles un cheque de 100.000 dólares?

Lo importante no era la cantidad, la clave era que no perdiera el impulso. De modo que seguí insistiendo:

—Ten un formulario listo en un día, llama a esas dos personas con experiencia en organizaciones benéficas y contacta a entre tres y cinco posibles donantes en las próximas 24 horas. Mándame un mensaje esta noche.

Rachel hizo todo lo que le propuse y, como resultado, recaudó 200.000 dólares en muy poco tiempo, lo que le permitió ayudar de forma inmediata a 40 madres.

Así fue como nació la fundación Hello Seven: haciendo preguntas valientes, definiendo objetivos y fechas límite, y dando pasos imperfectos. De este modo, Rachel Rodgers puso en marcha su misión.

Y es que, con demasiada frecuencia, la gente se obsesiona con el *cómo*, cuando en realidad debería centrarse en *qué* quiere hacer y *por qué*. Cuando tienes claro eso, el cómo llega solo.

CINCO PREGUNTAS VALIENTES

Cuando consigues tener una Mentalidad en Movimiento te sientes muy bien, realmente bien. Los pensamientos, emociones y comportamientos adecuados abren nuevas posibilidades. El futuro empieza a verse brillante.

Por un momento.

Luego aparecen las preguntas. *¿Y si...? ¿Y qué pasa con...? ¿Cómo voy a...? ¿Los demás qué...?*

Las preguntas adecuadas son las que requieren valentía a la hora de formularlas y responderlas.

Todas esas preguntas negativas incorrectas pueden hacernos desviar con rapidez del camino hacia la grandeza. En cambio, las preguntas adecuadas son las que requieren valentía a la hora de formularlas y responderlas.

Las preguntas desbloquean el potencial que hay *en* ti y lo hacen a *través* de ti. Por eso la Estrategia hacia la Grandeza empieza por plantear preguntas valientes.

Hay cinco preguntas clave que debes responder para llegar al corazón de tu grandeza personal y ponerte en marcha. He empleado distintas versiones de las mismas una y otra vez para ayudar a mucha gente a superar el miedo y las dudas. Puedes abordarlas en el orden que prefieras, pero cada una te ayudará a pasar a la acción y te inspirará para avanzar lo antes posible.

1. **La pregunta de la autenticidad: si tuvieras que ser fiel a ti misma/o al cien por cien, ¿qué harías de forma diferente?**

   Todo el mundo muestra ciertas versiones de sí mismo. A veces se hace por no tener la seguridad de que la versión que se considera más auténtica guste a los demás; otras veces es una especie de escudo que en realidad está frenando la marcha hacia la grandeza. Esta pregunta te da la oportunidad de aceptar quién eres de verdad y empezar a luchar por lo que quieres conseguir y en quién quieres convertirte.

2. **La pregunta de la prioridad: si tuvieras que doblar tus objetivos en los próximos 30 días, sí o sí, ¿cuáles serían tus tres primeros pasos?**

   Las preguntas desbloquean el potencial que hay *en* ti y lo hacen a *través* de ti.

   Me gusta plantear esta pregunta, porque no solo obliga a pensar fuera de lo establecido, sino también a romper por completo los límites. A veces incluso me atrevo a formularla así: «Si supieras que tú o alguien a quien quieres va a morir si no logras tus objetivos en 30 días, ¿cuáles serían tus tres primeros pasos?». Puede parecer un ejercicio extremo, lo sé. Pero imagina que vivieras con ese nivel de urgencia, con la necesidad real de conseguir eso que tanto deseas, pero que hasta ahora has dejado aparcado por miedo. ¿En qué centrarías tu atención para lograrlo? Puedes adaptar el plazo a tu situación particular, por supuesto, pero la clave está en que parezca casi imposible a primera vista.

La gente no suele vivir con urgencia. Acepta el *statu quo* y se conforma con menos de lo que podría lograr, simplemente porque resulta cómodo y piensa que no habrá consecuencias si no lo consigue. Pero la realidad es que cada día que pasa es uno menos para alcanzar esas metas y cumplir esos sueños. Por tanto, si no deseas renunciar a tus sueños, quizá sea el momento de subir la apuesta mental y empezar a pensar y actuar de forma distinta.

3. **La pregunta de la posibilidad: ¿qué posibilidades se abrirían ante ti si pudieras __ ____________________?**
(escribe aquí tu objetivo/sueño/misión)

Esta pregunta permite incorporar los detalles de tu situación y probar otra realidad posible. Por ejemplo, ¿qué posibilidades surgirían si pudieras dejar tu trabajo actual y dedicar todo tu esfuerzo a hacer crecer tu proyecto personal? ¿Qué posibilidades se abrirían ante ti si mejorases de forma significativa tus relaciones familiares? Supongo que se entiende la idea. Esta pregunta te invita a explorar cómo podría ser tu camino si alcanzases ciertas metas, y te prepara para formular la siguiente pregunta.

4. **La pregunta de la pasión: ¿cómo te sentirías si pudieras ______________________________________?**
(escribe aquí tu objetivo/sueño/misión)

En el fondo, somos seres emocionales. Esta pregunta te permite explorar cómo te sentirías si alcanzaras el éxito en los ámbitos que más te importan. ¿Cómo te sentirías si pudieras dejar tu trabajo actual y dedicar todo tu esfuerzo a hacer crecer tu proyecto personal? ¿Cómo te sentirías si mejorases de forma notable tus relaciones familiares?

5. **La pregunta de la prosperidad: si hoy mismo te tocara la lotería, ¿qué sería lo primero que harías?**

Esta pregunta te permite prescindir de la limitación del dinero y te libera para pensar en lo que quieres hacer, sin frenarte por no contar con los recursos para lograrlo.

Por supuesto, no habrías llegado tan lejos en tu camino hacia la grandeza si no buscases crecer, pero muchas veces limitamos demasiado las metas de crecimiento. ¿Y si pensaras en grande, realmente en grande, sin que el dinero fuera un problema? Adelante, atrévete a soñar.

Estas preguntas no son exhaustivas. De hecho, te animo a que pienses en algunas otras que te ayuden a avanzar y tomar decisiones valientes. Quizá lo más importante que puedes hacer es crear el hábito de plantearte preguntas valientes como estas de forma regular.

DE ESTANCADO A ESTRATOSFÉRICO

Conozco al empresario y magnate inmobiliario Grant Cardone desde hace más de doce años, y lo he invitado varias veces a *The School of Greatness*. Tiene un currículum increíble: ha escrito ocho libros, producido trece programas de negocios, es CEO de siete empresas de capital privado y aparece con frecuencia en grandes cadenas como *Fox News* o *CNBC*.

Puedo afirmar con seguridad que actúa con valentía y no teme plantear preguntas difíciles. Me ha contado anécdotas increíbles, entre ellas, cómo no, la de cómo lo perdió todo y lo recuperó multiplicado por diez. Después de una experiencia traumática como aquella, la mayoría de la gente se volvería conservadora e intentaría no arriesgar sus ahorros de emergencia. Pero Grant no.

> **Crear el hábito de plantearte preguntas valientes como estas de forma regular.**

Grant tiene todo su dinero invertido. Date un momento para asimilarlo: no cuenta con ahorros líquidos. Puede parecer una locura, pero él sabe muy bien qué puede hacer con sus inversiones y su flujo de caja. Está claro que es un tipo que va con todo, sin medias tintas.

Sin embargo, hace unos años, durante la grabación de un episodio de mi programa, le cuestioné por pensar en pequeño. En ese momento, su negocio inmobiliario generaba millones, pero sabía que eso no reflejaba todo el talento de Grant. No quería que se conformara, así que le lancé algunas preguntas:

—¿Qué necesitarías para poder llegar a los 1000 millones?

Esa pregunta lo dejó perplejo.

—Es que no es posible —respondió al fin.

Puedes imaginar lo que yo pienso sobre las cosas imposibles.

—¿Qué quieres decir con que no es posible?

—Ya no tengo tantos contactos.

—Está bien —asentí—. Pero ¿qué necesitarías? ¿Con quién tendrías que reunirte? ¿Quién posee el dinero que te hace falta?

No aflojé, porque reconocí sus creencias limitantes. Mientras le hacía las preguntas vi como esas creencias empezaban a disiparse y su mente se abría, en ese preciso instante, a posibilidades mucho más grandes.

Más tarde me confesó que aquella entrevista lo había cambiado todo. No dejaba de hacerse la misma pregunta: *¿Cómo puedo crecer más rápido?* Se dio cuenta de que su negocio solo llegaba a una parte de la población, sobre todo a personas con altos ingresos. Entonces tuvo una especie de revelación: parte de su propia familia no podría permitirse sus servicios. Así que decidió crear un fondo accesible para distintos niveles de ingresos, donde la gente pudiera invertir de forma gradual en grandes operaciones inmobiliarias.

Dos años después de aquella entrevista, Grant regresó a mi programa como el orgulloso CEO de un negocio valorado en 900 millones de dólares. ¿Adivinas qué hice a continuación?

—¿Qué necesitarías para llegar a los 3000 millones? —le pregunté.

—Es que no es posible —contestó—. No tenemos suficiente tiempo.

—¿Y si fuera posible? ¿Qué tendría que pasar?

Tras pensarlo un momento, empezó a enumerar los pasos.

—Vale —lo desafié—. Entonces, ¿a qué estás esperando?

Y Grant volvió a hacer posible lo imposible. La última vez que le vi, su negocio se había disparado hasta los 4000 millones. Y esta vez ni siquiera tuve que preguntarle nada: me explicó que su equipo estaba planificando superar los 40.000 millones en los tres próximos años.

Pasar de lo imposible a 40.000 millones; ese es el poder de las preguntas valientes. Y funcionan para todo el mundo.

DEJAR LA MEDICINA

Cuando lo entrevisté por primera vez en mi programa, Ali Abdaal trabajaba como médico a tiempo parcial en el Reino Unido. Pero su verdadera pasión era la creación de contenido en internet. En aquel momento, su canal de YouTube contaba con más de 2 millones de suscriptores. En él se centraba en cómo llevar una vida más feliz, saludable y productiva, basándose en cinco pilares: salud, riqueza, amor, felicidad e impacto.

Poco después de nuestra conversación tomó la decisión de abandonar su carrera como médico. Y es que hubo dos preguntas mías —variaciones de las que ya hemos visto— que contribuyeron a su decisión.

¿Cómo serían las cosas si, en los próximos 30 días, dejaras por completo tu trabajo como médico?

¿Cómo te sentirías justo después de tomar la decisión de dejar de practicar la medicina?

Ali se había convertido, en esencia, en un médico poco comprometido. Había muchas razones por las que tenía sentido que siguiera ejerciendo: invirtió más de ocho años de su vida y muchos miles de libras en su formación médica; la profesión tiene mucho prestigio; además, fue el punto de partida sobre el que diseñó su marca en YouTube. Y ahora yo le estaba preguntando cómo sería dejarlo todo atrás.

Su respuesta fue honesta y razonable: «Creo que me daría mucho miedo, sobre todo por razones egoístas. Incluso ahora, todavía sigo convenciéndome de que este canal de YouTube, el negocio y todo lo demás no es más que un proyecto paralelo.[4]

Pero con ese supuesto «proyecto paralelo» estaba ganando centenares de miles de libras, mucho más de lo que ingresaba como médico a tiempo parcial. Y, según él mismo admitía, estaba ayudando a más personas como creador de contenido en YouTube que como médico:

El miedo a perder ese prestigio del viejo mundo de la medicina (que no es exactamente el del nuevo mundo de ser *influencer*), todos esos miedos son egoístas. No me preocupa en absoluto dejar de tener impacto en la gente, porque sé que lo tengo. No soy especial como médico. Cualquiera en mi puesto podría hacer lo mismo.[5]

Pude ver que esas preguntas le estaban dando mucho que pensar, así que le lancé una idea potente:

—En cierto modo, no estás ofreciendo nada bueno al dedicar un 10 % de tu tiempo y energía a ayudar a la gente en un ámbito que no te apasiona, en lugar de dejar ese espacio a quienes de verdad desean entregarse a ello por completo.

—Es una forma interesante de verlo —respondió—. No había pensado en ello.

Por supuesto, fui muy respetuoso con Ali. No le estaba presionando porque sí. Sabía que, a veces, lo que uno necesita es que alguien le anime a hacer una apuesta valiente por sí mismo.

Ser médico es una vocación noble, *si* es tu vocación. Pero lo que veía en Ali era que su vínculo con la medicina tenía más que ver con el miedo y con la falacia del coste hundido que con la vocación. Él sentía de verdad que estaba teniendo un mayor impacto en el mundo gracias a su trabajo como creador de contenido digital. Durante el resto del programa discutimos sobre varias preguntas más relacionadas con sus metas:

- Si tuvieras 10 millones de suscriptores, ¿seguirías ejerciendo la medicina?
- ¿Qué pasaría si reasignaras esas pocas horas mensuales que dedicas a la medicina a desarrollar tu próximo programa o centrarte en acciones que hagan crecer tu negocio digital?
- ¿Qué tipo de impacto crees que tendrías si te centraras solo en tu plataforma digital?

Después de nuestra conversación, Ali se hizo a sí mismo preguntas aún más valientes. De hecho, subió a YouTube un vídeo, al cabo de unas semanas, en el que explicaba los pasos que lo habían llevado a dejar la medicina para siempre.[6]

Antes de poder tomar esa decisión, las preguntas que se planteó le ayudaron a llegar al origen de su forma de ver las cosas. Algunas de las cuestiones que tuvo que esclarecer fueron:

- ¿Qué pasa si esto de YouTube no funciona?
- ¿Por qué no seguir ejerciendo como médico, a modo de red de seguridad?
- ¿Y si la gente en internet me odia por dejar la medicina?
- ¿Morirán mi canal y mi negocio si no sigo presentándome como doctor?
- ¿Por qué no lo hago todo a tiempo parcial?
- ¿Es posible que la única razón por la que practico la medicina sea que quiero seguir mostrando mi título de médico para destacar entre los creadores de contenido?

Todas estas preguntas son razonables y válidas. Pero al final se dio cuenta de que no podía dejar que el miedo le impidiera cumplir sus objetivos de grandeza.

No hace falta ser médico ni *influencer* para usar preguntas valientes que impulsen un cambio. Preguntas como estas pueden ayudarte a salir de donde estás y llegar adonde quieres estar. Cuando descubres lo que deseas hacer en realidad y eliminas lo que te frena, liberas energía para encaminarte hacia tu pasión. Lo he visto una y otra vez: cuando alguien se entrega por completo a lo que ama, empiezan a suceder cosas mágicas. Tal vez no ocurra de inmediato, pero la grandeza acaba llegando.

> **Cuando alguien se entrega por completo a lo que ama, empiezan a suceder cosas mágicas**

EL CORAJE EN UNA PREGUNTA

Cuando aprendes a retarte y a silenciar esas preguntas cómodas y perezosas que surgen al intentar aspirar a algo grande, descubres que las preguntas no son el enemigo. De hecho, el tipo correcto de preguntas —las valientes— puede despertar con rapidez algo dentro de ti que llevaba mucho tiempo enterrado.

Por supuesto, las preguntas valientes deben estar enfocadas y tienen que ser directas. De este modo amplían el abanico de posibilidades a la vez que ayudan a eliminar las distracciones; permiten tomar perspectiva y darse cuenta de cosas que tal vez se habían pasado por alto; ofrecen nuevos enfoques y horizontes que explorar.

Y lo mejor de todo es que nos orientan a la acción. Los sueños de repente son posibles en el presente. Y eso suele generar un impulso imparable.

¿Qué preguntas necesitas hacerte para dar el primer paso? No lo pospongas.

El mundo necesita tu grandeza.

CAMINO HACIA LA GRANDEZA

Ejercicio. Plantéate preguntas valientes

Permítete soñar con lo que podría ser. Es hora de que te atrevas a preguntarte y responder algunas preguntas valientes. Dedica un tiempo a reflexionar sobre cada pregunta valiente y apunta tus respuestas en una libreta o en la aplicación de notas de tu móvil. Es probable que, mientras lo haces, surjan otras preguntas que tal vez te asusten. No las esquives, anótalas también y tómate el tiempo necesario para responderlas con honestidad. No dejes que los miedos, las creencias limitantes o los pensamientos negativos te frenen.

Atrévete a soñar con lo que sería posible para ti en tu camino hacia tu Misión Significativa:

La pregunta de la autenticidad: si tuvieras que ser fiel a ti mismo/a al cien por cien, ¿qué harías de forma diferente?

____

La pregunta de la prioridad: si tuvieras que doblar tus objetivos en los próximos 30 días, sí o sí, ¿cuáles serían tus tres primeros pasos?

1.

2.

3.

La pregunta de la posibilidad: ¿qué posibilidades se abrirían ante ti si pudieras ____________________
(escribe aquí tu objetivo/sueño/misión)

____ **?**

La pregunta de la pasión: ¿cómo te sentirías si pudieras *(lograr tu objetivo/sueño/misión)?*

____

La pregunta de la prosperidad: si hoy mismo te tocara la lotería, ¿qué sería lo primero que harías?

____

Anota cualquier otra pregunta que haya surgido. Si lo necesitas, reserva tiempo en tu agenda para pensar en cada una de ellas y responderlas con valentía.

Capítulo 13

DATE PERMISO

Mi amigo Roger es un asesor financiero con mucho talento, pero tenía dificultades para superar el umbral de los 80.000 dólares anuales en comisiones. Soñaba con edificar un negocio sólido, aunque por algún motivo siempre se quedaba con la miel en los labios. Probó a trabajar por su cuenta, luego con un socio, y de nuevo solo, pero no cambiaba nada. Me repetía una y otra vez: «¿Cómo puedo trabajar con clientes que tengan más dinero para invertir?». Le envié algunos contactos, pero no eran los grandes inversores que Roger estaba buscando.

Entonces surgió una oportunidad. Un amigo me escribió para contarme que un joven de diecinueve años acababa de ganar cientos de millones en la lotería. Y resultó que uno de los últimos tuits del ganador mencionaba un episodio de *The School of Greatness*. Me puse en contacto con el joven para felicitarle y advertirle sobre los retos que tal vez tuviera por delante. Al fin y al cabo, cerca del 70% de las personas a las que les toca la lotería acaban arruinadas, con adicciones o incluso quitándose la vida en cuestión de pocos años.[1] Le ofrecí mi apoyo y me puse a su disposición por si en algún momento quería que tuviéramos una conversación para orientarle.

Al final aceptó mi oferta. Tras varias llamadas telefónicas, conocí su historia. Aunque parecía tener un buen equipo de apoyo a su alrededor, me ofrecí a ponerle en contacto con mi amigo Roger y lo animé a hablar también con otros asesores, para asegurarse de contar con un fiduciario que le guiara en sus decisiones financieras. Él estuvo de acuerdo.

Volví a hablar con Roger y le pregunté si estaría dispuesto a intercambiar algunas llamadas con el joven, sin venderle nada, solo para ayudar y ver qué podía surgir. Él aceptó y enseguida hicimos varias llamadas a tres. El joven contactó con otros profesionales, pero al final me dijo que le gustaba mucho Roger y que quería trabajar con él.

Imagina mi entusiasmo cuando llamé a Roger para darle la gran noticia.

—Colega, esto va a cambiar tu vida desde ya, este cliente te va a hacer multimillonario.

Y entonces me dijo algo que me dejó estupefacto:

—No estoy preparado.

—¿Qué? —exclamé con la voz entrecortada—. ¿Qué quiere decir que no estás preparado?

—Jamás he tenido un cliente tan importante. No sé cómo gestionar esa cantidad de dinero.

Intenté aplicarle un poco de «amor duro».

—Te lo digo en serio, no creo que pueda seguir siendo amigo tuyo si no estás dispuesto a asumir este riesgo y aceptar el reto. Llevas años pidiéndome clientes más importantes. Ahora te ofrezco una oportunidad, ¿y me dices que no puedes trabajar con él porque no te sientes preparado?

Entonces le dije de forma clara y directa:

—No puedo enviarte clientes si no estás dispuesto a ir a por ello.

¿Por qué estaba tan molesto con Roger? Pues porque la vida le estaba ofreciendo una oportunidad con la que había soñado y que había deseado durante mucho tiempo, pero no se estaba dando permiso para aprovecharla.

Vivía atrapado en la inseguridad y el miedo, y eso le impedía cumplir con su Misión Significativa.

Roger aceptó reconsiderar la oferta. Al cabo de unos días, decidió asumir al nuevo cliente, pero con la ayuda de otra empresa que se quedaría con el 50 % de la comisión por asociarse con él, y que contaba con la experiencia y los recursos necesarios para manejar clientes de mayor envergadura. Esta colaboración le brindó a Roger la tranquilidad que necesitaba al principio, pero no tardó más de un par de años en adquirir la confianza necesaria para gestionar por su cuenta no solo los asuntos financieros del joven, sino también a otros clientes importantes. A partir de entonces, comenzó a recibir el 100% de las comisiones en lugar de solo el 50%.

En cierto modo, al incorporar a un socio, Roger se concedió a sí mismo un permiso parcial para triunfar. No confiaba plenamente en sus habilidades, por lo que sentía que necesitaba la credibilidad de otra persona para aceptar clientes más importantes. Fue un paso en la dirección correcta porque estaba dispuesto a actuar. Cuando finalmente se dio cuenta de que las personas en las que se apoyaba no sabían mucho más que él, tuvo la confianza necesaria para darse permiso total para ir a por todas. (Y sí, seguimos siendo amigos).

UNA CÁRCEL PROPIA

Hoy en día parece que todo el mundo necesita permiso. Ya sea de un terapeuta, un coach, un amigo, un cliente o un familiar, siempre buscamos a alguien que nos dé permiso.

Al reflexionar sobre esta cuestión me doy cuenta de que hay tres tipos de permiso que tal vez necesitamos autoconcedernos en el camino hacia nuestra Misión Significativa: permiso para convertirnos en nuestra mejor versión, para soltar lastre y para expresar las emociones. Si nos negamos el permiso en alguna de estas áreas nos estaremos poniendo obstáculos innecesarios.

1. Date permiso para convertirte en tu mejor versión.

Una de las consecuencias de no permitirnos ser nuestra mejor versión es la envidia y la inseguridad. Me encanta el modo en que expresó esta idea Gabby Bernstein: «La envidia aparece cuando observamos partes de nosotros que aún no hemos desarrollado».[2] Puede que mires a otra persona y sientas resentimiento por las cualidades que transmite, pero nada te impide desarrollar esas mismas cualidades. Solo necesitas reafirmarte y concederte el permiso para convertirte en quien deseas ser.

Como dijo Seth Godin, muchas personas están esperando ser elegidas:

> Nuestro instinto cultural es esperar a que nos elijan; buscar el permiso, la autoridad y la seguridad que proviene de que un editor, un presentador de televisión o incluso un bloguero diga: «Te elijo a ti».
>
> Cuando somos capaces de esquivar ese impulso y darnos cuenta de que nadie nos va a seleccionar (el príncipe azul ha elegido otra casa), entonces podemos ponernos manos a la obra.
>
> Una vez que comprendes que hay problemas esperando a ser resueltos y que ya tienes todas las herramientas y el permiso que necesitas, empiezas a ver que las oportunidades para contribuir están por todas partes.
>
> Y, sobre todo, cuando te comprometes de verdad, agarras al toro por los cuernos y ofreces al mundo tu mejor obra, te conviertes en el creador que estás destinado a ser.
>
> Nadie va a venir a elegirte. Elígete tú.[3]

Nuestra indecisión a la hora de darnos permiso para tener éxito nace del miedo, no de una Mentalidad de Grandeza que persigue una Misión Significativa.

2. Date permiso para decir que no.

Eliminar aspectos de nuestras sobrecargadas vidas es difícil. A mucha gente le cuesta decir que «no» porque siente que necesita la aprobación ajena. Esto nos lleva de nuevo a la cuestión de la identidad. ¿Estás dejando que las expectativas de los demás definan quién eres?

Si no te das permiso para eliminar tareas, te arriesgas a distraerte con todo lo que te piden otras personas. La gente de éxito sabe que hay que decir «no» a ciertas cosas para poder decir «sí» con total compromiso a otras.

Mi amigo Rory Vaden es experto en productividad. Autor del libro *Procrastinate on purpose*, ha desarrollado todo un sistema para pensar en cómo invertir el tiempo de forma eficaz. Como él mismo dice, «cuando la concentración se diluye, los resultados también desaparecen».[4] En otras palabras, cuanto más te esfuerces en obtener la aprobación de los demás, menor será tu rendimiento, porque tu tiempo es limitado. Tienes que darte permiso para borrar asuntos de tu lista de tareas pendientes y de tu vida y así centrarte en lo que es más importante para *ti*.

La gente de éxito sabe que hay que decir «no» a ciertas cosas para poder decir «sí» con total compromiso a otras.

3. Date permiso para mostrar tus emociones.

¿Recuerdas alguna ocasión en la que no te permitiste sentir toda la gama de emociones que necesitabas para sanar tu pasado? Quizás no te dejaste sentir ese dolor porque era incómodo o embarazoso.

Gabby también habla sobre esta clase de permiso. Hace referencia a una categoría de emociones que ella llama «sentimientos inadmisibles».[5] Dice que todo el mundo ha sufrido algún tipo de trauma y que, dentro de él, a veces hay sentimientos vergonzosos de insuficiencia, rabia u odio hacia uno mismo.

Es posible que la gente evite esos sentimientos porque es la única forma que conocen de protegerse de las heridas del pasado, pero esos mecanismos de defensa o afrontamiento suelen ser insostenibles. En realidad, pueden dar lugar a todo tipo de conductas de afrontamiento o adicciones que lo único que hacen es impedir alcanzar la grandeza. Si quieres salir adelante, has de permitir que esos recuerdos afloren y dejarte sentir las emociones.

TÚ ESTÁS A CARGO DE TI

Stephen R. Covey es conocido sobre todo por su libro *Los siete hábitos de la gente altamente efectiva*. El primero de estos hábitos es «ser una persona proactiva».[6] Pero a mí me gusta más la versión infantil que creó su hijo, por su sencillez: «tú estás a cargo de ti».[7] Esa sencilla expresión, si se interioriza, puede ayudarte a evitar las trampas del permiso de las que hablábamos antes. Significa que tienes el poder de trazar tu propio camino hacia la grandeza; no necesitas que nadie te dé permiso para hacerlo.

El principio rector de las enseñanzas de Covey es la diferencia entre las actitudes reactivas y las proactivas. Las personas reactivas dejan que su entorno moldee su historia con expresiones como «no puedo» o «tengo que». Pasan por alto la capacidad de influencia que tienen sobre sus circunstancias. Por su parte, las personas proactivas reconocen que no pueden controlar ciertos aspectos de su vida, pero se centran en lo que sí pueden hacer para responder a lo que se les presenta. Dicho de otro modo, las personas proactivas asumen la responsabilidad de su historia, y todo comienza por darse permiso para tomar las riendas de su viaje hacia la grandeza.

Tomar las riendas significa vivir con intención. Por ejemplo, Rory Vaden enseña que la clave para multiplicar el tiempo es «darte el permiso emocional para dedicar tiempo hoy a cosas que generarán más tiempo mañana».[8] Él llama a esta fórmula el «cálculo de la importancia»; implica tomar el control de tu tiempo y emplearlo para hacer cosas que te ahorrarán tiempo a largo plazo.

La planificación no es solo una cuestión de agendas y listas de tareas pendientes. Tras los objetivos se esconden sentimientos de culpa, miedo, ansiedad, ambición e ilusión. Aunque no seas consciente de ello, estas emociones influyen mucho en todas tus decisiones.

> **Las personas de éxito saben que deben tener flexibilidad interna y ser autoindulgentes, en lugar de castigarse por no ser lo bastante buenas.**

Rara vez me cuesta afrontar un nuevo reto. Lo habitual es que esté deseando ponerme manos a la obra de inmediato. Donde sí suelo tener dificultades es en darme permiso para reducir el ritmo o ajustar mi enfoque para cumplir un objetivo. Por ejemplo, me sentí muy culpable con este libro por no terminarlo tan rápido como había planeado. Me llevó un tiempo darme cuenta de que estaba bien retrasar la fecha de entrega, que la prioridad era hacerlo bien y no necesariamente asegurarme de que encajara en el calendario inicial que me había impuesto.

Y así, una vez dejé de presionarme, empecé a ilusionarme más por el libro.

Creo que cuando nos presionamos para alcanzar nuestros objetivos «a la perfección», a menudo no lo conseguimos. Las personas de éxito saben que deben tener flexibilidad interna y ser autoindulgentes, en lugar de castigarse por no ser lo bastante buenas.

Por encima de todo, es necesario saber concederse permiso para dar un paso al frente, un paso atrás, hacerse a un lado o dar los pasos necesarios en el camino hacia la grandeza.

CAMINO HACIA LA GRANDEZA

Ejercicio 1. Cuestión de vida o muerte

Puede resultar difícil ver más allá de las propias inseguridades. Incluso tal vez parezca que estamos siendo responsables o realistas cuando nos desanimamos y renunciamos a los grandes sueños. Este ejercicio te proporcionará un nuevo punto de vista, ayudándote a visualizar que hay mucho más en juego. Anota tus respuestas en tu diario, en la aplicación de notas de tu teléfono móvil o en cualquier otro lugar que elijas.

PASO 1. ELIGE UN OBJETIVO

Piensa en algún objetivo que hayas deseado alcanzar, pero en el que no hayas progresado, y escríbelo.

PASO 2. DOBLA LA APUESTA

Imagina que vives en una sociedad en la que solo se permite vivir a las personas más productivas. Cada año, un tribunal evalúa los logros de cada individuo y decide su destino. Ahora es tu turno. Observan tu lista de logros, pero ven que no has cumplido el objetivo principal que te fijaste (el que anotaste en el paso anterior). Alguien se acerca para llevarte. Te entra un sudor frío, te arrodillas y les suplicas otra oportunidad. Tras unos momentos de tensión, acceden a darte un año más para conseguirlo, pero tienes que presentar un plan convincente sobre cómo lo vas a hacer.

PASO 3. HAZLO REALIDAD

Dedica 30 minutos a detallar un plan para entregar al tribunal. Tómatelo en serio. Tu plan debe ser realista y convincente. Debes elaborar un plan cueste lo que cueste.

EL PRECIO REAL

Es poco probable que esta situación se dé en la vida real, pero el ejercicio te ayuda a poner en perspectiva el tiempo del que dispones. Puede que no pierdas la vida si fracasas en tu misión, pero sí es probable que pierdas el tipo de vida que deseas. Eso es lo que está en juego en realidad. No es tan urgente, pero yo diría que es igual de importante.

Ejercicio 2. Concédete el permiso

PASO 1. ELIGE UN OBJETIVO

Puedes usar el objetivo del ejercicio 1 u otro.

PASO 2. IDENTIFICA LAS CRÍTICAS INTERNAS

Cuando piensas en perseguir el objetivo que has establecido en el paso 1, ¿qué dudas te surgen? Tomando como referencia el esquema que aparece a continuación, anota las críticas que te haces y que te impiden trabajar para alcanzar tu objetivo.

No soy lo bastante ______________________________.

Soy demasiado ____________________________________.

Es demasiado irresponsable/egoísta perseguir este objetivo porque:

____

____

En el pasado, sufrí ______________________________
(identifica un trauma)
y esto hace que tenga miedo de ____________________

____.

No debería sentirme ____________________________.

PASO 3. FORMULA FRASES DE AUTORIZACIÓN

Utilizando el siguiente esquema, elabora frases de autorización para rebatir las críticas que identificaste en el paso 2.

Me doy permiso para controlar ____________________

______________________________________.

Me doy permiso para perdonarme por ______________

______________________________________.

Me doy permiso para ____________________________
(enumera las acciones necesarias para alcanzar tu objetivo)
de forma imperfecta

Me doy permiso para sentir _______________________

______________________________________.

CAE HACIA DELANTE

Todo el mundo sufre inseguridades. A cualquiera le faltan determinadas habilidades o rasgos. Yo mismo no era corredor profesional, pero corrí una maratón. No recibí ninguna formación para hacer entrevistas, pero creé un podcast. Casi suspendo inglés en el instituto, pero ahora soy autor de un best-seller del *New York Times*. Hay que ser capaz de decir: «Es cierto, no soy todo eso, pero me doy permiso para hacerlo de todos modos». Tal vez te caigas, pero caerás hacia delante. Y eso, en mi opinión, sigue siendo un progreso.

A veces tenemos que autorizarnos a no actuar y centrarnos en otra cosa.

HAZ TUYA TU MISIÓN

Del mismo modo que hemos de darnos permiso para actuar de forma imperfecta, a veces tenemos que autorizarnos a no actuar y centrarnos en otra cosa. Recuerda tu misión y no permitas que nada se interponga en tu camino. Sé tu propia fuente de afirmación, porque nadie tiene más interés en el éxito de tu misión que tú.

Capítulo 14

ACEPTA EL RETO

Cuando entré en Toastmasters para superar mi miedo a hablar en público, me dieron un libro de ejercicios con diez tipos de discursos. Cada uno debía durar entre 5 y 7 minutos, y me hacían practicar diferentes técnicas.

Mi primer estilo de discurso se llamaba «el rompehielos». El objetivo era contar una historia interesante sobre mí durante 5 minutos seguidos. Estaba aterrorizado. No tenía forma de ser capaz de aguantar 5 minutos sin quedarme en blanco o tartamudear. Sin embargo, *fui a por todas* y lo hice.

Para otros tipos de discurso practiqué usando materiales de apoyo y presentaciones, y me centré en moldear la entonación y el estilo. Sin embargo, la parte que más miedo me daba de las reuniones era un ejercicio llamado «temas de mesa». En esta actividad, los líderes nos asignaban un tema al azar y teníamos que levantarnos y dar un discurso de un minuto sobre él, sin preparación previa. ¡Qué tortura! Pero lo hice porque sabía que debía superar mi miedo a hablar en público y ser capaz de comunicar de forma verbal mi mensaje para tener éxito en los negocios.

Me fijé el objetivo de dar mi primer discurso gratuito fuera de Toastmasters en un plazo de tres meses, y el primero remunerado en nueve meses. Parecía una meta inalcanzable, pero decidí *ir a por todas*. Había llegado a asistir a cinco reuniones de Toastmasters en una sola semana.

El mentor que me aconsejó apuntarme a Toastmasters también me animó a hacer un bautismo de fuego y elegir el grupo que más me asustase. Y cuando me encontré con un grupo de oradores profesionales pensé: «Mierda, aquí es donde tengo que estar».

Así que ahí estaba yo, un inútil de veinticuatro años en una sala llena de profesionales trajeados de entre cuarenta y cincuenta años. Durante un año me obsesioné con integrarme en aquel grupo, perfeccionando mis habilidades de presentación. Y entonces sucedió: conseguí mi primera oportunidad para hablar en público a través de LinkedIn. Era una charla de media hora en una actividad local, nada del otro mundo. Pero fue el siguiente paso hacia mi objetivo. Luego me dieron un trabajo como orador por el que me pagaron 500 dólares. Antes de darme cuenta, ¡estaba dando discursos por más de 5000 dólares!

He de aclarar que nunca fue fácil, ni siquiera cuando empecé a ganar esas cantidades de dinero. Tenía que venderme de forma constante, enviando mensajes a la gente y estableciendo contactos. Hice todo esto mientras me daba permiso para ser el conferenciante profesional que antes había creído imposible, y me entregué por completo al reto, poniéndome en un estado permanente de incomodidad.

Creo que muchos miedos sociales, como el de hablar en público, no son más que «barreras de comunidad». Vemos una comunidad de la que no formamos parte y pensamos: «No encajo aquí. No pertenezco a este lugar. Todavía no me aceptan. Esto es una comunidad y hablan un idioma que desconozco».

Esta sensación de ser un extraño fue especialmente intensa cuando decidí aprender a bailar salsa. Lo confieso, me costó mucho trabajo dominar aquellos intrincados pasos. Y, créeme, era muy consciente de ser un hombre blanco y alto que no sabía bailar. Muchas de las mujeres a las que invitaba a bailar me rechazaron una y otra vez. Sin embargo, me enfrenté a mi miedo tres o cuatro veces por semana durante unos tres meses y medio, y eso me ayudó a aprender a quererme, incluso cuando el resto del grupo me rechazaba. Aprendí a mantenerme fiel a mi objetivo y, con el tiempo, llegué a bailar con soltura.

A muchas personas les importa tanto ser aceptadas por los miembros de una comunidad que no prueban cosas nuevas con la suficiente constancia. Todavía en esta etapa de mi vida sigo obligándome a permanecer en la incomodidad. La única razón por la que me siento capaz de arriesgarme al juicio ajeno es porque he aprendido a aceptarme tal y como soy. Ya me he dado toda la aprobación que necesito, por lo que puedo correr el riesgo de ser rechazado y superar las dificultades de aprender algo nuevo.

Por ejemplo, ahora estoy aprendiendo español. Me resulta incómodo, porque es el idioma de una comunidad a la que todavía no pertenezco del todo. Sin embargo, y aunque soy consciente de que mi acento puede no ser correcto, hablo español con mi novia y sus amigos y familiares, y sigo comprometido con el reto.

Afrontar nuevos desafíos siempre resulta incómodo. Pero si consigues que lo incómodo sea divertido ya tienes medio camino hecho para superar tus temores.

Cuando empecé a practicar la oratoria, busqué a un conferenciante con más experiencia —tal vez era unos quince años mayor que yo— para que me diera clases particulares. Él me recordó que las personas ante las que hablaba en Toastmasters querían verme triunfar. También me dio el apoyo que necesitaba para autoperdonarme, y no solo por cometer errores, sino también por procrastinar.

Si consigues que lo incómodo sea divertido ya tienes medio camino hecho para superar tus temores.

Nos avergüenza y nos hace sentir culpables el hecho de no estar donde creemos que deberíamos estar en la vida. Pero todo esto solo retrasa aún más nuestro progreso. No importa si hay algo que querías intentar hace años; lo importante es que lo estás haciendo ahora. Y en lugar de castigarte por la indecisión del pasado es mucho más útil decirte: «No he tenido las herramientas, el valor o la confianza para afrontar esto antes, pero ahora tengo un compromiso total con mi objetivo».

Darme permiso para divertirme fue también mi forma de aprender a gestionar la incomodidad que me suponía establecer contactos. Solía ser siempre el más joven en las reuniones de negocios, y no tenía experiencia. Ni trabajo. No tenía nada. Pero hallé la manera de entrar en esas reuniones, de sentarme a la mesa y conocer a personas influyentes porque me gustaba jugar. Gastaba bromas, hacía preguntas divertidas. Era curioso y lo convertía en un juego. Me planteaba retos entretenidos: hay un ponente en el escenario, ¿cómo hago para conocerlo después? ¿Qué puedo hacer para estar en la misma habitación que él?

Esta actitud me abrió una puerta muy interesante, solo por el hecho de *ir a por todas* y divertirme haciéndolo. Cuando aún era casi desconocido, vi que Tim Ferriss iba a dar una conferencia en la que tenía previsto compartir todos sus secretos sobre cómo escribió y publicó un bestseller del *New York Times*. Mi único problema era que las entradas costaban 10.000 dólares.

Pensé: «Bueno, quiero ir a este evento, pero no puedo permitirme pagar la entrada. ¿Qué tendría que hacer para entrar gratis? O más bien, ¿qué tendría que hacer para poder hablar en este evento? O, de hecho, ¿qué tendría que hacer para que Tim Ferriss me entrevistara sobre el escenario?». Era imposible, pero me atreví a preguntarme: «**Para que esto fuera posible, ¿qué tendría que pasar?**».

Date permiso para ir a por lo que deseas, luego acepta el reto y *ve a por todas*.

Había coincidido un par de veces en conferencias con el asistente de Tim Ferriss, Charlie, y descubrí que estaba participando en la organización de aquel evento. Sabía que la conferencia trataría sobre marketing y lanzamiento de libros. Así que contacté con Charlie y le dije: «Tienes a todos esos grandes nombres, a toda esa gente sofisticada, pero ninguno de ellos habla de las giras virtuales de libros». Ni siquiera había escrito un libro todavía, pero tenía buenos contactos en ese ámbito y un caso práctico perfecto para el tema: en un seminario online con Gary Vaynerchuk, promocioné su libro y vendí 800 ejemplares.

Le desglosé la propuesta a Charlie, le mostré el caso práctico y le expliqué lo beneficioso que sería el tema para la audiencia. Terminé pidiéndole a Charlie que le comentara la idea a Tim y añadí que estaría encantado de hacerlo gratis.

Para mi sorpresa, pronto me vi presentando la idea en una llamada a tres con Charlie y Tim. Me dijeron: «De acuerdo, hagámoslo». *Qué demonios... ¡¿en serio?!*

Así que me senté en el escenario frente a un público que había pagado 10.000 dólares por estar allí; y sí, Tim Ferriss me entrevistó a mí, un don nadie que se atrevió a preguntarse: «Para que esto fuera posible, ¿qué tendría que pasar?». Así es como se persigue la grandeza. Date permiso para ir a por lo que deseas, luego acepta el reto y *ve a por todas.*

EL VALOR DE UN DESAFÍO

Como sabrá todo aquel que me siga, me encantan los desafíos. Me llena de energía afrontar retos de 30, 60 o 90 días y superarlos. Si quieres de verdad perder el miedo, tienes que ir tachando los puntos de tu lista de temores y enfrentarte a ellos hasta que desaparezcan. Yo empiezo eligiendo un miedo y me pongo retos que me ayuden a enfrentarme a él.

Cuando era más joven, me daba miedo hablar con las chicas. Me preguntaba: «¿Cómo puedo superarlo mediante un desafío?». Así que me propuse hablar con una chica cada día durante todo el verano. Al final del verano había adquirido toda la seguridad del mundo. A los diecisiete años hablaba con toda confianza con mujeres de cuarenta, a modo de reto, para ver si era capaz.

Descubrí que con cada temor que superaba me veía más capacitado para afrontar el siguiente reto. Superar mi miedo a hablar con las mujeres me dio el impulso que necesitaba para enfrentarme a ese otro miedo, el de que me rechazaran en las clases de salsa. Los detalles de cada temor no eran tan importantes como el hecho de que me estaba demostrando a mí mismo que podía superarlo. Aprender a hablar con mujeres y a bailar salsa me dio una seguridad que derivó en la creencia de que podía ser un buen orador, impartir seminarios online con éxito y escribir un bestseller.

Una vez que identifiques tu principal temor, podrás enfrentarte a él sin reservas. Porque no hay nada mejor para tu confianza que enfrentarte al miedo que te controla. La clave para superar los miedos es la autoevaluación y la acción. Crea retos de 30, 60 o 90 días para uno de tus temores, pasa a la acción y observa como tu confianza se dispara.

El enemigo de esta mentalidad de ir a por todas es el hecho de procrastinar. Una vez más, mi amigo el escritor Rory Vaden da en el clavo. Él me contó que, según la psicología, la autocrítica es lo que nos hace procrastinar.[1] Hay una voz interior que empieza a decir: «No soy lo bastante brillante. No soy lo bastante inteligente». Entonces piensas: «¿Para qué molestarme?». Pero una vez que te das cuenta de que eres suficiente tal y como eres ahora mismo, ya puedes dar los pasos necesarios para ser aún mejor.

> **No hay nada mejor para tu confianza que enfrentarte al miedo que te controla.**

No creo que nadie quiera fracasar en su misión. Sin embargo, la mayoría de la gente dice sentirse estancada en su vida. ¿Por qué hay tantas personas que se quedan en un lugar donde no quieren estar? Katy Milkman, economista y profesora de la Wharton School de la Universidad de Pensilvania, arroja una luz interesante sobre este tema. Ella afirma que poseemos «barreras internas», la más importante de las cuales es un sesgo hacia el *statu quo*. Esto tiene que ver con la idea de que el ser humano tiende a seguir el camino que ya conoce. Cualquier cambio con respecto a él parece arriesgado, tanto que estamos dispuestos a aceptar un destino peor solo porque nos resulta familiar.[2]

Por este motivo, según mi experiencia, llevar una vida «buena» es una de las situaciones más difíciles de abandonar. Una persona que está satisfecha en un 80 % con su buena vida a menudo se siente demasiado cómoda como para arriesgarse a intentar llevar una vida *excelente*.

¡ACTÚA YA!

Rory Vaden me enseñó una forma útil de afrontar los desafíos. Él sostiene que todo el mundo quiere evitar el dolor, incluso el más leve, como el que produce el aburrimiento. En general, procrastinamos para evitar lo desagradable. Pero la realidad es que no siempre podemos elegir si vamos a experimentar incomodidad. A veces, nuestra única opción es decidir si pasar por ello *ahora* o hacerlo *más tarde,* cuando el dolor se haya acumulado. Con esta mentalidad, el tiempo que pasamos ahora en la incomodidad no nos parecerá un sacrificio, sino una pequeña inversión a corto plazo para un futuro más rico.

Rory llama a esta práctica «subir las escaleras», y afirma: «El camino más corto y seguro hacia una vida fácil es hacer lo más difícil lo antes posible».[3] Fíjate en que esta propuesta no consiste en esforzarse más. De hecho, de este modo estás eligiendo el camino más fácil. Lo que sí requiere es disciplina.

Esta idea encaja a la perfección con un concepto que plantea Greg McKeown, el autor superventas de los libros *Esencialismo* y *Sin esfuerzo.* Greg nos enseña cómo perseguir de forma disciplinada menos cosas, como antídoto contra la disolución de las prioridades. Dicho de otro modo, céntrate en unas pocas cosas importantes y sacrifica todo lo superficial. Tendrás la tentación de descentrarte, claro, pero es entonces cuando debes recordar que estás haciendo lo difícil ahora para evitar otras cosas más difíciles más adelante. Actúa a lo grande para obtener impulso y verás que se produce el cambio.

Si eres una de las muchas personas que luchan contra una o varias formas de procrastinar, no te fustigues. Solo estás actuando desde la supervivencia. Es normal querer conservar la energía. Pero, según Rory, procrastinando solo se conserva la energía física, cuando la mayor parte de la que está involucrada en la toma de decisiones es energía emocional. Hacer ejercicio es un ejemplo perfecto de esto: con frecuencia, la energía emocional invertida en ir al gimnasio es mayor que la física del entrenamiento. Esto se debe a que procrastinamos y exageramos lo dolorosa que será la tarea.

Ahora voy a ser sincero contigo. Algunas veces, *ir a por todas* será doloroso. En alguna ocasión tendrás que dar un salto aterrador hacia lo desconocido.

Katy Milkman y su equipo de investigación han descubierto un fenómeno denominado «efecto nuevo comienzo»,[4] que podría ayudar a la gente a afrontar ciertos desafíos. Digamos que la motivación para cambiar tiende a fluctuar en función de una serie de factores (como el dinero que haya en juego, la energía disponible o el optimismo). Con tantos factores, estas fluctuaciones pueden parecer aleatorias, pero el equipo de Katy halló un patrón. Al parecer, respondemos a ciertos momentos que marcan un nuevo comienzo, como el año nuevo, tu cumpleaños, el primer día en un nuevo trabajo o incluso un lunes. En tales momentos, las personas tenemos tendencia a dar un paso atrás y reflexionar sobre la propia vida, nuestros objetivos o prioridades.

En función de cuál sea el nuevo comienzo, incluso es posible vivirlo como un cambio de identidad. Por ejemplo, cuando alguien cumple dieciocho años puede sentir un cambio, porque pasa a ser legalmente adulto. Este cambio implica nuevas reglas, responsabilidades y privilegios, y puede a su vez inspirar otros cambios. De modo que conocer y aprovechar el poder de este «efecto nuevo comienzo» te permitirá empoderarte para construir de forma intencionada nuevos comienzos en tu vida con más frecuencia y aprovecharlos al máximo.

Otra forma de prepararse para afrontar los retos es recurrir a la regla de los 20 segundos que propone el autor superventas del *New York Times* Shawn Achor. Con esta regla, controlas de forma estratégica la cantidad de energía que requiere iniciar cualquier actividad, y ajustas dicha cantidad según se trate de algo que quieras hacer con mayor o menor frecuencia.[5] Por ejemplo, si tu intención es reducir la frecuencia con la que ves Netflix, podrías borrar la aplicación de tu ordenador y evitar que Netflix inicie sesión de forma automática. De esta manera, si quieres ver esa plataforma tendrás que buscar cada vez la página web en el navegador e introducir tus credenciales para acceder. Este pequeño esfuerzo adicional podría disuadirte de acudir sin pensarlo a Netflix.

En cambio, si lo que quieres es cocinar en casa más a menudo, podrías invertir en comprar verduras lavadas y cortadas, u otros ingredientes ya preparados, para así reducir la cantidad de energía necesaria para emprender esa tarea. En otras palabras, tienes más control del que crees para afrontar un desafío que te permita superar tus miedos o emprender cambios significativos en tu vida.

No hace mucho, me propuse correr la maratón de Los Ángeles. Aunque pasé mucho tiempo entrenando para mejorar mi resistencia, nunca llegué a hacer una prueba completa. De hecho, la semana antes de la maratón corrí unos 21 km (que es la mitad de la distancia total de la maratón) y casi me quedé fuera de combate. Estaba tan dolorido que no corrí en toda la semana anterior a la prueba. Habría sido fácil creer que no estaba preparado y que debía rendirme. Pero, por suerte, ya me había dado permiso para actuar de forma imperfecta y me había comprometido a afrontar el reto.

Lo que me ayudó a seguir adelante fue decirme a mí mismo: «La maratón no va a ser difícil. Va a ser divertida». Y tracé un plan para que lo fuera: decidí que subiría todas las cuestas y pasaría por todos los puntos de avituallamiento caminando. Llegado el día, no me desvié de mi plan: cada vez que había una leve cuesta, caminaba; en cada punto de avituallamiento, caminaba mientras bebía y luego volvía a correr.

Así, a lo largo de 42 kilómetros sonreí a la gente que sostenía carteles en la cuneta y les choqué la mano. Me reí y me maravillé de lo que estaba haciendo mi cuerpo. No intenté competir en ningún momento; me limité a disfrutar del proceso. Y ¿sabes qué? Terminé la maratón en menos tiempo del que pensaba y me sentí genial.

Cuando decidí enfrentarme por primera vez al reto de correr una maratón pensaba que jamás volvería a hacerlo. Sin embargo, apenas unos días después de terminar mi primera maratón local me inscribí en la de Nueva York.

Los retos nos ayudan a trabajar para convertirnos en quienes queremos ser. Yo boxeo en el gimnasio con un tipo cuyo peso ha fluctuado mucho a lo largo de diez años. Cuando le pregunté a su entrenador cuál era el motivo, me explicó que, si el chico no tenía otro reto en cuanto terminaba el que tuviera entre manos, volvía a su antiguo estilo de vida. Ahora mismo se está entrenando para un gran combate, por lo que está comiendo bien y ha perdido mucho peso, pero ya teme recuperar los kilos después del combate, a menos que se plantee otro desafío.

Los retos nos ayudan a trabajar para convertirnos en quienes queremos ser.

Así que ponte retos: aportan constancia a tu vida, fomentan la reflexión y refuerzan la autoconfianza. Ten siempre dos retos entre manos, el que estés afrontando y el siguiente, una vez hayas superado aquel.

Para empezar, aquí tienes algunos ejercicios que te ayudarán a identificar y asumir tus primeros retos.

CAMINO HACIA LA GRANDEZA

Ejercicio 1. Persigue lo imposible

Me di una oportunidad increíble cuando logré subir al escenario ante Tim Ferriss. Al principio, parecía un sueño, algo descabellado. Pero lo conseguí preguntándome: «Para que esto fuera posible, ¿qué tendría que pasar?». Es decir, me permití soñar a lo grande y fui *a por todas*, sin saber si saldría bien. Este ejercicio te ayudará a trazar un plan para lanzarte de lleno a por tu imposible.

PASO 1. IDENTIFICA TU RETO

Vuelve a leer el manifiesto de tu Misión Significativa (página 161). Piensa en el logro definitivo que te pondría en la línea se salida para cumplir esta misión. No te reprimas. Piensa en algo imposible y escríbelo.

PASO 2. PREGÚNTATE QUÉ TENDRÍA QUE PASAR

Mi sueño de ser entrevistado por Tim Ferriss requería trabar relación con su asistente. Por lo tanto, mi primer paso fue aprovechar mis encuentros previos para ponerme en contacto con él. ¿Qué tendría que pasar para que tu sueño imposible se hiciera realidad? ¿Qué pasos puedes dar ahora mismo para acercarte a él? Escríbelo de la forma más específica posible.

1. ______________________________

2. ______________________________

3. ______________________________

4. ______________________________

PASO 3. CONVIERTE LO INCÓMODO EN DIVERTIDO

Algunos de los pasos que acabas de enumerar, si no todos, pueden hacerte sentir cierta incomodidad. Se podría decir que entrar en Toastmasters fue mi peor pesadilla, pero era el paso que debía dar para cumplir mi objetivo, en apariencia imposible: recibir una invitación para hablar en público. Por tanto, para que el proceso sea más llevadero, convierte las tareas incómodas en juegos. Puedes intentar superar tu mejor marca personal o marcarte un plazo para completar una minitarea; incluso convertir en juego el hecho de buscar el lado divertido de situaciones incómodas o agotadoras. Elige uno de los pasos que enumeraste en el Paso 2 y traza un plan para hacerlo divertido.

DÉJATE LLEVAR POR LA CURIOSIDAD

Es posible que hayas tenido dificultades con el último paso. Tal vez has pensado: «Lewis, no lo entiendes: este reto me da pavor». Si ese es tu caso, intenta centrarte en lo que te hace sentir curiosidad por lo que temes. Yo veía a la gente dar discursos increíbles en las películas y pensaba: «Vaya, qué emocionante». Y me preguntaba cómo debía ser estar sobre un escenario e influir en los demás de una manera positiva. Recuerda siempre esa curiosidad, como hice yo cuando los «temas de mesa» en Toastmasters se me hacían demasiado cuesta arriba.

Ejercicio 2. Estrategia a 30 días

El cerebro humano está configurado para pensar en forma de relato. Si te planteas tu vida como un relato, cada nuevo «capítulo» será un nuevo comienzo. Por ejemplo, el día de tu cumpleaños es un nuevo comienzo; tu graduación también; incluso una nueva mañana puede serlo. Este ejercicio parte del concepto de «nuevo comienzo» de Katy Milkman para marcar puntos de referencia en tu agenda.

PASO 1. ELIGE UN OBJETIVO

Elige un objetivo que quieras cumplir en el próximo mes y escríbelo.

PASO 2. DECONSTRUYE TU OBJETIVO

Divide tu objetivo en otros menores. Por ejemplo, si tu objetivo principal es obtener un trabajo más acorde con tu vocación, tus objetivos menores podrían ser actualizar tu currículum, configurar alertas de empleo en las webs más conocidas, buscar posibles puestos de trabajo y rellenar solicitudes. Haz una lista de los pequeños objetivos que debes lograr para alcanzar el principal.

1. ______________________________
2. ______________________________
3. ______________________________
4. ______________________________
5. ______________________________
6. ______________________________
7. ______________________________
8. ______________________________
9. ______________________________
10. ______________________________

PASO 3. CLASIFICA TUS OBJETIVOS MENORES

Entre los objetivos menores que has enumerado, ¿cuáles crees que puedes cumplir en un plazo de tres días?

1. ______________________________
2. ______________________________
3. ______________________________

4. ______________________________

5. ______________________________

Entre los objetivos menores que has enumerado, ¿cuáles crees que podrías cumplir en una semana?

1. ______________________________

2. ______________________________

3. ______________________________

4. ______________________________

5. ______________________________

Entre los objetivos menores que has enumerado, ¿cuáles serías capaz de cumplir en 30 días?

1. ______________________________

2. ______________________________

3. ______________________________

4. ______________________________

5. ______________________________

PASO 4. MARCA LOS NUEVOS COMIENZOS

Crea un esquema en tu agenda para marcar los puntos de control de tres días, una semana y 30 días. Puedes utilizar pegatinas, un símbolo o una palabra significativa para que resulte más visual. Intenta elegir algo festivo. ¡Son tus nuevos comienzos!

Vuelve a este ejercicio y ve tachando los pequeños objetivos a medida que los vayas completando en cada plazo.

PASO 5. REFLEXIONA

Vuelve a este espacio a los tres días, al cabo de una semana y al finalizar los 30 días, para reflexionar sobre el tiempo que acaba de pasar y poner por escrito tus pensamientos. Utiliza las siguientes preguntas para generar ideas si te bloqueas:

- ¿Cómo te sientes respecto a lo que has conseguido?
- ¿Cambiarías algo en tu forma de invertir el tiempo?
- ¿Has dedicado demasiado tiempo a alguna de las tareas?
- ¿Qué ha sido lo más difícil de trabajar con este plazo?
- ¿Hay algo que quieras hacer de manera diferente para la próxima fecha límite?

PROTEGE TU TIEMPO

En general, es mejor fijarse plazos ajustados, ya que esto te obliga a aceptar la imperfección. Por ejemplo, si quieres redactar una entrada de blog, puedes darte tres días para completar un borrador, revisarlo y publicarlo. El objetivo es actuar y ver qué resultados puedes obtener. De esta manera no solo proteges tu tiempo, también generas impulso y refuerzas tu confianza cada vez que cumples un objetivo y llegas a un nuevo comienzo.

Capítulo 15

DEFINE TUS OBJETIVOS DE GRANDEZA

Desde que era niño, siempre me han inspirado los Juegos Olímpicos. Unos meses después de que me quitaran la escayola y me instalara en el sofá de mi hermana, pasé dos semanas enteras viendo los de Pekín 2008, día y noche. Michael Phelps fue la estrella indiscutible de aquellos juegos, ganó una medalla tras otra. Se batieron récords olímpicos en diferentes disciplinas. Y allí estaba yo, en el sofá, preguntándome si alguna vez volvería a practicar algún deporte.

Entonces, una noche, alrededor de las 3 de la madrugada, vi los momentos más destacados del balonmano. Me quedé impresionado. Nunca había oído hablar de aquel deporte, pero me picó la curiosidad y busqué en Google todo lo que pude sobre esa disciplina.

En Europa es un deporte importante, pero en Estados Unidos lo practican muy pocas personas. Es una mezcla entre el baloncesto y el *lacrosse* o el fútbol, pero usando las manos. Los partidos son muy rápidos y solo duran 60 minutos. Los jugadores lanzan un minibalón de fútbol a una pequeña portería, e intentan anotar más goles que el equipo contrario. Se parece al baloncesto, pero se pueden dar tres pasos antes de driblar, pasar o lanzar.

Tuve claro que este era el deporte que estaba destinado a practicar. Acababa de retirarme del fútbol americano, pero no sentía que hubiera terminado mi carrera como deportista. Así que empecé a buscar en Google, a enviar correos electrónicos y a llamar a gente para averiguar cómo formar parte de algún equipo de balonmano estadounidense. Quería participar en los Juegos Olímpicos. Quería jugar con el equipo de mi país.

Descubrí que no había equipos en Ohio, donde yo vivía. Ni siquiera existía una liga profesional en Estados Unidos. Lo único que había eran equipos de clubes por todo el país, y el mejor estaba en Nueva York. Descubrí que nadie cobraba por jugar, que lo hacían solo por diversión. Pero no me importaba. Tenía que encontrar la manera de ganar el dinero suficiente como para mudarme a Nueva York, aprender a jugar al balonmano, jugar con ese equipo y entrar en la selección nacional de Estados Unidos para ir a los Juegos Olímpicos.

Como ya habrás adivinado, fui *a por todas*. Me obsesioné. Contacté de forma repetida con la federación estadounidense de este deporte, pero era casi imposible hablar con alguien por teléfono o que me respondieran a un correo electrónico. A principios de 2010, dos años después, por fin había ganado el dinero suficiente con mi negocio de marketing digital para viajar a Nueva York. Seguía sin poder contactar con nadie, pero encontré la web del New York City Handball Club. No tenían correo electrónico ni número de teléfono, solo la dirección física del lugar donde entrenaban.

Iba a pasar un mes en Nueva York dando un par de conferencias, así que decidí que me presentaría en ese club de balonmano y vería qué hacer. Al llegar descubrí que era el único nacido en Estados Unidos: había unos 30 jugadores de todos los países de Europa que hablaban una gran variedad de idiomas.

Probé con un abordaje directo:

—Hola, me llamo Lewis y soy de Ohio. Estoy aquí para aprender a jugar al balonmano, entrar en la selección nacional de Estados Unidos e ir a los Juegos Olímpicos.

Se rieron de mí.

Empezaron a hablar entre ellos en todos los idiomas menos en inglés. Por fin, alguien hizo de intérprete:

—¿Quién eres? Tienes mucho descaro. El fin de semana pasado ganamos el campeonato nacional y este es nuestro último entrenamiento del año. Solo lo hacemos por diversión. Hoy jugaremos al fútbol, ni siquiera practicaremos balonmano. Vuelve dentro de tres meses, cuando empecemos a entrenar de nuevo.

Les dije que volvería y empecé a entablar relación con algunos de los chicos. Uno de ellos me enseñó un poco a prepararme para la siguiente ocasión. Al final me quedé en Nueva York y unos meses más tarde empecé a entrenar con ellos.

No lo dudé ni un momento, acepté el reto e hice algo que me resultaba incómodo: mudarme de ciudad para aprender un deporte nuevo que nunca había practicado y entrenar con gente de diferentes orígenes y experiencias culturales. Hablaba otro idioma, pero estaba decidido.

Empecé a entrenar con regularidad. Tenía ciertas habilidades, gracias a mi experiencia con el fútbol americano, pero no era un jugador demasiado hábil. La operación a la que me había sometido un par de años antes hacía que aún no estuviera en plena forma, y aun así tenía capacidad atlética y estaba dispuesto a esforzarme cuanto hiciera falta.

Nueve meses después de llegar a Nueva York entré en el equipo nacional de Estados Unidos y fui al Campeonato Panamericano en Buenos Aires (Argentina), para disputar mi primera competición internacional. Estaba un paso más cerca de hacer realidad mi sueño. Y me volví aún más obsesivo.

Al final jugué nueve años con la selección nacional de Estados Unidos, representando a mi país mientras desarrollaba mi negocio. Jugué en España durante un tiempo, en un equipo profesional. Me dediqué *en cuerpo y alma* a este deporte y llegué a jugar en todo el mundo: Israel, Reino Unido, Luxemburgo, Brasil, Uruguay, México, Canadá y por todo Estados Unidos.

La dificultad para llegar a los Juegos Olímpicos era que solo había una forma de hacerlo: clasificarse en los Juegos Panamericanos, un torneo que se celebra cada cuatro años. En la mayoría de los deportes olímpicos, casi todos los países pueden enviar un equipo o un representante. Pero en el caso del balonmano solo puede clasificarse un equipo en todo el continente americano. Así que todos los países de América del Norte y del Sur se reúnen en una especie de olimpiadas de medio mundo para determinar cuál será ese equipo. Por lo tanto, hay que ganar los Juegos Panamericanos de balonmano si quieres clasificarte para los Juegos Olímpicos.

Brasil, Argentina y Chile tienen ligas profesionales. Llevan años jugando y poseen mucho talento, pero en Estados Unidos todos éramos amateurs. Con independencia de lo bueno que pudiera llegar a ser yo, el equipo tenía que ganar. No era imposible, pero sí muy difícil. Sin embargo, siendo el país anfitrión de los Juegos Olímpicos habríamos obtenido la clasificación automática. Se intentó en 2016 y 2020, sin éxito. Pero los Juegos Olímpicos se celebrarán en Los Ángeles en 2028, ¡así que todo es posible! En cualquier caso, uno de los momentos de mayor orgullo de mi vida fue jugar en el equipo de Estados Unidos.

CUANDO NO TE MARCAS OBJETIVOS

Si no te fijas unas metas, te resultará difícil alcanzar la grandeza, porque no tendrás una idea clara de hacia dónde te diriges. Cuando no ves con claridad tu dirección, no puedes trazar una estrategia para llegar. En el fútbol americano, por ejemplo, el objetivo es ganar el partido llevando el balón a la zona de anotación y consiguiendo los puntos necesarios. Sin este objetivo por el que luchar y una estrategia para alcanzarlo, los jugadores se limitarían a deambular sin rumbo por el campo. Y no sería divertido ni para ellos ni para el público.

> **Si no te fijas unas metas, te resultará difícil alcanzar la grandeza.**

Como deportista, siempre he pensado que es muy inteligente ponerse metas. Me he marcado objetivos para cada etapa de mi vida y de mi carrera deportiva. Es lo que me proporciona el enfoque y la determinación para llegar adonde deseo.

Tras dejar el deporte profesional y mientras intentaba decidir qué hacer con mi vida, me di cuenta de que no gozaba de la misma seguridad en mí mismo fuera del campo. Gran parte de mi confianza provenía de tener claras mis metas y las estrategias para alcanzarlas. Pero sin un objetivo al que aspirar se me desdibujó el foco y me sentí perdido. Tal vez te identifiques con esto que te estoy contando.

Es necesario tener objetivos definidos, así como el enfoque y el impulso necesarios para alcanzarlos. Si no estás obteniendo los resultados que deseas, lo más probable es que debas reevaluar tus objetivos y tu enfoque. Sin objetivos claros, es fácil que los valores y objetivos de otras personas te distraigan. Como de costumbre, Rory Vaden va directo al grano:

> Solo tienes que decidir qué estás dispuesto a hacer y qué quieres conseguir, y darte cuenta de que, hasta que no lo logres, todo lo demás es una distracción. Pero tener enfoque es tener poder. Cuando el enfoque se diluye, los resultados también lo hacen. La mayoría de la gente obtiene resultados diluidos en su vida, y no porque no sea lo bastante inteligente o hábil, sino porque se distrae. Esas personas permiten que su tiempo, atención y recursos se fragmenten. Lo que necesitas para avanzar es energía bien enfocada.[1]

En otras palabras, un enfoque difuso equivale a resultados ambiguos. Esto es especialmente cierto a medida que vas teniendo éxito y aparecen más posibles distracciones y prioridades contrapuestas. No obtendrás los resultados que deseas si no te centras al máximo en tu Misión Significativa.

Eso es lo que lleva a mucha gente a sentir que no progresa. El doctor Benjamin Hardy, coautor de *The gap and the gain* junto a Dan Sullivan, me lo describió de esta manera:

> Una de las cosas que lleva a las personas al agotamiento es gastar mucha energía sin sentir que están progresando. Llegar a una meta me proporciona mucha energía. Lograr un objetivo, también. Es emocionante. Si te fijas unos plazos, consigues resultados y te ves triunfar, adquieres confianza, porque te comparas con quien eras antes de alcanzar ese objetivo y no con tu ideal. Cuando ves que avanzas, te emocionas. El éxito genera confianza y motivación. Ver como consigues victorias, grandes o pequeñas, te da energía.[2]

Tal vez no haya un lugar donde una estrategia bien enfocada sea tan crucial como en el ejército. El ex Navy SEAL Jason Redman me contó que, cuando identifican un objetivo, lo desglosan para saber adónde van y a qué se enfrentan. También trazan un plan muy definido sobre cómo llegar allí. Se desglosa cada acción y se planifica cada contingencia para que no haya desviaciones del plan. En otras palabras, fijan objetivos y los respaldan con un plan de acción.

> **Si no estás obteniendo los resultados que deseas, lo más probable es que debas reevaluar tus objetivos y tu enfoque.**

Jason me contó que es un proceso muy parecido al que vivió cuando, siendo niño, decidió que quería convertirse en Navy SEAL. Como sabía cuál era su objetivo, pudo trazar una estrategia clara para alcanzarlo. Tendría que alistarse en la Marina, ser aceptado, conseguir un contrato como SEAL y superar las pruebas de selección y otra académica, específica, con una puntuación lo bastante alta.[3]

Al desglosar el recorrido de esta forma le resultó más fácil ver el rumbo que debía seguir para alcanzar su objetivo. A ti también te funcionará. Puedes abordar tus objetivos con facilidad paso a paso, avanzando poco a poco hasta llegar donde quieres estar.

En lugar de vagar sin rumbo por la vida, te reto a que te tomes el tiempo necesario para definir tus objetivos y trazar la estrategia para cumplir tu Misión Significativa.

MI PROCESO PERSONAL PARA MARCARME OBJETIVOS

Soy un gran entusiasta de la técnica de planificar mis objetivos, algo que aprendí a valorar gracias a mi entrenador de fútbol americano. Al comienzo de la temporada, fijaba nuestros objetivos como equipo planteándonos preguntas.

Preguntaba, por ejemplo: «¿Cuál es nuestro objetivo, equipo? ¿Qué queremos lograr? ¿Queremos ganar el campeonato? ¿Queremos llegar a los *playoffs*? ¿Cuántos partidos queremos ganar? ¿Queremos mejorar en cada puesto?».

Así establecíamos nuestros objetivos comunes.

Recuerdo que el primer día de entrenamiento me encontré un horario en mi taquilla, como cada persona del vestuario. Yo tenía quince años y era la primera vez que veía una programación como aquella, con cada minuto planificado con acciones específicas para ayudarnos a alcanzar el objetivo del día. Había un descanso de 5 minutos para beber agua; otro de 10 minutos para estirar. Había una sección de ataque y otra de defensa. Con aquella planificación podíamos medir los objetivos y ver con facilidad lo lejos o cerca que estábamos de alcanzarlos. Todo estaba contabilizado y programado.

En aquel momento pensé: «Tengo que hacer esto con mi vida». Y jamás he dejado de hacerlo.

Incluso después de dejar el deporte profesional, no entendía cómo podía haber gente que no se marcara objetivos ni siguiera un plan para cumplirlos. He utilizado ese sistema durante los últimos 20 años. Todo lo que pretendo hacer tiene que estar en mi agenda. Si quiero hablar con mi madre, lo apunto en la agenda. Si quiero hacer ejercicio, lo apunto en la agenda. Si estoy escribiendo un libro, está en la agenda. Y no se trata de elaborar una lista de cosas que quiero hacer durante el día para luego olvidarme. Para nada, vivo cada minuto según mi agenda. Esto me aporta claridad en la vida y me garantiza estar dando los pasos necesarios para alcanzar mis objetivos.

He descubierto que una de las cosas que más influyen en mi planificación es cómo empiezo el día, así que he desarrollado una rutina mañanera personal que me permite ser siempre lo más productivo posible.

Para empezar bien el día, necesito:

- **Dormir**. Entre siete y ocho horas de sueño reparador influyen en mi energía y concentración durante todo el día.
- **Hacerme la cama**. Es un pequeño logro nada más despertarme que me da impulso para alcanzar el éxito.
- **Mover el cuerpo**. Hacer ejercicio me ayuda a limpiar mente y cuerpo.

- **Darme una ducha fría**. Esto me hace sentir despierto y vivo, además de ser muy bueno para el sistema inmunitario.
- **Meditar**. Liberar la tensión y expresar gratitud me aclara la mente.

Una buena rutina matinal marca el tono para el resto del día; te permite controlar y organizar mejor tus horarios. Cuanto más positiva sea la primera hora, más productivo resultará el resto del día. Cuando actúas desde la creación y no desde la reacción, eres tú quien *construye* tu vida, en lugar de dejar que tu vida te construya a ti de forma negativa.

Cuando actúas desde la creación y no desde la reacción, eres tú quien *construye* tu vida, en lugar de dejar que tu vida te construya a ti de forma negativa.

Tras haber entrevistado a muchísimos profesionales de prestigio que están alcanzando sus metas y persiguiendo sus sueños, he comprobado que trabajan en esos sueños y metas siguiendo una planificación y una estructura, e incorporando elementos clave como la responsabilidad y el acompañamiento en todo el proceso.

Según Katy Milkman, la investigación en este ámbito ha demostrado que se obtienen mejores resultados siguiendo una planificación, en lugar de limitándose a esperar a que las cosas sucedan. Planificar el éxito es, pues, fundamental. ¿Qué vas a hacer y cuándo? Milkman afirma que también es clave hacer previsiones del tipo «si/entonces». Según una investigación de Peter Gollwitzer, que estudió cómo planifican sus objetivos los seres humanos, quienes más los cumplían habían seguido una estructura y habían previsto los detalles. Gozaban de mayor propensión a alcanzar sus objetivos si usaban expresiones del tipo: «Si ocurre X, entonces haré Y». Por ejemplo: «*Si* es lunes y son las 5 de la tarde, *entonces* iré al gimnasio a entrenar para la maratón». Por lo tanto, en lugar de centrarte en los resultados y tener en la cabeza lo que hay que hacer, tendrás una mayor propensión a actuar si especificas las horas y los detalles concretos.

Hacer un seguimiento de tus objetivos y ver la transformación que provocan tus acciones también es clave para afianzar un cambio de conducta. Milkman explicó que, si no podemos ver con facilidad en qué punto del camino nos encontramos, resulta difícil recompensarnos, lo cual es importante para sentir que nos realizamos a medida que avanzamos.[4]

UN SISTEMA DE ALTO RENDIMIENTO PARA ALCANZAR LA GRANDEZA

Los objetivos pueden variar según las etapas de la vida. Cuando practicaba deporte, mi objetivo era estar en la mejor forma física posible. Cuando vivía en el sofá de mi hermana, mi objetivo pasó a ser levantarme de allí y llevar una vida productiva.

Todo empieza con tu declaración de Misión Significativa para esta etapa de tu vida. Recuerda que no tener una Misión Significativa clara es el mayor enemigo de la grandeza. Es crucial ponerla por escrito y mantenerla a la vista mientras buscas marcarte unos objetivos que te ayuden a alcanzarla. Sin ella no tendrás guía ni dirección, ni nada por lo que luchar. ¿Quién eres? ¿Qué quieres crear? Una vez que logras controlar tu visión, tu misión y tus objetivos, puedes empezar a vivir una vida con intención en cada momento del día y preguntarte: «¿Qué estoy haciendo hoy para contribuir a mi misión?».

A lo largo de mi vida he hallado mucho poder en la simplicidad del número tres. De hecho, desarrollé una forma de trabajar el rendimiento centrándome en él: tres jugadores, tres objetivos y tres preguntas. Me serví de este sistema para crear el **Greatness Performance System (GPS)** o «sistema de alto rendimiento para alcanzar la grandeza», es decir, mi plan estratégico vital.

Me gusta pensar en los diferentes ámbitos de la vida como si fueran tres jugadores que tengo en el campo en un momento dado: los negocios, las relaciones y el bienestar. Puede ser tentador centrarse solo en uno o dos de estos ámbitos, pero los tres son cruciales para alcanzar un éxito duradero. Si no gozas de buena salud, tus relaciones y tus negocios se acabarán resintiendo. Si tus relaciones no son estimulantes, te distraerán y harán fracasar tu negocio. Pero si tu bienestar y tus relaciones progresan, tus sueños profesionales o empresariales estarán en condiciones de alcanzar el éxito. Priorizo así estos tres actores para posicionarme mejor en mi camino hacia la grandeza.

Cada jugador debe prestar atención en tres áreas distintas para gozar de equilibrio y salud:

- **Negocios**: Ingresos, Influencia, Impacto.
- **Relaciones**: Personales, Profesionales, Comunidad.
- **Bienestar:** Físico, Mental, Emocional.

Suelo seguir un proceso para establecer mis objetivos principales en cada área, de modo que obtengo nueve en total. El problema es que son demasiados para poder prestarles toda mi atención, así que en ese punto elijo el objetivo más importante para cada jugador (negocios, relaciones o bienestar) y me centro solo en alcanzar esos tres en un momento determinado.

Mucha gente siente que se atasca en la consecución de sus objetivos, y creo que es porque no se han fijado esas metas de la forma correcta, entre otras cosas porque tienen demasiadas, y acaban con una lista de tareas pendientes abrumadora. Por contradictorio que pueda parecer, hay que centrarse en menos objetivos para conseguir más. Eso no significa que debamos ignorar ciertas áreas de la vida, sino que no han de ser el centro de atención en cuanto a los objetivos que uno persigue.

Una vez que he elegido mis tres objetivos principales (uno para cada jugador), me hago tres preguntas cruciales:

- **¿Qué quiero?** Responder a esta pregunta me obliga a aclarar mi visión y el fin que tengo en mente.
- **¿Por qué lo quiero?** Responder a esta pregunta me ayuda a reconectar con mi Misión Significativa y a aprovechar mi motivación profunda para actuar. A veces, cuando me planteo esta pregunta, me cuesta responder, lo que puede indicar que necesito hacerme otra: ¿de verdad lo quiero?
- **¿Cuál es el siguiente paso?** Esta pregunta hace que me concentre en la siguiente acción que debo poner en práctica

para seguir avanzando. No he de saber qué haré dentro de seis meses, solo lo que tengo que hacer ahora para seguir avanzando.

Usar el «poder de tres» en este sistema de alto rendimiento me permite centrarme en todos los ámbitos de mi vida y fijar objetivos específicos para alcanzar la grandeza. Así puedo planificar los próximos pasos y dividir mis objetivos en acciones diarias y factibles. Me encanta ver a los miembros de nuestra comunidad Greatness Coaching aplicar el proceso GPS (de eficacia probada) a sus vidas y negocios para experimentar un éxito sin precedentes. Y estoy deseando escuchar tus historias sobre lo que consigues al aplicarlo en tu propio viaje hacia la grandeza.

CAMINO HACIA LA GRANDEZA

Las personas que forman parte de nuestro programa Greatness Coaching pueden utilizar un manual de estrategias que hemos creado con el fin de guiarlas en el proceso de fijar y cumplir objetivos para obtener resultados. A continuación, encontrarás una pequeña parte de una serie más amplia de ejercicios orientados a establecer objetivos; esto te ayudará a empezar y a planificar tus metas empleando los paradigmas que acabo de exponer.

Ejercicio. Tu plan para fijar objetivos GPS

Para cada jugador y las nueve áreas, responde a cada una de las siguientes preguntas:

1. ¿Cómo quiero que sea mi vida en este ámbito dentro de tres años?

   Esta pregunta sobre los propios sueños hace volar la imaginación. Responde como si no hubiera nada que impidiera que se hiciera realidad. No se trata de algo formal, no es necesaria una excesiva pulcritud ni una absoluta corrección gramatical; simplemente deja fluir tu imaginación.

2. ¿Por qué lo quiero?

   A veces creemos que queremos algo hasta que nos atrevemos a profundizar en por qué lo queremos. Al hacerlo, puede que descubramos que en realidad no lo deseamos. Otras veces, es posible acceder a una motivación más profunda que nos impulse a avanzar hacia ese objetivo. Tal vez tengas que hacerte esta pregunta varias veces para llegar de verdad al corazón de tu motivación.

3. Basándote en tus respuestas, ¿cuál es el objetivo más importante para cada una de tus nueve áreas?

NEGOCIOS

Ingresos

Objetivo: ____________________

____

____

Influencia

Objetivo: ____________________

____

____

Impacto

Objetivo: ____________________

____

____

RELACIONES

Personales

Objetivo: ____________________

____

____

Profesionales

Objetivo: ____________________

____

____

Comunidad

Objetivo: ____________________

____

____

BIENESTAR

Físico

Objetivo: ____________________

____

____

Mental

Objetivo: ____________________

____

____

Emocional

Objetivo: ______________________________

____

____

4. Elige un solo objetivo para cada jugador (negocios, relaciones, bienestar). A continuación, responde a las tres preguntas siguientes respecto a cada objetivo para posicionarte y ser capaz de pasar a la acción. Repite el proceso a medida que des los siguientes pasos; de este modo seguirás aportándote la claridad que necesitas para continuar avanzando.

    1. ¿Qué quiero?
    2. ¿Por qué lo quiero?
    3. ¿Cuál es el siguiente paso?

Capítulo 16

BUSCA APOYO

Una de las razones por las que el deporte siempre ha sido una parte importante de mi vida es que me ha aportado una sensación de comunidad. Tener a un equipo que me apoyaba hacía que estuviera preparado para mantenerme firme ante la adversidad. Cuando aparecían las dificultades tenía a compañeros de equipo que me animaban, igual que yo los animaba a ellos para cumplir nuestros objetivos.

Cuando dejé el deporte echaba de menos ese apoyo, hasta que descubrí el CrossFit. Empecé a ir al gimnasio cuatro o cinco días por semana, porque volví a sentir la responsabilidad de formar parte de un grupo que entrenaba junto. No era solo que hubiera un entrenador que guiaba y alentaba a la clase, sino que todos mis compañeros se animaban y apoyaban mutuamente para seguir avanzando. Como resultado, el CrossFit me ayudó mucho a mantenerme fiel a mis objetivos de salud durante bastantes años.

Tanto si tu objetivo se sitúa en el ámbito de los negocios como en el de las relaciones o el bienestar, «responsabilidad» y «apoyo» son las palabras mágicas que pueden marcar la diferencia entre el éxito y el fracaso.

En lo que respecta a la responsabilidad, hay, como cabe esperar, tres niveles:

1. Responsabilidad hacia uno mismo.

2. Responsabilidad hacia otra persona.
3. Responsabilidad hacia la comunidad.

Responsabilidad hacia uno mismo: este primer nivel tiene que ver con el orgullo personal y la integridad que conlleva responsabilizarse de uno mismo. La mayoría de la gente pasa por alto el valor de este nivel porque se subestima a sí misma y da poca importancia a su propia voz y a su orgullo personal a la hora de cumplir sus compromisos. Pero una vez que aprendes a apreciar quién eres ahora y en quién te estás convirtiendo puedes aprovechar tu integridad personal para valorar y mantener tu palabra. ¿Estás definiendo tu identidad en torno a tu integridad personal? En otras palabras, ¿eres alguien que dice «haré esto» y luego lo hace? ¿O eres el tipo de persona que dice una cosa y hace otra, en especial cuando se trata de ti?

Tu palabra respecto a ti lo es todo. Si la mantienes, forjas autoestima, autoconfianza y amor propio. Imagina poder decirte al final de cada día: «Siento orgullo por hacer lo que dije que haría». Así es como actúa la responsabilidad en relación con tu orgullo personal e integridad. Esta debería ser realmente la base, pero la vida sigue y surgen retos y nuevas responsabilidades. Y aquí es donde entran en juego los otros dos niveles.

Una vez que aprendes a apreciar quién eres ahora y en quién te estás convirtiendo, puedes aprovechar tu integridad personal para valorar y mantener tu palabra.

Responsabilidad hacia otra persona: me gusta referirme a esta otra persona como «compañera/o de responsabilidad». Puede ser un amigo, tu pareja, tu cónyuge, un entrenador o cualquier otro tipo de profesional. Por ejemplo, si quieres comprometerte con un amigo a tener una mayor actividad juntos, puedes quedar con él para salir a caminar todas las mañanas. La clave es que busques de forma específica su apoyo para sentir la responsabilidad que te ayude a dar el siguiente paso hacia un objetivo. En los días en los que te cueste actuar por orgullo personal o por integridad (y cualquiera tiene días así), esta persona puede alentarte y hacerte asumir la responsabilidad de seguir adelante.

Cuando Katy Milkman me explicó el poder de la responsabilidad y por qué funciona, me presentó el concepto de «dispositivos de compromiso»:[1] consecuencias o sanciones que nos autoimponemos para mantenernos en el buen camino. Nos acostumbramos a cumplir los límites que nos imponen los demás (piensa en los límites de velocidad y las multas por excederlos). Pero, al parecer, también respondemos bien a los límites y consecuencias que nos autoimponemos. De este modo, cuando le das permiso a alguien para que te pida explicaciones estás creando un dispositivo de compromiso que puede implicar una penalización en forma de vergüenza o bochorno por decepcionar al otro, o algún otro tipo de consecuencia que preferirías evitar.

Cuando estaba en mi peor momento (sin trabajo, recuperándome de una lesión y con una falta absoluta de autoconfianza) tanto mi hermana como mi hermano me hicieron un regalo increíble: apelaron a mi responsabilidad. Mi hermana me dijo: «Vale, Lewis, ya has dormido en este sofá el tiempo suficiente; es hora de que te vayas o empieces a pagar un alquiler».

Al principio pensé que podría mudarme al sofá de mi hermano, pero él me dijo lo mismo. Solo eran 250 dólares al mes, pero me obligaba a hacer planes, ganar dinero y, en definitiva, ponerme en marcha para ser capaz de pagarles ese alquiler. Si no lo hacía, fracasaría, y mis hermanos lo sabrían. Y la vergüenza y las demás consecuencias potenciales superaban la incomodidad de cualquier cosa que pudiera surgir al asumir ese riesgo. Así que me puse manos a la obra.

Responsabilidad hacia la comunidad: una comunidad puede surgir de muchos lugares distintos: clubes, asociaciones, iglesias, grupos de apoyo, etc. Puede ser formal o informal, con un funcionamiento muy estructurado o más distendido, y reunirse e interactuar con frecuencia o no, en función de la necesidad. La clave es reconocer que, en el fondo, somos seres sociales que respondemos bien a la presión positiva de nuestros semejantes. Cuando sabes que otras personas cuentan contigo, fallar supone admitir una falta de compromiso hacia los demás.

Según el experto en productividad Thomas Frank, un subgrupo dentro de la responsabilidad comunitaria es la que se da ante un equipo, donde el éxito del grupo *depende* de tu rendimiento. Puede tratarse de tus socios comerciales, colegas de trabajo o incluso miembros de tu familia. La responsabilidad ante un equipo puede ser especialmente intensa, porque no solo has de admitir tu fracaso ante el grupo, sino que tu fracaso es el de todos. Por eso los retos son tan eficaces cuando se asumen en comunidad, sobre todo si se vinculan al éxito del equipo.[2]

Por ejemplo, puedes participar en un reto para perder peso en 30 días con un grupo de personas que compartan una recompensa por su éxito o sufran algún tipo de consecuencia compartida por su fracaso. Así, el efecto compartido de equipo se convierte en un poderoso aliciente para que todo el mundo dé un paso adelante y ayude al equipo a lograr una victoria compartida. Recuerda, aprovechar el poder de la comunidad puede darte el impulso necesario para alcanzar tus objetivos de grandeza.

Aprovechar el poder de la comunidad puede darte el impulso necesario para alcanzar tus objetivos de grandeza.

Te pongo algunos ejemplos de cómo operan estos tres niveles de responsabilidad. Por ejemplo, cuando jugaba al fútbol americano tenía mis propios objetivos, como anotar un determinado número de *touchdowns* en una temporada. Y me esforzaba al máximo para cumplir ese objetivo. Eso sería mi responsabilidad personal. Mi entrenador también estaba ahí para hacerme rendir cuentas cada día de entrenamiento. Si no aparecía o no daba el cien por cien, había consecuencias: correr varios kilómetros o incluso quedarme en el banquillo todo el partido. Por otro lado, no quería decepcionar al equipo por no dar lo mejor de mí, así que la comunidad me alentaba y me motivaba para progresar.

Otro ejemplo es la relación con mi novia. Ella es, como es lógico, fundamental para ayudarme a ver si me mantengo fiel a mi rumbo. Primero observo mis sentimientos y hago autoanálisis para asegurarme de que me soy fiel y que siempre actúo con integridad.

Después revisamos juntos cómo vamos y hablamos de cómo nos sentimos. Soy testigo en tiempo real de cómo influye mi forma de estar presente en la relación, es decir, mi apertura emocional, mi intimidad, mi conexión y mi capacidad para estar ahí. Si eso falla durante un tiempo, se producirá una desconexión en mi relación.

También cuento con el apoyo de un terapeuta, al que veo cada dos semanas, para procesar mis emociones, reflexionar y definir mejor dónde me encuentro en lo personal. Y, por último, cuento con la ventaja de recibir aportaciones valiosas de nuestro grupo de amigos. Intento rodearme de amistades dispuestas a hablar con honestidad sobre mi vida y hacerme ver si detectan algún motivo de preocupación.

En todos los ámbitos de la vida podemos poner intención a la hora de establecer y supervisar estos tres niveles de responsabilidad, para asegurarnos de que actuamos y hacemos lo que decimos que queremos hacer en aras de nuestra Misión Significativa.

AYUDA PROFESIONAL

Yo recurro de forma constante a la ayuda profesional. Puede tratarse de terapeutas, entrenadores, pastores o mentores. Se trata de buscar expertos en una habilidad por la que quieras rendir cuentas. Este tipo de apoyo puede ser fundamental para tu éxito, ya que te brinda la oportunidad de aprender nuevas habilidades o, como mínimo, de salir de tu cabeza para obtener una perspectiva nueva y valiosa. Pero es útil pensar en ellos más como «entrenadores de responsabilidad» que como «colegas de responsabilidad».

El otro aspecto a tener en cuenta en cuanto a reforzar el mecanismo de responsabilidad con un profesional es que no suele ser barato. Yo contrato a entrenadores para que me ayuden a mantenerme en forma, y funciona: al pagar por sus servicios, sé que sería ridículo faltar a una sesión por la que ya he pagado. Pero si no puedes permitirte a un profesional te animo a que busques otras opciones, como organizaciones comunitarias o sin ánimo de lucro que puedan ayudarte.

«Los deportistas olímpicos tienen entrenadores. ¿Por qué íbamos a pensar que los demás podemos prescindir de ellos?». Jen Sincero, autora del bestseller *You are a badass*, me sorprendió con esta interesante pregunta cuando la entrevisté.[3] ¿Por qué nos sorprende fracasar cuando intentamos desarrollar habilidades partiendo de cero? Si te detienes a verlo tal y como es, parece evidente que se trata de una cuestión de orgullo. Incluso Tom Brady tenía a todo un equipo de entrenadores y expertos a su alrededor.

Cuantas más capas de responsabilidad establezcas, más probable será que cumplas con tu compromiso.

Lo mismo ocurre con la estrella del tenis Novak Djokovic, que ha participado dos veces en *The School of Greatness*. He visto con mis propios ojos cómo trabaja su equipo profesional para asegurarse de que cumple con sus rutinas de estiramientos o recuperación, y que duerme lo necesario tras cada partido. Viaja a todas partes con un tráiler personalizado que alberga un completo sistema de recuperación, incluyendo sauna y todo lo necesario para seguir su plan de entrenamiento.

Jen señaló que, aunque recurrir a profesionales puede no ser barato, a la larga nos ahorran tiempo y dinero, ya que cuentan con la experiencia necesaria para ayudarnos a progresar mucho más rápido de lo que lo haríamos por nuestra cuenta. Yo he descubierto que soy capaz de mejorar en algunos ámbitos solo, pero no lo sé todo y, en especial, no sé lo que no sé. Un profesional puede ayudarte a ver lo que tú no ves, así como a aprender lo que ni siquiera sabes que se puede aprender. Por eso suelo recurrir a coaches profesionales para que me ayuden a mejorar en mis negocios, mis relaciones y mi bienestar.

El acompañamiento profesional ni siquiera tiene que hacerlo una persona. A veces, cuando estoy de viaje, utilizo una aplicación online que me propone rutinas de entrenamiento, planificación de las comidas y consejos sobre estado mental, meditación y sueño. Me ayuda a responsabilizarme porque me proporciona un calendario con todas las fechas en las que tengo que hacer ejercicio. Y al final de cada entrenamiento me obliga a hacerme una foto para demostrarme que he cumplido el objetivo. En mi caso, lo único que quiero es asegurarme de llegar a la foto.

Otro ejemplo podrían ser aplicaciones como Mint.com o herramientas similares, que te permiten controlar tus finanzas sin contratar a un profesional. Las opciones para obtener ayuda son infinitas, y te garantizo que la necesitarás de una forma u otra a medida que avances en este viaje hacia la grandeza.

La neurocientífica cognitiva Caroline Leaf defendió en mi programa que la terapia es uno de los mejores sistemas de apoyo que existen. Siempre he resaltado el valor de los terapeutas, pero también hay que ser consciente de que no harán el trabajo por ti. Como señaló Caroline, «sigues viviendo contigo las 24 horas del día».[4]

Por eso siempre son necesarios todos los niveles de responsabilidad, incluso al contratar ayuda profesional. Como ya he dicho, tú estás a cargo de ti. ¡Y eso es una buena noticia! Cuantas más capas de responsabilidad establezcas, más probable será que cumplas tu compromiso. Experimenta y descubre qué combinaciones funcionan mejor para ti.

PELIGROS QUE DEBES EVITAR

Hay varios aspectos a tener en cuenta a la hora de obtener apoyo y establecer mecanismos de responsabilidad. En general, es difícil equivocarse, pero aquí tienes algunas recomendaciones, basadas en mi experiencia, que pueden ayudarte a sortear obstáculos en el camino.

En primer lugar, evita elegir colegas de responsabilidad que no sean gente divertida. Parece una tontería, pero cumplir objetivos no tiene por qué ser una tarea aburrida. He descubierto que tiendo más a persistir en algo si puedo volverlo divertido, y eso, en gran parte, depende del resto de gente involucrada.

Por ejemplo, ahora mismo estoy entrenando con el gran boxeador y bronce olímpico Tony Jeffries. Y la verdad es que los entrenamientos con él son extenuantes. Podría resultar agotador y desagradable, pero en realidad nos divertimos mucho. Casi siempre empiezo burlándome de él mientras me pongo los guantes: «Oye, ¿qué se siente al saber que tu alumno está a punto de destrozarte? ¿Qué tal eso de ser medallista olímpico sabiendo que un principiante va a darte una paliza?». Entonces él se pone a responderme y, antes de que nos demos cuenta, estamos sonriendo y divirtiéndonos, y el entrenamiento es genial. Él hace que la experiencia sea agradable, aunque siempre acaba conmigo. Vale la pena esforzarse por encontrar un entrenador, un mentor o un colega de responsabilidad con quien te apetezca estar.

En segundo lugar, evita elegir colegas que aporten negatividad a tu vida en lugar de positividad. Rodearte de personas tóxicas no hará más que agotarte y no te ayudará. En todo lo que hagas, pregúntate si las personas y las acciones en las que participan te aportan alegría y salud. Si la respuesta es «no» y no hay indicios de que eso vaya a cambiar, replantéate esa relación.

¿Cuántas veces te has marcado objetivos que te hacían mucha ilusión y luego, tras contárselo a algunos amigos y ser objeto de burlas, has sentido que eran inalcanzables? Más de las que te gustaría recordar, ¿verdad? Eso puede significar que necesitas distanciarte de los grupos que se han vuelto tóxicos para tu crecimiento. Y no pasa nada. A medida que creces y cambias, esas necesidades también varían.

En tercer lugar, evita a quienes no les interese tu éxito. Debes preguntarte: «¿Qué importancia tiene para esta persona que yo tenga éxito?». No te apoyes en nadie que desee que fracases o a quien le resulte indiferente tu éxito.

Thomas Frank me contó una historia que ilustraba a la perfección la diferencia entre un buen colega y uno malo: Thomas se fijó el objetivo de leer 25 minutos de textos de no ficción todos los días. Para responsabilizarse de ello, le prometió a un amigo 100 dólares si dejaba de hacerlo un solo día. Este amigo tenía justo la actitud que todo el mundo necesita de un colega de responsabilidad. «No quiero tu sucio dinero si fallas, así que no falles», le dijo a Thomas. En cambio, otro «amigo» quiso aceptar el trato con la intención de animarle a que fallara y así ganar 100 dólares fáciles. La moraleja de la historia es que hay que tener precaución y elegir a colegas de responsabilidad que no se alegren de nuestro fracaso.[5]

En cuarto lugar, evita aferrarte a consejos irrelevantes o que no hayas pedido. Por supuesto, no siempre puedes elegir quién forma parte de tu vida. La gente te dará, en muchas ocasiones, opiniones no solicitadas, pero depende de ti si las aceptas o las dejas pasar. La exagente especial del Servicio Secreto de los Estados Unidos Evy Poumpouras me contó cómo suele tomar esta decisión. Cada vez que alguien le da su opinión, Evy se pregunta: «¿Quién es esta persona y por qué debería escucharla?». Si no encuentra una buena respuesta a estas preguntas, deja pasar la crítica sin prestarle atención. Evy ha descubierto que la gente suele basar sus opiniones en su propia vida en lugar de en tu situación.[6] Por eso es tan importante alinearte siempre con tus propios valores y tu Misión Significativa. Si tus valores son distintos a los de quienes te critican, es probable que tus decisiones también deban ser diferentes.

Otra forma de evitar que te influyan los consejos irrelevantes de los demás es pensar con detalle en tu misión. Jordan Peterson ha descubierto que los comentarios ajenos solo influyen si antes tienes dudas. Si te has planificado y preparado con esmero, serás capaz de responder a las críticas y asegurarte de que cuentas con todo lo que hay que tener. Es posible, te has preparado para ello y lo sabes. Cuando crees en algo, nadie podrá detenerte.[7]

En quinto lugar, evita irte al extremo en la consecución de tus objetivos. Si intentas hacerlo todo perfecto y a la vez, no funcionará. Por ejemplo, si tratas de cumplir ciertos objetivos económicos y de salud física al mismo tiempo y con la misma energía, podrías pensar algo parecido a esto:

> No gastaré nada en los próximos tres meses. Eso significa no comprar más cafés de camino al trabajo. Cocinaré siempre en casa y prepararé todas mis comidas cada semana. Iré al supermercado cada pocos días para asegurarme de que todos los ingredientes sean frescos y saludables. Voy a hacerlo todo perfecto, ahorraré y comeré lo más sano posible. ¡Y haré ejercicio todos los días, dos veces al día!

Eso sería un planteamiento extremo. Y lo más seguro es que fracases miserablemente y te desanimes más que nunca. Llevar las cosas al extremo es lo contrario a seguir el flujo natural de la vida, que consiste en trabajar por fases y dejar que las cosas progresen.

Por ejemplo, si de verdad necesitas un cambio drástico en tu salud, podrías decidir ir a por todas y afrontar un reto de 90 días.

No obstante, debes ser consciente de que te supondrá un desgaste emocional y afectará al resto de tu vida. Por lo tanto, es posible que durante un tiempo tengas que reducir tus compromisos en otros ámbitos para favorecer ese cambio. De lo contrario, te agotarás y acabarás descuidando el resto de tus compromisos. A la larga, eso te perjudicará más, ya que aumentan las probabilidades de que te rindas con la excusa de un tropiezo.

CAMINO HACIA LA GRANDEZA

Ejercicio 1. Gestionar los consejos irrelevantes o no solicitados

Antes de seguir el consejo de alguien debes hacerte algunas preguntas relevantes sobre esa persona. De hecho, te recomiendo que lo pienses bien, antes incluso de contarle tus objetivos a alguien. Si le vas a revelar tu Misión Significativa a otra persona, asegúrate de que la tratará y te tratará con respeto. Con este ejercicio, practicarás cómo evaluar y responder a posibles colegas de responsabilidad.

> **Tienes derecho a actuar de forma selectiva con respecto a las personas que influyen en tu vida.**

PASO 1. IDENTIFICAR

¿Qué decisión tienes ahora mismo entre manos, relacionada con tu Misión Significativa? Puede tratarse de una decisión de inversión, de la elección del siguiente paso adecuado o precisamente de la decisión de iniciar esa misión. ¿Quién tiene el potencial de influir en esta decisión? ¿Tu pareja? ¿Tus padres? ¿Un amigo? Ten en cuenta que las personas que te influyen pueden no ser las mismas a las que acudes en busca de consejo. La gente suele dar su opinión, se la pidas o no. Incluso pueden influirte con sus acciones. ¿Alguna vez has probado algo porque parecía funcionarle bien a otra persona? Anota cuál es esta decisión y quiénes son las personas involucradas.

PASO 2. EVALUAR

Tienes derecho a actuar de forma selectiva con respecto a las personas que influyen en tu vida. Es probable que recibas acompañamiento de algunos profesionales —entrenador, terapeuta o planificador financiero—. Y seguro que investigaste a estas personas antes de confiar en ellas. ¿Por qué no deberías hacer lo mismo, entonces, con tus colegas de responsabilidad? Responde las siguientes preguntas sobre la persona o personas que anotaste en el Paso 1.

- ¿Esta persona está cualificada para dar consejos en este ámbito?
- ¿Sus consejos son específicos para mi situación o se basan en sus experiencias (buenas o malas)?
- ¿A esta persona le interesa mi éxito?
- ¿Esta persona tiene algo que ganar si yo fracaso o no lo intento?
- ¿Será acompañante o crítico?

PASO 3. RESPONDER

¿Qué has sacado en claro de tu investigación? ¿Es esta persona (o personas) digna de ser tu colega de responsabilidad?

Si la respuesta es sí, ¿cómo quieres que apele a tu responsabilidad? Asegúrate de incluir un mecanismo de compromiso; podría ser económico, implicar un impacto en tu orgullo (si valoras tu palabra) o alguna otra forma creativa de vergüenza. Redacta tu plan a continuación.

Si la respuesta es no, ¿cuál es tu plan para sacar a esta persona del proceso? Tal vez no quieras borrarla de tu vida, pero a lo mejor has de evitar sacarle el tema de tu misión. Prevé ahora qué responderás si esa persona te hace una pregunta relacionada con tu misión. Una buena estrategia sería dar una respuesta vaga y cambiar enseguida de tema.

> **Asegúrate de que las personas que te acompañan en la vida sacan lo mejor de *ti*.**

SOLO LAS MEJORES PERSONAS

En tu camino hacia la grandeza, mereces contar con buenos acompañantes que apelen a tu responsabilidad y te aconsejen. Asegúrate de que las personas que te acompañan en la vida sacan lo mejor de *ti*, no lo mejor de ellas ni lo que ellas creen que debería ser tu mejor versión: *tu* mejor yo y el más auténtico.

Ejercicio 2. Sé tu peor crítico

Se suele decir que la única razón por la que las críticas duelen es porque ya hay dudas previas. Como ocurre en muchos ámbitos, la mejor manera de evitar problemas futuros es adelantar trabajo. Bien, pues este ejercicio te ayudará a sentar unas bases sólidas para que puedas afrontar con confianza cualquier crítica.

PASO 1. CRITICA

Es probable que creas con firmeza en tu misión. Espero que así sea. Pero deja a un lado esa confianza por un momento e imagina que te comportas de forma crítica con ella. Escribe todos los argumentos en contra que se te ocurran. Un buen punto de partida es pensar en lo que te genera más inseguridad, ya sea sobre ti o sobre tu idea.

PASO 2. RESUELVE LOS PROBLEMAS

Si has dado ese paso con todo tu empeño, tal vez te haya resultado incómodo. ¡Eso es bueno! La incomodidad de ahora se traducirá en confianza más adelante, cuando de verdad sea más importante.

Ahora bien, ¿qué has de hacer para superar esas inseguridades y contrarrestar tales argumentos? ¿Necesitas indagar más? ¿Te hacen falta datos u otras formas de evidencia? Es posible que debas incorporar a un nuevo miembro a tu equipo si no posees la experiencia necesaria para superar alguna de esas objeciones.

Por ejemplo, si tu misión consiste en diseñar un nuevo producto, quizá tengas que consultar con un especialista en ingeniería. Traza tu plan de acción para abordar los puntos débiles de tus ideas. Es el momento perfecto para pedir ayuda a tu persona de apoyo y así asegurarte de cumplir tus planes.

LA CRÍTICA CONSTRUCTIVA

Todo el mundo quiere tener grandes misiones. La única razón por la que aceptas una es porque algo te importa lo suficiente como para dedicarte a ello. Esta pasión hace que resulte doloroso explorar por qué tal vez esos planes no sean tan maravillosos; pero la cuestión es que, si no los criticas, alguien lo hará por ti. Si te involucras tanto en tu misión que no eres capaz de encontrarle ningún defecto, acude a alguien en quien confíes y pídele que te haga una crítica sincera.

Ejercicio 3. Ludifica

El esfuerzo y la dedicación te harán progresar, pero solo hasta cierto punto. La mejor manera de garantizar el éxito en cualquier cosa es disfrutar del proceso. Esto significa que hay que estructurar los objetivos para que le resulten atractivos a nuestro lado divertido. En primer lugar, identifica qué significa la diversión para ti. A continuación, incorpora ese tipo de diversión a tus tareas. Este es el objetivo del ejercicio.

PASO 1. DEFINE LA DIVERSIÓN

La diversión suele implicar algún tipo de recompensa. Si eres madre o padre, es posible que hayas dado premios o pegatinas a tus hijos para que las tareas domésticas les resultasen divertidas. Hay deportistas de competición que sienten una gran motivación por la recompensa de ganar; en otros casos pueden sentir que superar su marca personal es la mayor recompensa. ¿Qué tipo de recompensas te motivan a ti? Marca todas las opciones que se te puedan aplicar.

Recompensas materiales

Evidencias físicas de progreso

Palabras de afirmación de los demás

Dinero

Poder saltarte la rutina (por ejemplo, días sin obligaciones)

Superar tu mejor marca personal

Superar a otra persona

PASO 2. INCLUYE ELEMENTOS DE DIVERSIÓN EN LOS RETOS

Para cada tipo de recompensa que hayas marcado, piensa cómo podrías incorporarla a tus tareas. Aquí tienes algunas sugerencias que te pueden ayudar.

Recompensas materiales: por desgracia, las personas adultas no tenemos a nadie que nos recompense con chucherías o pegatinas, pero puedes hacer algo parecido por ti. No hay nada malo en permitirse pequeños caprichos de vez en cuando, siempre y cuando no nos perjudiquen ni perjudiquen a los demás. Esto no equivale a darte permiso para gastar más de lo que te puedes permitir o para caer en mecanismos de defensa perjudiciales, pero si las flores te hacen feliz, cómprate un ramo; si ver una película te ayuda a relajarte después de una dura semana de trabajo, hazlo.

Evidencias físicas de progreso: en este caso, las opciones son casi ilimitadas. Puedes hacer un seguimiento de tus avances mediante gráficos, listas de verificación, fotos, o bien acumulando o archivando tus tareas completadas. Los calendarios también son una buena forma de recompensa visual por las tareas que se repiten a diario.

Palabras de afirmación de los demás: aquí es donde tus personas de apoyo pueden ser de mucha ayuda. Tus colegas de responsabilidad deben ser gente en la que puedas confiar para que aporten positividad y reconocimiento a tu vida. Sin embargo, recuerda que tú debes ser tu principal fuente de afirmación. Algo que puedes hacer en este sentido es escribirte notas o cartas para reafirmarte, a las que puedas recurrir cuando las cosas se pongan difíciles.

Dinero: darte un premio en metálico es una opción. No obstante, tus propios éxitos podrían hacerte ganar o ahorrar dinero. Plantéate si estás obteniendo algún beneficio económico que no sea evidente de inmediato. Por ejemplo, tu objetivo podría ser comer de forma saludable, pero quizá obtengas el beneficio adicional de ahorrar al no comer fuera de casa.

Ya sea en forma de tiempo, dinero o relaciones, invertir en tu felicidad es hacerlo en tu éxito a largo plazo.

Poder saltarte la rutina (por ejemplo, días sin obligaciones): fija algunas concesiones limitadas que puedas permitirte. Si lo necesitas, vuelve a consultar la estrategia de «reservas de emergencia» de Marissa Sharif (página 73).

Superar tu mejor marca personal: averigua si tu tarea se puede cuantificar de alguna forma. Puedes llevar un registro del tiempo, el nivel de producción, la velocidad, los beneficios, etc. Anota estas cifras y comprueba hasta dónde puedes llegar. Otra opción es plantearte retos y ver si se te ocurre alguna forma de hacer realidad lo «imposible».

Superar a otra persona: intenta involucrar a tu colega de responsabilidad en alguna competición amistosa. Únicamente ten cuidado de no dejar que esta recompensa se convierta en tóxica al hacer que te compares con otros de forma poco realista.

INVIERTE CON CABEZA

Recuerda: ya sea en forma de tiempo, dinero o relaciones, invertir en tu felicidad es hacerlo en tu éxito a largo plazo.

Capítulo 17

PONTE MANOS A LA OBRA

¿Alguna vez has visto a Stephen Curry lanzar un balón de baloncesto? Es una obra de arte.

Si no tienes afición por el baloncesto, te aclararé que la línea de tres puntos tiene forma de arco y rodea la canasta en cada extremo de la pista. En su punto más alejado, se encuentra a 7,24 m del aro. Los jugadores que lanzan con éxito desde más allá de esa línea son recompensados con un satisfactorio zumbido cuando la pelota entra en la canasta, sin tocar nada más que la red.

Curry es tan bueno lanzando triples que hay un vídeo de 5 minutos en YouTube donde mete *105 seguidos* antes de fallar.[1] ¿Su secreto? Una rutina de entrenamiento que te dejará con la boca abierta. Y lo hace de forma sistemática.

Él combina ejercicios de tiro, trabajo de pies, entrenamiento de resistencia, análisis de sus errores para corregirlos desde la raíz, dribles con dos balones a la vez, botes con un balón de baloncesto en una mano y una pelota de tenis en la otra, e incluso entrenamiento neurocognitivo con gafas especiales. Lo que ocurre antes de sus partidos es realmente impresionante.

Pero, pese a la importancia del entrenamiento, incluso Stephen Curry tiene que vestirse y salir a jugar en algún momento.

A estas alturas ya has empezado tu viaje desde dondequiera que estés hacia donde deseas estar. Es el camino *hacia tu grandeza*. Has descubierto tu Misión Significativa y por qué el mundo necesita que la hagas realidad. Y lo que todas las personas grandes saben es que hay un momento para prepararse y luego hay otro para ponerse manos a la obra.

De eso trata este capítulo: aquí te propongo una forma muy práctica de prepararte para salir a jugar y sentir lo que Stephen Curry describe como su «estado de flujo»: «Cada vez que lanzo un balón desde el suelo, mi ritmo está sincronizado. Y, si te soy sincero, no pienso en nada, solo estoy jugando al baloncesto».[4]

Ahora que cuentas con todo lo necesario para empezar a vivir la grandeza, ¡vamos allá!

LA REGLA DEL 1%

Cuando se persigue la grandeza, hay una batalla que se debe librar de forma constante: la batalla contra el perfeccionismo.

> **La grandeza se alcanza emprendiendo acciones imperfectas a gran escala.**

Aunque la perfección parece un objetivo digno de consideración, en realidad puede ser un enemigo engañoso. Brené Brown afirma que «el perfeccionismo es algo que no entendemos bien. Creemos que significa ser la mejor versión de nosotros mismos. Pero en realidad es un mecanismo de defensa que nos dice: "Oye, si pareces perfecto, lo haces todo perfecto y logras la perfección, podrás evitar o minimizar la vergüenza, el juicio o la culpa". Por lo tanto, el perfeccionismo no tiene que ver con luchar por la excelencia ni con ser la mejor versión de nosotros mismos. Es una forma de autoprotección».[5]

Ay, cuánta verdad hay en sus palabras. Intentar alcanzar la perfección es un problema, porque perseguir la grandeza significa tener la disposición a exponerte *antes de sentir que tienes suficiente preparación*. Es fácil estancarse en el «modo aprendizaje» o en el «modo entrenamiento». Te da tranquilidad, resulta cómodo. Es una red de seguridad que dice: «No pasa nada si me equivoco, algo evitará mi caída». Pero ahí no está la grandeza. La grandeza se alcanza emprendiendo acciones imperfectas a gran escala.

Me gustó mucho la forma en que lo expresó el experto en productividad Thomas Frank: «Mi estrategia favorita para superar el perfeccionismo es lo que yo llamo "la regla del 1%"».[6] Así es como yo parafrasearía esta regla y la usaría para vencer el perfeccionismo: márcate un horario para crear, aprender, crecer, moverte, etc., y cada vez que actúes proponte mejorar solo un 1%. Bastante sencillo, ¿verdad?

La regla del 1% implica reconocer que no serás perfecta o perfecto desde el primer momento. Pero puedes mejorar un 1%. Todo el mundo puede hacerlo. Así es como podrías aplicarlo en tu vida:

- Ejercicio: esfuérzate por mejorar un 1% tu técnica en las flexiones.
- Música: aspira a mejorar un 1% en el control de la nota.
- Negocios: redacta un correo electrónico de atención al cliente un 1% mejor que el anterior.
- Escritura: redacta una frase un 1% más contundente en un párrafo.
- Relaciones: mejora un 1% tu capacidad para mantener el contacto visual durante una conversación.

No dejes que la tensión entre el lugar donde te encuentras y lo que no sabes te impida llegar adonde quieres ir o convertirte en quien quieres ser.

Esta es una forma muy sencilla de ser indulgente contigo mientras sigues avanzando para mejorar. Es el antídoto contra el miedo y el fracaso. Brené Brown terminó esa charla sobre nuestra obsesión por el perfeccionismo diciendo: «Creo que la pregunta que debemos hacernos es: "¿A qué tengo miedo?"».[7] Volvemos, una vez más, a los miedos que alimentan al Enemigo de la Grandeza.

No dejes que la tensión entre el lugar donde te encuentras y lo que no sabes te impida llegar adonde quieres ir o convertirte en quien quieres ser. En algún momento habrás de dejar a un lado el miedo, esforzarte por mejorar y seguir adelante, aunque no sientas que tienes la preparación suficiente.

La verdad es que nadie la tiene jamás.

HAZ LO QUE PUEDAS

En cuanto a ponerse manos a la obra, hay cinco palabras que se han convertido en mi lema: «Hecho es mejor que perfecto».

> **Hecho es mejor que perfecto.**

La perfección es un bonito ideal, pero un objetivo imposible. Aunque Stephen Curry lanzara triples durante 5 minutos y consiguiera 105 preciosos lanzamientos seguidos, falló el número 106. Este un ejemplo de la inutilidad de esperar a actuar hasta alcanzar la perfección. Imagínate que Curry se negara a jugar un partido hasta que no fallara un solo tiro. Imposible.

He abordado muchos proyectos a lo largo de mi vida (un podcast, varios libros, programas de coaching, eventos en directo, negocios, etc.) y no hay ni un solo producto que haya lanzado que sea perfecto. Sin embargo, creo que muchas de las cosas que he sacado adelante son geniales. No tiene que ser perfecto para ser genial, impactante, útil, servicial, significativo, satisfactorio, expresivo, artístico o poderoso, ni para obtener grandes resultados. Siempre se pueden mejorar las cosas, pero no dejes que eso te impida empezar.

Hecho es mejor que perfecto.

Pero hay una trampa: debes permanecer en conexión con la Misión Significativa que te permite ver más allá de tus miedos. Si tus metas están ligadas solo a ti, a qué imagen crees que das, a cómo te parece que suenas o a cómo piensas que te ven los demás, nunca será suficiente como para renunciar a la perfección. Te quedarás al margen de la acción, autoconvenciéndote de que estás «entrenando» o «preparándote». Te estancarás.

Me gusta la forma en que lo expresó el escritor Jon Acuff:

> El perfeccionismo nos ofrece dos distracciones distintas: escondites y obstáculos nobles. Un escondite es una actividad en la que te concentras en lugar de hacerlo en tu objetivo. Un obstáculo noble es una razón que suena virtuosa para no trabajar hacia un fin. Ambas afectan de forma negativa a tu capacidad para terminar algo.[8]

Así pues, ¿tú dónde te escondes? ¿Qué te parece noble, pero en realidad es una excusa? ¿Qué puedes hacer *ahora* con tus dotes que sea útil, significativo, satisfactorio, expresivo, artístico o que produzca grandes resultados? Como dice Brené Brown, «nadie puede aportar lo que tú puedes aportar».[9] Eso significa que hay un gran vacío en el mundo que *te está esperando* para que lo llenes.

> **¿Qué puedes hacer *ahora* con tus dotes que sea útil, significativo, satisfactorio, expresivo, artístico o que produzca grandes resultados?**

Cuando publiqué mi primer libro, fue un hito muy importante para mí. En el colegio, siempre era el último de la clase de inglés, de modo que cuando se publicó *La escuela de la grandeza* y se convirtió en un bestseller del *New York Times*, me sentí orgulloso, y era comprensible. Pero también me generó grandes expectativas sobre lo que «debería» pasar con mi siguiente libro. Cuando se publicó *The Mask of Masculinity*, contaba con un mayor público potencial. Ya había tenido éxito en el pasado, así que en mi mente no había duda de que mi nuevo libro también se convertiría en un bestseller del *New York Times*.

Pero no fue así.

Para ser sincero, estuve destrozado un par de días. Me sentía molesto, herido y enfadado, a pesar de que recibía comentarios de todo tipo por parte de gente a la que el libro estaba ayudando. La verdad es que no era muy agradable mi compañía en esa época. Quería algo que no había sucedido. Tenía ciertas expectativas que no se cumplieron. Básicamente, sufría una especie de «resaca de expectativas». Pero pronto fui consciente de que la razón fundamental por la que había escrito el libro no era figurar en esa lista, sino ayudar a otras personas a vivir mejor.

Y la verdad es que yo tenía muy poco control sobre el éxito de ventas de mi libro. Sí, podía hacer todo lo posible para que entrara en esa lista, y lo hice, pero había muchos factores que escapaban a mi control, como el comité editorial del *New York Times*. Y la realidad es que mi libro sí llegó a ser un éxito de ventas en muchas otras listas de prestigio.

Lo primero que es fundamental recordar a la hora de ponerse manos a la obra es que hay cosas que se *pueden* controlar y otras que *no*. Por tanto, es necesario saber cuáles son y dónde poner el foco.

Si vinculas tu autoestima a tus logros, entonces te estás basando en cosas que no dependen siempre de ti. Es mejor esforzarte al máximo, intentar generar impacto, expresarte lo mejor que puedas de forma creativa y ser constante. Estas sí son cosas que puedes controlar *y* de las que sentir orgullo en el proceso.

Para ponerte manos a la obra con las cosas que valen la pena, debes reconocer la diferencia entre lo que está bajo tu control y lo que no.

Tomemos como ejemplo mi podcast. En el momento de escribir este libro, ya llevo diez años presentando el programa semanal *The School of Greatness*. Es mucho tiempo dedicado a una misma cosa. Desde luego, no tengo el podcast más relevante del mundo, aunque suele figurar entre los 100 mejores. Nunca he recibido ningún premio. Otros han empezado después que yo y han crecido más. Por tanto, si basara mi autoestima solo en los logros, eso podría desanimarme. Pero el caso es que puedo elegir obsesionarme con todo lo que no soy o recordar todo lo que soy y basarme en el hecho de que lo que aporto es suficiente, y que cada vez aporto más.

Soy un gran trabajador cuya Misión Significativa es *estar al servicio de 100 millones de vidas cada semana*. ¿Y sabes cómo lo hago?

Entrevisto, de forma sistemática, a las personas más brillantes y destacadas del planeta, y comparto su sabiduría con mis oyentes. No puedo controlar el número de descargas, los rankings ni las veces que se comparte mi contenido en redes sociales, pero sí sentirme muy orgulloso de la constancia, el esfuerzo y el impacto que he tenido cada semana, sin faltar ni una sola vez en diez años. Nadie puede quitarme eso. Tal vez no haya ganado grandes premios ni haya sido reconocido por el sector o por mis colegas, pero sé lo que estoy haciendo para la gente.

Soy consciente del impacto directo que tiene.

Sé la influencia que ejerce en mi vida y en mi comunidad.

Veo que está generando un influjo en la vida de los miembros del equipo.

Para ponerte manos a la obra con las cosas que valen la pena, debes reconocer la diferencia entre lo que está bajo tu control y lo que no. Entonces podrás celebrar tu constancia, tu esfuerzo y tus progresos hacia tu Misión Significativa.

Hazlo y será todo un éxito.

CLAVES PARA PONERSE MANOS A LA OBRA

Veamos algunas formas muy prácticas de avanzar hacia tu Misión Significativa.

En primer lugar, hay que pensar por dónde empezar. La grandeza, por definición, no es pequeña. Esto significa que lo más probable es que tu Misión Significativa esté compuesta de muchas piezas.

Hay varios sitios por los que *podrías* empezar.

El primer paso es averiguar por dónde *deberías* empezar.

> **A veces, cuando nos abrumamos, lo que ayuda es dar el siguiente paso.**

Como destaqué cuando te ayudé a definir tus objetivos de grandeza, empieza por pensar en la siguiente cosa que deberías hacer. A veces, cuando nos abrumamos (y eso suele pasar porque el perfeccionismo vuelve a asomar su fea cabeza), lo que ayuda es dar el siguiente paso. No tiene por qué ser algo grandioso, pero sí debe hacerte avanzar. Hay un proceso de cuatro fases que yo empleo para asegurarme de que estoy avanzando: planificar, automatizar, eliminar y celebrar.

Planificar

Tal vez hayas oído decir que «lo que se planifica, se hace». Es así. Hay dos elementos que nos dicen qué cosas valoramos: nuestra cartera y a qué dedicamos el tiempo. Para asegurarte de que avanzas hacia tu gran objetivo, has de planificar con antelación las cosas importantes. Por ejemplo, yo tengo programadas las citas con mi terapeuta para los próximos cuatro o cinco meses. ¿Por qué? Porque cuando optimizo mi mundo interior para lograr agilidad emocional es cuando rindo al máximo. La planificación elimina el estrés de tomar decisiones. Solo tienes que anotarlo en tu agenda y seguir adelante.

La planificación ayuda a crear una rutina que te permite gestionar tu energía.

Hago lo mismo con mi salud. Sé que, si no hago ejercicio a primera hora de la mañana, solo hay un 50 % de probabilidades de que lo haga más tarde. Me conozco lo suficiente como para saber que me gusta esforzarme. Cuando llego al trabajo estoy al cien por cien. Hacer entrevistas, escribir y todas las otras actividades que forman parte de mi trabajo requieren mucha energía. El trabajo que hago en el gimnasio es importante, porque me ayuda a rendir al máximo. Me siento más seguro, más orgulloso, más enamorado de mí mismo, más feliz y sano cuando hago ejercicio a diario. Por eso lo programo a primera hora de la mañana. No tengo que pensar en ello, simplemente lo hago.

La planificación ayuda a crear una rutina que te permite gestionar tu energía. Al describir su rutina diaria, Thomas Frank lo expresó de esta manera: «Tengo una cantidad limitada de energía durante el día. Si he de hacer algo que requiere toda mi autodisciplina, debo abordarlo lo primero. Luego puedo usar la autodisciplina externa y los mecanismos de responsabilidad para tener energía durante el resto del día».[10]

¿Qué te da energía? ¿Qué te renueva? ¿Qué te posiciona para alcanzar la grandeza? ¿Es la rutina?

¿Por qué no convertir tu agenda en tu mejor aliada? Reserva tiempo para lo más importante. Planifica todo lo demás, las cosas pequeñas alrededor de las grandes. Es la única forma de garantizar que avanzas hacia lo que importa.

Automatizar

El segundo paso del proceso es automatizar tareas repetitivas. Es como caminar por una de esas cintas transportadoras del aeropuerto: ¡recorres el doble de distancia con el mismo esfuerzo! Busca tareas repetitivas que puedas automatizar. Puede ser planificar las comidas, pagar facturas, responder correos electrónicos, gestionar suscripciones o seguir rutinas de ejercicio. Yo intento automatizar todo lo posible. En lo relacionado con las finanzas, domicilio o pago con antelación mis facturas para maximizar mis objetivos de inversión. También intento automatizar ciertas cosas con mi equipo para ahorrar tiempo. Por ejemplo, automatizo la formación para ayudar a mi equipo a hacer las cosas de manera eficiente y eficaz, y contribuir al crecimiento del negocio.

Haz un repaso de tus tareas diarias, semanales, mensuales y anuales. ¿Qué se repite? ¿En qué estás perdiendo el tiempo con algo que podría automatizarse? ¿A quién puedes formar y capacitar para que se encargue de ciertas cosas que no tienes por qué hacer tú?

Haz de la automatización una estrategia clave en tu rutina y lograrás hacer más cosas.

Eliminar

Este es un paso importante. Pasamos demasiado tiempo haciendo cosas que, o bien no deberíamos hacer porque no son importantes, o bien tendríamos que delegar en otra persona porque puede hacerlas igual de bien o incluso mejor.

Si tienes un negocio propio, esto te interesará: no es necesario que estés en todas las reuniones, que respondas a todos los correos electrónicos ni que participes en todas las discusiones y decisiones. No intentes gestionarlo todo tú; dale a tu equipo la capacidad para trabajar en su área de dominio para que tú puedas hacer lo mismo. En mi caso, me esfuerzo por eliminar con cuidado de mi agenda las cosas que no tengo por qué hacer yo, y así enfocarme en las que ayudan a que todo y todos crezcan.

La eliminación puede conducir a la aceleración. Así, busca cosas que puedas recortar, eliminar, simplificar o descartar. Es probable que no las eches de menos cuando ya no estén, y ten por seguro que te permitirán avanzar más rápido.

Celebrar

Por último, ¡es bueno celebrar tus logros! Cuando hayas planificado lo importante, automatizado las cosas que te restan energía y eliminado lo que no tienes por qué hacer tú, ¡te sentirás genial! Por esta razón, al llegar al final de la jornada me digo algo así: «Estoy muy agradecido por haber hecho las cosas que tenía que hacer hoy».

Primero reconozco lo que he sido capaz de hacer y luego preparo mi mente para el día siguiente. Dicho de otro modo, al final del día me lleno de gratitud, y eso me ayuda a generar un ambiente y un proceso que disfruto. Y me da energía y confianza. Me hace sentir orgulloso del esfuerzo que he hecho ese día para acercarme a mis objetivos.

Cada una de estas cosas puede convertirse, con el tiempo, en un hábito que forme la base de tu identidad. Me gusta la forma en que lo expresó Jen Sincero: «Adquirir el hábito del hábito es de verdad importante».[11] A veces, los mejores hábitos se crean haciéndolos cuando uno está cansado, con menos constancia de la deseada o sin obtener los resultados esperados. Adquirir el hábito del hábito es esto. Con el tiempo, se volverá más fácil.

Sigue avanzando. Da el siguiente paso. Ponte manos a la obra.

UNA RUTINA HACIA LO RELEVANTE

Hay una razón por la que las personas que rinden al máximo suelen vestir lo mismo todos los días, escuchar la misma banda sonora una y otra vez, comer lo mismo cada mañana o repetir un mantra cada noche. Esto es así porque las rutinas nos mantienen en nuestro eje y nos ayudan a minimizar la sobrecarga y las distracciones procedentes de la toma de pequeñas decisiones.

Las mejores personas poseen rutinas que funcionan.

Austin Kleon, autor de *Roba como un artista*, me habló de su «hábito del cuaderno».

«Escribo en un cuaderno todos los días —me dijo—. Unas tres páginas cada mañana, pase lo que pase. Es una constante en mi vida creativa. Pase lo que pase, leo y escribo».[12]

Cuando le pregunté a Anthony ONeal, autor de *Debt Free Degree*, sobre los hábitos de las personas ricas, me respondió lo siguiente: «Cuando pienso en las personas ricas de mi círculo, veo que todas tienen una rutina de lunes a viernes».[13]

Las mejores personas poseen rutinas que funcionan.

Rob Dyrdek, ex *skater* profesional, empresario y personaje televisivo, está de acuerdo: «La única forma de llegar es a través de la disciplina. Y la disciplina y la constancia son lo más difícil de conseguir. ¿Cómo se logra ser más disciplinado y constante? Teniendo claro hacia dónde te diriges».[14]

Si no posees una idea clara de hacia dónde te diriges, tal vez te mantengas en una constante actividad, pero no avanzarás hacia la grandeza. Te verás haciendo lo que hacen los demás. Y la grandeza requiere sacrificio. Como me dijo la exesquiadora olímpica Lindsey Vonn: «Si pretendes tener éxito en cualquier cosa que hagas en la vida, debes hacer sacrificios. Sinceramente, creo que las personas de mayor éxito no son las más talentosas ni las más inteligentes; son las que están dispuestas a hacer un esfuerzo adicional que el resto no hace».[15]

¿En qué áreas estás dispuesta/o a hacer el esfuerzo adicional necesario?

La grandeza también requiere pensar mejor cómo y a qué dedicar el tiempo. El autor de *Take the Stairs*, Rory Vaden, me dijo esta joya de frase: «El siguiente nivel de resultados siempre requiere el siguiente nivel de mentalidad».[16] En particular, Rory dice que necesitamos cambiar nuestra forma de pensar sobre la *relevancia*. Y nos enseña lo siguiente sobre lo que él llama el «cálculo de la relevancia»:

> La urgencia *tiene que ver* con la rapidez con la que hay que actuar. La mayoría de la gente vive en un mundo de urgencia:

todo gira en torno a lo que hay que hacer de inmediato. Pero la importancia es diferente: tiene que ver con el valor real de las cosas. Y la relevancia es otra cosa distinta: *tiene que ver con cuánto tiempo* durará la importancia. Es decir, en lugar de pensar en mañana y pasado mañana, el cálculo de la relevancia lo cambia todo, porque es la manera de multiplicar el tiempo [...] El tiempo se multiplica dándote el permiso emocional para dedicarlo hoy a cosas que te darán más tiempo mañana.[17]

Si no posees una idea clara de hacia dónde te diriges, tal vez te mantengas en una constante actividad, pero no avanzarás hacia la grandeza.

Si estás en tu camino hacia la grandeza, descubrirás que hay mucho por hacer. Debes asegurarte de tener una rutina y un proceso que separen lo que parece urgente o importante de lo que es de verdad relevante y te hace avanzar.

Avanzar hacia la grandeza es, en última instancia, un estado mental. No hay una línea de meta. No importa si el mundo está en tu contra ni si te dice que hay algo que no puedes hacer. Da igual si te faltan los medios, si no te han bendecido con un don o si hay obstáculos en tu camino. Ponerse manos a la obra depende solo de una persona, y esa persona eres *tú*.

Así que respira hondo, endereza los hombros y sigue avanzando.

Haz una valoración de tus hábitos. ¿Qué funciona? ¿Qué no funciona? ¿Qué deberías cambiar?

Observa tus rutinas. ¿Son óptimas? ¿Te ayudan o te perjudican?

Lucha contra el perfeccionismo. ¿Por dónde podrías empezar? ¿Qué sería suficiente para satisfacerte? ¿Cuándo puedes empezar?

Lucha por lo relevante. ¿Qué es lo que importa de verdad? ¿Qué perdura? ¿Qué multiplica tu tiempo?

Celebra tus victorias. ¿De qué sientes más orgullo? ¿Qué cosas agradeces? ¿En qué has destacado?

Si crees en ti y sigues los hábitos que confirman esa creencia y actúas a diario, podrás lograr casi cualquier cosa, incluso alcanzar la grandeza.

CAMINO HACIA LA GRANDEZA

Ejercicio 1. La estrategia de la relevancia

PASO 1. EVALÚA TU COCIENTE DE PERFECCIONISMO

Antes de empezar a ponerte manos a la obra tienes que medir hasta qué punto te está frenando el perfeccionismo. Puedes hacerlo evaluando tu «cociente de perfeccionismo». Puntúa las siguientes afirmaciones en una escala del 1 al 10.

Tengo tendencia a posponer las cosas hasta asegurarme de que tendrán éxito.	☐
Me suelo poner metas muy ambiciosas que parecen inalcanzables.	☐
Me presiono mucho para «hacerlo bien a la primera».	☐
Me castigo cuando intento hacer algo y fracaso o cometo un error.	☐
Suelo criticar mis habilidades y capacidades.	☐
Me preocupa cómo me ven los demás cuando pruebo algo nuevo.	☐
A veces me pierdo en los detalles y no consigo tomar distancia para ver las cosas con perspectiva.	☐

Una vez que hayas evaluado estas afirmaciones tendrás una idea de hasta qué punto el perfeccionismo te está impidiendo avanzar.

El objetivo es que tu puntuación para cada una se acerque lo más posible a 1 (¡o incluso a cero!).

PASO 2. DEFINE TU 1%

Una de las cosas más interesantes a tener en cuenta a medida que avanzas es que la grandeza es una carrera de fondo, no un esprint. Eso significa que debes esforzarte por lograr pequeñas mejoras continuas. Para ello, desglosa las áreas en las que necesitas mejorar.

Lo físico. Con esto me refiero al movimiento, el ejercicio y la salud. Piensa en tu estado de forma actual e identifica en qué puedes mejorar un 1%. No importa cuál sea tu punto de partida. Escribe cómo podrías mejorar un 1% cada día.

Tus relaciones. Reflexiona sobre cómo te relacionas con los demás, ya sea con tu pareja, un colega de trabajo, una amiga o un desconocido que te cruzas por la calle. Cada vez que interactúes con alguien, dedica un tiempo a pensar cómo podrías mejorar un 1% esa relación y anótalo.

La mente. Esto incluye tus pensamientos y tu resiliencia mental. Aquí tendrás que identificar los pensamientos que guían tu día a día y determinar si son positivos o negativos. Respecto a los negativos, tu 1% te sacará de ese patrón de pensamiento y te llevará a un terreno más positivo. Respecto a los positivos, busca formas de potenciarlos y mejorarlos.

El intelecto. Plantéate cómo trabajas en tu superación personal. Repasa la información que consumes y cómo afecta a tu rendimiento. Esfuérzate por mejorar un 1% tanto en los conocimientos que adquieres como en los resultados prácticos.

PASO 3. CREA UNA RUTINA

Las personas que rinden al máximo tienen rutinas que las ayudan a multiplicar sus resultados. Hay cuatro lugares por los que empezar: planificar, automatizar, eliminar o celebrar.

Planificar. La planificación es tu primera herramienta para ponerte manos a la obra. Te ayuda a priorizar lo relevante y a encajar lo importante. Trabaja en los siguientes bloques para organizar tu agenda:

Cosas que quiero hacer a diario. Puede ser pasar tiempo de calidad con tu pareja, hacer ejercicio, leer o estar un rato al aire libre. Da prioridad a estas cosas importantes en tu agenda. Te ayudarán a rendir al máximo.

Cosas que tengo que hacer a diario. Son las que giran en torno a tu trabajo o tus actividades cotidianas. Haz una lista de cuáles son y reserva tiempo para abordarlas antes o después de lo que deseas hacer.

Todo lo demás. Esta es una categoría genérica para otras cosas que podrías tener que hacer, como citas con el médico, tareas pendientes de otras personas, reuniones, etc. La realidad es que siempre habrá más tareas potenciales de las que se pueden llevar a cabo. Sitúalas en tu agenda donde mejor encajen, pero procura evitar ponerlas en tus momentos de mayor creatividad o productividad.

Automatizar. Busca formas de optimizar las tareas mediante la automatización. El objetivo es asegurarte de que no pierdes tiempo en cosas que no requieren tu esfuerzo. Pide ayuda a alguien de tu equipo o tu entorno para identificar las actividades que te hacen perder tiempo. Muchas veces te resultará difícil hacerlo por tu cuenta, por eso es fundamental contar con una perspectiva externa.

Eliminar. El objetivo es garantizar que no estás perdiendo el tiempo en cosas que no requieren tu atención. Sírvete de las siguientes preguntas para identificar qué debes eliminar:

- ¿Cuál es el mejor uso y el más provechoso que puedes dar a tu tiempo?
- ¿Hay cosas que *solo* tú puedes hacer?
- ¿Hay algo en lo que estés trabajando que podría hacer igual de bien otra persona?
- ¿En qué estás trabajando que te distrae de tu verdadero propósito?
- ¿De qué reuniones o correos electrónicos podrías abstenerte?

- ¿En qué ámbito estás trabajando más desde tus debilidades que desde tus fortalezas?
- ¿Qué persona de tu equipo sería más adecuada para una tarea que no te gusta hacer?

Celebrar. Por último, reserva tiempo para celebrar las cosas. Cuando consigues algo, tienes un motivo para recompensarte. Haz una lista con las cosas que te hacen feliz y ¡date una palmadita en la espalda cuando superes el perfeccionismo y consigas de verdad ponerte manos a la obra!

PASO 4. DEFINE LO RELEVANTE

Esto puede ser lo más personal y también lo más importante que hagas en este ejercicio. Dedica un tiempo a reflexionar sobre cómo ha sido tu vida hasta ahora y qué estás haciendo para acercarte a la relevancia. ¿En qué parte de la escala de la relevancia situarías el lugar donde pasas tu tiempo?

Ahora avanza diez años de golpe y redacta una declaración en la que describas lo que has logrado, por qué ha sido importante y cómo te ha conducido a hacer cosas relevantes. A continuación, evalúa cómo estás empleando tu tiempo hoy en día y encuentra lo que debes ajustar.

Capítulo 18

¡CELÉBRALO, ERES SUFICIENTE!

Cuando era joven, jamás celebraba mis logros, porque nunca sentí que mereciera celebrar nada. No había ningún éxito lo bastante importante como para hacerme sentir que valía la pena festejarlo. Incluso después de haber sido All-American en dos ocasiones, de convertirme en deportista profesional o de batir un récord mundial, jamás me permití celebrar nada, porque no me creía suficiente.

Pensaba que debía aspirar a algo más importante y ser mejor, ser algo más.

No me permití celebrar de verdad las victorias hasta que inicié mi viaje de sanación, hace unos nueve años. Y no me refiero a celebrar que había llegado a mi destino, sino más bien lo que había logrado, y darme cuenta de que aún me quedaban más cosas por cumplir en mi misión.

No quiero que esto acabe nunca. Mi intención es seguir creciendo, aprendiendo, desarrollándome y creando. Celebrar me permite disfrutar de los momentos potentes en lugar de sentir la presión de seguir avanzando porque aún no soy *suficiente*.

En estos años he aprendido a parar y a apreciar las victorias, con independencia de lo importantes que hayan sido, en lugar de exigirme una y otra vez hacerlo mejor y sentir que nunca doy la talla. Por ejemplo, durante los últimos diez años he querido tener a Dwayne «La Roca» Johnson (¿recuerdas su historia?) como invitado en mi programa. Pero hasta ahora no ha sucedido... todavía. Hace poco, La Roca empezó a seguirme en Instagram. En el momento de escribir este libro, tiene más de 300 millones de seguidores, pero él solo sigue a unas 500 personas. Antes podría haber pensado: «Todavía no he logrado mi objetivo de que venga al programa. ¡Debo esforzarme más!». Pero, en lugar de eso, me detuve a disfrutar del momento y celebrar un paso importante en mi camino hacia ese objetivo.

Cada día debería ser una celebración de ese esfuerzo constante para acercarte a tu Misión Significativa.

El día después de empezar a seguirme, La Roca publicó en su cuenta de Instagram un vídeo de mi programa en el que entrevistaba a un amigo suyo, Jay Glazer. Comentó lo potente que era el mensaje y me etiquetó. Otra victoria más que celebrar mientras sigo avanzando y, con suerte, un paso más cerca de entrevistarlo. Todo depende de cómo elegimos ver el camino.

Una muy buena forma de hacerlo es preguntarse cada noche: «¿Qué tengo que agradecer hoy? ¿Qué puedo celebrar hoy?». Aprecia los momentos de éxito y crecimiento, incluso reconociendo que mañana habrá más cosas por hacer.

Antes pensaba que si celebraba los pequeños éxitos eso podía volverme autocomplaciente, pero ahora sé que no es así. Al tener una Misión Significativa, gozo de una base en la que apoyarme, algo más sólido que mi necesidad de sentirme digno, querido y lo bastante bueno. Celebrar no me hace autocomplaciente, me hace ilusionarme y tener ganas de más, pero desde un lugar de paz, plenitud y alegría. Sé que siempre habrá más cosas que crear, así que es un tipo de energía diferente.

Algunos días me limito a reconocer el esfuerzo que he hecho para cumplir con las cosas que dije que haría. Por ejemplo: «Agradezco no haberme saltado mi sesión de Bienestar; estoy agradecido por haber cumplido mis objetivos respecto a las Relaciones y los Negocios». Es decir, reconozco las tres cosas que he hecho en un día concreto para acercarme a mis objetivos.

¿Qué quieres hacer mañana que te haga sentir agradecimiento y que quieras celebrar?

Por eso, cada noche pienso en tres cosas por las que estoy agradecido. Es un momento para celebrar mi esfuerzo, mi constancia y mi perseverancia. Cuando se produce un éxito mayor o se alcanza un hito, también se puede celebrar, pero cada día debería ser una celebración de ese esfuerzo constante para acercarte a tu Misión Significativa.

Te reto a que te tomes un momento cada noche para celebrar tres cosas que hayan ocurrido ese día. A veces es posible que todas estén relacionadas con uno de los aspectos importantes de tu vida: quizá con el bienestar o las relaciones; tal vez hayas podido pasar más tiempo con tu familia. Sea lo que sea, tómate un momento para reconocer lo bueno. Acostúmbrate a preguntarte: «¿Qué tres cosas han marcado mi día y merecen ser celebradas con gratitud?».

A continuación, piensa en lo que vas a hacer mañana para seguir rumbo a tu Misión Significativa. ¿Qué quieres hacer mañana que te haga sentir agradecimiento y que quieras celebrar? ¿Qué piensas celebrar la noche siguiente?

ERES SUFICIENTE Y CADA VEZ LO ERES MÁS

«Si estuvieras en medio del campo, sin ropa, sin posesiones, sin trofeos, sin nada en absoluto, solo tú, aun así serías suficiente. Siempre lo has sido y siempre lo serás, pase lo que pase». El famoso bailarín Derek Hough explicó que se dio cuenta de que ya era suficiente cuando alguien le dijo esa frase.[1]

Antes de eso, siempre sentía que debía *hacer* o *tener* algo para ser suficiente. Cuando aceptó que ya era suficiente tal y como era fue cuando de verdad empezó a hacer las cosas porque le gustaban, lo que, a su vez, aceleró su carrera profesional. La capacidad de sentirse seguro de sí mismo y de querer ser parte de algo por la alegría que le proporcionaba mejoró su trabajo. Ya no se esforzaba por ser suficiente. Ya sabía que lo era.

La autora y terapeuta Lori Gottlieb está de acuerdo: «Puedes ser desordenado —me dijo— y falible e imperfecto, y todas esas cosas, pero eres suficiente».[2] Y es cierto, tú también eres suficiente tal y como eres. No necesitas hacer ni ser nada más para ser importante.

En lugar de medir los propios logros para ver si somos lo bastante brillantes, debemos darle la vuelta y decir que el esfuerzo, en sí mismo, es lo que demuestra el valor. Quién eres se revela en el acto de hacer y en el acto de ser y en quién te conviertes al expresar tu don, tu arte y tu talento, sin importar lo que digan los demás. Como señala Sarah Jakes Roberts: «El éxito está en el proceso, no en el resultado».[3] El proceso es el premio.

> **En lugar de medir los propios logros para ver si somos lo bastante brillantes, debemos darle la vuelta y decir que el esfuerzo, en sí mismo, es lo que demuestra el valor.**

QUIÉRETE

Para abrazar de verdad la idea de que eres suficiente, necesitas aceptarte. Tienes que liberarte de la negatividad y vivir tu vida sabiendo que no necesitas esforzarte por ser suficiente.

Yo no crecí en una comuna donde todo el mundo se quería. Al criarme en el Medio Oeste aprendí a ser fuerte y a cumplir con los estándares de la sociedad. Esto estuvo arraigado en mí durante unos

22 años. Me convirtió en una máquina atlética y competitiva en los negocios, pero a la vez me hacía sentir insatisfecho, herido, solo, triste, celoso, inseguro y temeroso, porque solía tomar decisiones basadas en el miedo.

No me di cuenta de que algo iba mal hasta que empezaron a romperse muchas piezas de mi vida. Ganaba dinero y tenía, en apariencia, una buena vida, pero por dentro me dolía todo. Fue entonces cuando empecé mi viaje de sanación.

Si la gente comprendiera el arte de enamorarse de uno mismo, el mundo sería un lugar mucho mejor.

He regresado a mi infancia y me he permitido reflexionar y sentir las emociones para dejarlas ir, e integrar el significado de algunos de los recuerdos más dolorosos. Y ha sido increíble. He experimentado una gran ligereza en cosas que antes me parecían muy pesadas.

He tenido que armarme de valor para permitirme ser vulnerable y expresar esa vulnerabilidad. Ahora cada vez me resulta más fácil decir lo que es necesario decir y expresarme con autenticidad. Esto no significa que no me haya topado con problemas o dificultades, pero es increíble estar al otro lado de esa andadura. Todo forma parte del proceso de saber que me lo merezco y que soy suficiente en todos los aspectos.

Si la gente comprendiera el arte de enamorarse de uno mismo, el mundo sería un lugar mucho mejor. Es un proceso que dura toda la vida, pero es algo que cualquiera debe aprender a hacer.

CELEBRA CADA ÉXITO

A medida que sigas tu estrategia para alcanzar la grandeza, fijes metas y las alcances, tómate tu tiempo para celebrar los éxitos. La felicidad se halla en el camino. Dedica un tiempo a reconocer lo lejos que has llegado y celebra tus victorias.

Nicole Lynn se convirtió en la primera mujer representante de un deportista de la NFL y en una de las agentes deportivas más jóvenes de la historia. No obstante, a pesar de su éxito y de ganar más dinero que nunca, se dio cuenta de que era también más infeliz que nunca. Me dijo que se había percatado de que «el éxito no es sinónimo de felicidad». No eran los logros lo que la hacía más feliz, era el camino para alcanzarlos. «Lo que intento hacer ahora es aprender a estar presente en el momento. Cuando llego a una meta, lo celebro. En lugar de pensar, *bueno, ¿y ahora qué?*, me tomo un instante para disfrutarlo de verdad».[4]

Tómate tu tiempo para celebrar los éxitos. La felicidad se halla en el camino.

Y tú también deberías hacerlo. Haz una pausa para celebrar tu éxito y los logros de tu arduo trabajo, para que también puedas hallar la felicidad a lo largo del camino. Evita preocuparte demasiado por el objetivo final, para que eso no te impida disfrutar de todos los pequeños y maravillosos logros en tu trayecto hacia la victoria definitiva.

EL PODER DE LA CELEBRACIÓN

Los resultados de varias investigaciones han demostrado la importancia de celebrar los logros. En mi podcast *The School of Greatness*, el doctor Ivan Joseph explicó que él elabora una lista de logros cuando se enfrenta a una nueva situación o intenta conseguir un nuevo trabajo. Esa lista le sirve para recordarse a sí mismo su potencial real.

Me encanta usar esta técnica y, de hecho, he creado un acrónimo para ella: BRAG (*Big Results, Accomplishments and Goals*), que significa «grandes resultados, logros y objetivos». Para crear una lista BRAG, anota todo lo que hayas conseguido desde tus años de primaria hasta el instituto, la universidad y más allá, recordándote así todo lo que ya has logrado. Tal vez sientas que hace mucho que no consigues nada importante, pero incluso terminar el instituto o la universidad es un logro. También lo es haber obtenido un ascenso en el trabajo hace poco, hacer por fin ese viaje con el que siempre habías soñado o abrir un negocio. No des por sentado ningún éxito. Esta lista incrementará tu confianza y te recordará lo capaz que eres.

ACTIVIDADES DE CELEBRACIÓN Y COMPROMISOS FUTUROS

Ejercicio. Haz una lista BRAG

Tómate unos minutos para reflexionar sobre tus logros a lo largo de los años, tanto personales como profesionales, grandes o pequeños. Piensa en aquellas ocasiones en las que diste en el blanco, obtuviste los resultados que deseabas, cruzaste la línea de meta ¡o simplemente experimentaste cierto orgullo! Cada una ha sido un peldaño para llegar adonde estás hoy.

No des por sentado ningún éxito.

Anótalos dividiéndolos en las siguientes categorías:

- Primeros años (hasta secundaria).
- Después del instituto (universidad, formación profesional, etc.).
- Primeros años de carrera profesional (primer trabajo, entre los veinte y los veinticinco años).
- Desde los veinticinco hasta hoy.

¡COMPROMÉTETE CON UNA VIDA DE GRANDEZA!

¡Enhorabuena! Ha sido un privilegio acompañarte en este viaje hacia la grandeza. Pero todavía no hemos terminado. De hecho, intuyo que no ha hecho más que empezar. Conforme vayas abrazando la Mentalidad de Grandeza, me encantará conocer tu historia y cómo avanzas hacia tu Misión Significativa.

Tu Misión Significativa:

____

____

____

¿Cuál será tu siguiente paso para poner en práctica la Estrategia que te permita alcanzar la Grandeza?

____

____

____

____

Para obtener recursos adicionales que te ayuden a vivir con una Mentalidad de Grandeza, visita TheGreatnessMindset.com/resources

AGRADECIMIENTOS

En la dedicatoria hablé de mi yo más joven. Creo que es fundamental que cualquiera reconozca a ese yo que llegó a este mundo en medio de tanta incertidumbre. Por eso, yo le agradezco al mío haber tenido el valor de afrontar el dolor y aprender a sanar, incluso cuando parecía que no había esperanza. Tú me trajiste a esta etapa de mi vida, y estoy muy agradecido por la valentía que mostraste en esos días oscuros, sin renunciar nunca a buscar la paz y la verdad.

A mi madre, que sigue dedicándose al cuidado de nuestra salud (la suya y la mía) y la del mundo: eres pura luz, y tu amor me sirve de inspiración. A mi padre, que falleció el año que escribí este libro: gracias por haber sembrado en mí semillas que han sido vitales hasta hoy. Gracias por todas las lecciones, el amor y la fe en mí, y por inspirarme siempre a SOÑAR EN GRANDE.

Gracias a Chris, Heidi y Katherine. Estoy muy agradecido por tener hermanos que me plantean retos, me aceptan tal como soy y me aman pase lo que pase en mi vida.

Al Equipo Greatness, a todas las personas apasionadas y comprometidas que han hecho posible este viaje: me inspiran cada día a ir en busca de mi Misión Significativa. Les aprecio mucho. Es un privilegio compartir este camino con personas así.

A Matt Cesaratto y Sarah Livingstone: gracias por estar a mi lado en esta increíble travesía. Nada de esto sería posible sin ustedes.

A Martha Higareda, por mostrarme lo que es el amor consciente y una pareja de verdad. Gracias por aceptar plenamente mi misión, mi visión y a la persona que soy. Te quiero.

Un agradecimiento especial a mi colega de escritura, Bill Blankschaen, y a su equipo StoryBuilders, por capturar mis ideas y dar vida a este libro de una manera tan amena y atractiva.

A Lisa Cheng, Monica O'Connor, Patty Gift, Reid Tracy y todo el equipo de Hay House: gracias por tanta dedicación y tanto compromiso, por marcar la diferencia en el mundo. ¡Esta gente es lo mejor de lo mejor!

A todos mis coaches, maestros, mentores y guías, que me han dado tanto a lo largo de mi vida: gracias por creer en un niño que no siempre creyó en sí mismo.

A todos los invitados inspiradores que han participado en *The School of Greatness* conmigo, y a los futuros invitados (¡esto va por ti, Dwayne «La Roca» Johnson!): gracias por las historias y la sabiduría que nos han dado y nos seguirán dando para sanar e inspirar a tantas personas a alcanzar la grandeza.

Y, por supuesto, a todos mis amigos y seguidores: gracias por ser así y por tener el valor de dar el siguiente paso, cada cual en su Misión Significativa. ¡Qué gran inspiración para mí!

SOBRE EL AUTOR

Lewis Howes es un autor bestseller del *New York Times*, orador y presentador líder en su sector. Howes ha sido deportista All-American en dos disciplinas: exjugador profesional de fútbol americano y miembro del equipo nacional masculino de balonmano de Estados Unidos. Su programa *The School of Greatness* es uno de los podcasts más populares del mundo, con más de 500 millones de descargas. Fue reconocido por la Casa Blanca y el presidente Obama como uno de los 100 mejores emprendedores del país menores de treinta años. Lewis ha aparecido en programas y publicaciones como *Ellen, Today Show, The New York Times, People, Forbes, Fast Company, ESPN, Entrepreneur, Sports Illustrated y Men's Health,* entre otros. Si quieres saber más sobre él, visita LewisHowes.com

NOTAS

CAPÍTULO 1

1. Viktor E. Frankl, *Man's Search for Meaning.* (Boston: Beacon Press, 2006).

2. Paul Conti, *Trauma: The Invisible Epidemic: How Trauma Works and How We Can Heal From It.* (S. L.: Vermilion, 2022).

3. John Maxwell, *One Is Too Small a Number,* John Maxwell, 31 de mayo de 2011, https://www.johnmaxwell.com/blog/one-is-too-small-a-number/

CAPÍTULO 2

1. «Trastornos de ansiedad: datos y estadísticas», *Anxiety & Depression Association of America,* 27 de junio de 2022, https://adaa.org/about-adaa/press-room/facts-statistics

2. «Trastorno de pánico», *Cleveland Clinic,* 12 de agosto de 2020, https://my.clevelandclinic.org/health/diseases/4451-panic-disorder

3. «Cualquier trastorno de ansiedad», *National Institute of Mental Health*, consultado el 25 de enero de 2022, https://www.nimh.nih.gov/health/statistics/any-anxiety-disorder

4. Wendy Suzuki, «The Most Effective Ways to Manage Stress & Anxiety w/Dr. Wendy Suzuki, EP 1160», 8 de septiembre de 2021, en *The School of Greatness*, podcast, audio MP3, 01:42:00, https://lewishowes.com/podcast/the-most-effective-ways-to-manage-stress-anxiety-with-dr-wendy-suzuki/

5. Jean M. Twenge, *«The Sad State of Happiness in the United States and the Role of Digital Media»*, *World Happiness Report*, 20 de marzo de 2019, https://worldhappiness.report/ed/2019/the-sad-state-of-happiness-in-the-united-states-and-the-role-of-digital-media/

6. «Estadísticas sobre el sobrepeso y la obesidad», *National Institute of Diabetes and Digestive and Kidney Diseases*, septiembre de 2021, https://www.niddk.nih.gov/health-information/health-statistics/overweight-obesity

7. Bill Fay, *«Demographics of Debt»*, *Debt.org*, 23 de febrero de 2022, https://www.debt.org/faqs/americans-in-debt/demographics/#:~:text=The%20average%20American%20has%20%2490%2C460

8. *«The State of Mental Health in America»*, *Mental Health America*, 25 de enero de 2022, https://mhanational.org/issues/state-mental-health-america

9. Jason Redman, *«Navy Seal's 3 Rules for Leadership, Overcoming Near Death Experiences & Breaking The Victim Mentality w/Jason Redman*, EP 1175», 13 de octubre de 2021, en *The School of Greatness*, podcast, audio MP3, 01:37:00, https://lewishowes.com/podcast/navy-seals-3-rules-for-leadership-overcoming-near-death-experiences-breaking-the-victim-mentality-w-jason-redman/

10. Jason Redman, *«Navy Seal's 3 Rules…»*.

11. Valuetainment, *«Consequences of Over Protected Children—Jordan Peterson»*, YouTube, 8 de agosto de 2019, vídeo, 03:26, https://www.youtube.com/watch?v=Ll0opgJ9_Ck

12. Brian Dunbar (ed.), *«Tribute to John Glenn from the Glenn Family and the John Glenn School of Public Affairs», NASA,* 8 de diciembre de 2016, https://www.nasa.gov/feature/tribute-to-john-glenn-from-the-glenn-family-and-the-john-glenn-school-of-public-affairs/

CAPÍTULO 3

1. The Rock, *«Seven Bucks Moment: Dwayne* "The Rock" Johnson», *YouTube*, 17 de febrero de 2022, vídeo, 05:57, https://www.youtube.com/watch?v=RjATMi9yNd0&t=336s

2. The Rock, *«Seven Bucks Moment…».*

3. Nicole Lynn, *«Nicole Lynn On Breaking Down Industry Barriers & Accomplishing Your Goals*, EP 1142», 28 de julio de 2021, en *The School of Greatness*, podcast, audio MP3, 01:06:00, https://lewishowes.com/podcast/nicole-lynn-on-breaking-down-industry-barriers-accomplishing-your-goals/

4. Gurudev Sri Sri Ravi Shankar, *«A Spiritual Approach To Death, Abundance & Purpose w/Gurudev Sri Sri Ravi Shankar*, EP 1216», 17 de enero de 2022, en *The School of Greatness*, podcast, audio MP3, 01:23:00, https://lewishowes.com/podcast/a-spiritual-approach-to-death-abundance-purpose-with-gurudev-sri-sri-ravi-shankar/

5. Tony Robbins, *«Tony Robbins: Key to Success, Wealth and Fulfillment»*, 4 de abril de 2016, en *The School of Greatness*, podcast, audio MP3, 00:52:00, https://lewishowes.com/podcast/tony-robbins2/

6. Katy Milkman, *«The Science of Identity, Believing in Yourself & Setting Goals w/Katy Milkman Part 1*, EP 1151», 18 de agosto de 2021, en *The School of Greatness*, podcast, audio MP3, 00:59:00, https://lewishowes.com/podcast/the-science-of-identity-believing-in-yourself-setting-goals-with-katy-milkman-part-1/

7. Zig Ziglar, *«Quotable Quote»*, *Goodreads*, 8 de febrero de 2022, https://www.goodreads.com/quotes/309132-money-isn-t-the-most-important-thing-in-life-but-it-s

8. Donald Miller, *«Donald Miller: The Power of Storytelling»*, 16 de mayo de 2016, en *The School of Greatness*, podcast, audio MP3, 00:55:00, https://lewishowes.com/podcast/donald-miller/

9. Laurie Santos, *«961 The 5 Keys to Long-Term Happiness and Prosperity with Dr. Laurie Santos»*, 1 de junio de 2020, en *The School of Greatness*, podcast, audio MP3, 01:02:00, https://lewishowes.com/podcast/the-5-keys-to-long-term-happiness-and-prosperity-with-dr-laurie-santos/

10. Gurudev Sri Sri Ravi Shankar, *«A Spiritual Approach To Death…»*.

11. John Brennan, *«1051 CIA Director REVEALS All: Making Mistakes, Being a Leader & Inside the Bin Laden Mission w/ John Brennan»*, 28 de diciembre de 2020, en *The School of Greatness*, podcast, audio MP3, 01:41:00, https://lewishowes.com/podcast/cia-director-reveals-all-making-mistakes-being-a-leader-inside-the-bin-laden-mission-with-john-brennan/

12. Robert Greene, *«1024 Robert Greene: The Positive Side of Human MANIPULATION (The #1 Skill for SUCCESS)»*, 26 de octubre de 2020, en *The School of Greatness*, podcast, audio MP3, 01:50:00, https://lewishowes.com/podcast/overcome-tragedy-create-abundance-embrace-failure-with-robert-greene/

13. Donald Miller, *«Donald Miller: The Power…»*.

CAPÍTULO 4

1. Sara Blakely, *«397 Sara Blakely: SPANX CEO on Writing Your Billion Dollar Story»*, 24 de octubre de 2016, en *The School of Greatness*, podcast, audio MP3, 01:05:00, https://lewishowes.com/podcast/sara-blakely/

2. Emma Fierberg y Alana Kakoyiannis, *«Learning to Celebrate Failure at a Young Age Led to This Billionaire's Success», Insider,* 16 de febrero de 2022, https://www.businessinsider.com/sara-blakely-spanx-ceo-offers-advice-redefine-failure-retail-2016-7

3. Lauren Thomas, *«Spanx Founder Sara Blakely Says Business Will Expand into Denim and More after Blackstone Deal», CNBC,* 22 de octubre de 2021, https://www.cnbc.com/2021/10/22/spanx-founder-sara-blakely-says-business-will-to-expand-to-denim-and-more.html

4. Sara Blakely (@sarablakely), 2020, *«Here's a glimpse of the moment I joined Instagram…»*, vídeo de *Instagram,* 1 de octubre de 2020, https://www.instagram.com/p/CFzRXzmA1Rs/

5. Sara Blakely, «397 Sara Blakely: SPANX CEO on Writing Your Billion Dollar Story», 24 de octubre de 2016, en *The School of Greatness*, podcast, audio MP3, 01:05:00, https://lewishowes.com/podcast/sara-blakely/

6. Robert Greene, *«1024 Robert Greene: The Positive Side of Human MANIPULATION (The #1 Skill for SUCCESS)»*, 26 de octubre de 2020, en *The School of Greatness*, podcast, audio MP3, 01:50:00, https://lewishowes.com/podcast/overcome-tragedy-create-abundance-embrace-failure-with-robert-greene/

7. Wendy Suzuki y Billie Fitzpatrick, *Good Anxiety: Harnessing the Power of the Most Misunderstood Emotion* (Nueva York: Atria Books, 2021).

8. Sarah Jakes Roberts, *Woman Evolve: Break Up with Your Fears and Revolutionize Your Life* (Nashville, Tennessee: Thomas Nelson, 2021).

9. Dan Millman, *«How to Develop a Peaceful Heart & Warrior Spirit w/Dan Millman*, EP 1217», 19 de enero de 2022, en *The School of Greatness*, podcast, audio MP3, 01:20:00, https://lewishowes.com/podcast/how-to-develop-a-peaceful-heart-warrior-spirit-with-dan-millman/

10. Ben Shapiro, *«Jordan Peterson's Thoughts on Transgenderism»*, *YouTube*, 8 de febrero de 2022, vídeo, 12:44, https://youtu.be/3enLBUJ5Od0

11. Sukhinder Cassidy, *«Building Wealth, Overcoming Failure & Rethinking Risk Taking w/Sukhinder Singh Cassidy*, EP 1150», 16 de agosto de 2021, en *The School of Greatness*, podcast, audio MP3, 01:29:00, https://lewishowes.com/podcast/building-wealth-overcoming-failure-rethinking-risk-taking-with-sukhinder-singh-cassidy/

12. Robert Greene, *«1024 Robert Greene…»*.

13. Sarah Jakes Roberts, *«How To Heal Your Past, Build Strong Relationships & Deepen Your Faith w/Sarah Jakes Roberts*, EP 1105», 3 de mayo de 2021, en *The School of Greatness*, podcast, audio MP3, 01:30:00, https://lewishowes.com/podcast/how-to-heal-your-past-build-strong-relationships-deepen-your-faith-with-sarah-jakes-roberts/

14. Dan Millman, *«How to Develop a Peaceful Heart…»*.

15. Sarah Jakes Roberts, *«How* to Heal…».

16. Sarah Jakes Roberts, *«How* to Heal…».

17. Sarah Jakes Roberts, *«How* to Heal…».

18. Priyanka Chopra Jonas, *«1067 Priyanka Chopra Jonas: Create Self Worth, Find Happiness & Choose Yourself»*, 3 de febrero de 2021, en *The School of Greatness*, podcast, audio MP3, 01:32:00, https://lewishowes.com/podcast/priyanka-chopra-jonas-create-self-worth-find-happiness-choose-yourself/

19. Ethan Suplee, *«Processing Pain, Losing 250+ Pounds, & Dissecting Trauma*, EP 1025», 28 de octubre de 2020, en *The School of Greatness*, podcast, audio MP3, 01:26:00, https://lewishowes.com/podcast/processing-pain-losing-250-pounds-dissecting-trauma-with-actor-ethan-suplee/

20. Sukhinder Cassidy, *«Building Wealth, Overcoming Failure…»*.

21. Ray Dalio, *«Create Financial Success, Develop Principles & Understand Your Purpose»*, 7 de diciembre de 2020, en *The School of Greatness*, podcast, audio MP3, https://lewishowes.com/podcast/create-financial-success-develop-principles-understand-your-purpose-with-ray-dalio/

22. Katy Milkman, *«Behavioral Scientist›s Take on Accountability, Temptation Bundling & Creating Lasting Habits w/Katy Milkman Part 2*, EP 1152», 20 de agosto de 2021, en *The School of Greatness*, podcast, audio MP3, 00:56:00, https://lewishowes.com/podcast/behavioral-scientists-take-on-accountability-temptation-bundling-creating-lasting-habits-with-katy-milkman-part-2/

23. Katy Milkman, *«Behavioral Scientist's Take on Accountability…»*.

CAPÍTULO 5

1. Jamie Kern Lima, *«1074 How to Overcome Self-Doubt & Rejection to Build a Billion Dollar Brand w/Jamie Kern Lima»*, 19 de febrero de 2021, en *The School of Greatness*, podcast, audio MP3, 01:40:00, https://lewishowes.com/podcast/how-to-overcome-self-doubt-rejection-to-build-a-billion-dollar-brand-with-jamie-kern-lima/

2. Jade Scipioni, *«IT Cosmetics Jamie Kern Lima: 'I Lived Completely Burnt Out for Almost a Decade'»*, *CNBC*, 9 de marzo de 2021, https://www.cnbc.com/2021/03/09/it-cosmetics-jamie-kern-lima-on-building-a-billion-dollar-company.html

3. Phil McGraw, *«Dr. Phil's Keys For Creating Success In Your Life*, EP 1172», 6 de octubre de 2021, en *The School of Greatness*, podcast, audio MP3, 01:11:00, https://lewishowes.com/podcast/dr-phils-keys-to-owning-your-life-future-today/

4. Phil McGraw, *«Dr. Phil's Keys* for Creating Success in Your Life, EP 1172».

5. Tim Grover, *«The Mindset of World Champions w/Tim Grover*, EP 1111», 17 de mayo de 2021, en *The School of Greatness*, podcast, audio MP3, 01:03:00, https://lewishowes.com/podcast/the-mindset-of-world-champions-with-tim-grover-part-one/

6. Amy Cuddy, *«The Science of Building Confidence & Self Esteem w/Harvard Psychologist Amy Cuddy*, EP 1198», 6 de diciembre de 2021, en *The School of Greatness*, podcast, audio MP3, 01:46:00, https://lewishowes.com/podcast/the-science-of-building-confidence-self-esteem-with-harvard-psychologist-amy-cuddy/

7. Jonny Evans, *«The Untold Story behind Apple's* "Think Different" Campaign», *Computerworld*, 17 de junio de 2015, https://www.computerworld.com/article/2936344/the-untold-story-behind-apple-s-think-different-campaign.html#:~:text=Think%20Different%20became%20TV%2C%20posters%2C%20advertising

8. Jamie Kern Lima, *«1074 How to Overcome…»*.

9. Tim Grover, *«The Mindset of World Champions…»*.

CAPÍTULO 6

1. Robin Sharma, *«988 The Morning Routine of Millionaires, Superstars & History's Greatest Geniuses w/Robin Sharma»*, 3 de agosto de 2020, en *The School of Greatness*, podcast, audio MP3, 01:24:00, https://lewishowes.com/podcast/the-morning-routine-of-millionaires-superstars-and-historys-greatest-geniuses-with-robin-sharma/

2. Dan Millman, *«How to Develop a Peaceful Heart & Warrior Spirit w/Dan Millman EP 1217»*, 19 de enero de 2022, en *The School of Greatness*, podcast, audio MP3, 01:20:00, https://lewishowes.com/podcast/how-to-develop-a-peaceful-heart-warrior-spirit-with-dan-millman/

3. Daniel Gilbert (@DanTGilbert), 2018, *«He loved bumblers and despised pointers.* Not even a question», publicación en *Twitter*, 23 de mayo de 2018, https://twitter.com/DanTGilbert/status/999154208128622592

4. Erin McCarthy, *«Roosevelt's* "The Man in the Arena"*», Mental Floss*, 23 de abril de 2015, https://www.mentalfloss.com/article/63389/roosevelts-man-arena

5. Ellen Vora, *«How To Turn Your Anxiety Into Your Superpower w/ Ellen Vora*, EP 1240», 14 de marzo de 2022, en *The School of Greatness*, podcast, audio MP3, 01:28:00, https://lewishowes.com/podcast/how-to-turn-your-anxiety-into-your-superpower-with-ellen-vora/

6. Rich Diviney, *«1058 How to Attract Success, Destroy Laziness & Achieve Optimal Performance w/Former Navy SEAL Officer Rich Diviney»*, 13 de enero de 2021, en *The School of Greatness*, podcast, audio MP3, 01:46:00, https://lewishowes.com/podcast/how-to-attract-success-destroy-laziness-achieve-optimal-performance-with-former-navy-seal-officer-rich-diviney/

7. Joel Osteen, *«Joel Osteen: Create Confidence & Abundance In All Areas Of Your Life!*, EP 1180», 25 de octubre de 2021, en *The School of Greatness*, podcast, audio MP3, 01:13:00, https://lewishowes.com/podcast/joel-osteen-how-to-create-confidence-abundance-in-all-areas-of-your-life/

8. Priyanka Chopra Jonas, *«1067 Priyanka Chopra Jonas: Create Self Worth, Find Happiness & Choose Yourself»*, 3 de febrero de 2021, en *The School of Greatness*, podcast, audio MP3, 01:32:00, https://lewishowes.com/podcast/priyanka-chopra-jonas-create-self-worth-find-happiness-choose-yourself/

9. Priyanka Chopra Jonas, *«1067 Priyanka Chopra Jonas...»*.

10. Rich Diviney, *«1058 How to Attract Success...»*.

11. Wendy Suzuki, *«The Most Effective Ways to Manage Stress & Anxiety w/Dr. Wendy Suzuki*, EP 1160», 8 de septiembre de 2021, en *The School of Greatness*, podcast, audio MP3, 01:42:00, https://lewishowes.com/podcast/the-most-effective-ways-to-manage-stress-anxiety-with-dr-wendy-suzuki/

12. Wendy Suzuki, *«The Most Effective Ways...»*.

CAPÍTULO 7

1. Tim Grover, *«Why You NEED to be Selfish to WIN w/Tim Grover*, EP 1112», 19 de mayo de 2021, en *The School of Greatness*, podcast, audio MP3, 01:05:00, https://lewishowes.com/podcast/why-you-need-to-be-selfish-to-win-with-tim-grover-part-two/

2. Joel Osteen, *«Joel Osteen: Create Confidence & Abundance In All Areas Of Your Life!*, EP 1180», 25 de octubre de 2021, en *The School of Greatness*, podcast, audio MP3, 01:13:00, https://lewishowes.com/podcast/joel-osteen-how-to-create-confidence-abundance-in-all-areas-of-your-life/

3. Dan Millman, *«How to Develop a Peaceful Heart & Warrior Spirit w/Dan Millman*, EP 1217», 19 de enero de 2022, en *The School of Greatness*, podcast, audio MP3, 01:20:00, https://lewishowes.com/podcast/how-to-develop-a-peaceful-heart-warrior-spirit-with-dan-millman/

4. J'na Jefferson, *«Snoop Dogg Explains Why He Thanked Himself during 'Walk of Fame' Speech»*, *Vibe*, 24 de mayo de 2014, https://www.vibe.com/news/entertainment/snoop-dogg-walk-of-fame-speech-explanation-651073/

5. Dan Millman, *Everyday Enlightenment: The Twelve Gateways to Personal Growth* (Sidney: Hodder, 2000).

6. Joel Osteen, *«Joel Osteen: Create Confidence...»*.

7. Seth Godin, *«1027 Habits of Success for Creatives, Artists & Entrepreneurs w/Seth Godin»*, 2 de noviembre de 2020, en *The School of Greatness*, podcast, audio MP3, 01:13:00, https://lewishowes.com/podcast/habits-of-success-for-creatives-artists-entrepreneurs-with-seth-godin/

CAPÍTULO 8

1. Dale Carnegie, *How to Stop Worrying and Start Living* (s. l.: Jaico Publishing House, 2019).

2. Dale Carnegie, *How to Stop Worrying and Start Living* (s. l.: Jaico Publishing House, 2019).

3. Dale Carnegie, *How to Stop Worrying and Start Living* (s. l.: Jaico Publishing House, 2019).

4. Ethan Kross y Gretchen Rubin, *Chatter: The Voice in Our Head, Why It Matters, and How to Harness It* (Nueva York: Crown, 2022).

5. C. G. Jung, *«Quotable Quote»*, *Goodreads*, 15 de febrero de 2022, https://www.goodreads.com/quotes/44379-until-you-make-the-unconscious-conscious-it-will-direct-your

6. Todd Herman, *The Alter Ego Effect: The Power of Secret Identities to Transform Your Life* (Nueva York: HarperCollins Publishers, 2019).

7. Wendy Suzuki y Billie Fitzpatrick, *Good Anxiety: Harnessing the Power of the Most Misunderstood Emotion* (Nueva York: Atria Books, 2021).

8. *«An Ocean of Bliss May Rain Down from the Heavens, But If You Hold Up Only a Thimble, That Is All You Receive»*, *Statustown*, 16 de febrero de 2022, https://statustown.com/quote/9693/#:~:text=An%20ocean%20of%20bliss%20may

CAPÍTULO 9

1. Ramani Durvasula, *«Signs You're Dating a Narcissist & How to Know If You Are One w/Dr. Ramani Durvasula (PART 1),* EP 1195», 29 de noviembre de 2021, en *The School of Greatness,* podcast, audio MP3, 00:53:00, https://lewishowes.com/podcast/narcissists-vs-psychopaths-how-to-avoid-dating-one-with-dr-ramani-durvasula-part-1/

2. RecoveryRevival (@recoveryrevival), «"Stresses Have an Impact on Your Physiology"—Dr. Gabor Mate», vídeo de *TikTok,* 27 de febrero de 2022, https://www.tiktok.com/@recoveryrevival/video/7069601379811216642?_t=8RnnBW7SuAI&_r=1

3. Dr. Shefali Tsabary, *«How to Understand Your Trauma & Relationships w/Dr. Shefali EP 1110»,* 14 de mayo de 2021, en *The School of Greatness,* podcast, audio MP3, 01:41:00, https://lewishowes.com/podcast/how-to-understand-your-trauma-relationships-with-dr-shefali/

4. Nicole LePera, *«The Power to Heal Yourself», The Holistic Psychologist,* 16 de febrero de 2022, https://theholisticpsychologist.com/

5. David Perlmutter, *«How Your Diet Affects Your Behavior, Risk Of Disease & What You Should Do About It w/Dr. David Perlmutter,* EP 1211», 5 de enero de 2022, en *The School of Greatness,* podcast, audio MP3, 01:32:00, https://lewishowes.com/podcast/how-your-diet-affects-your-behavior-risk-of-disease-what-you-should-do-about-it-with-dr-david-perlmutter/

6. Tim Ferriss, *«Paul Conti, MD—How Trauma Works and How to Heal from It (#533)», The Tim Ferriss Show,* 22 de septiembre de 2021, https://tim.blog/2021/09/22/paul-conti-trauma/

7. Donald Miller, *«Your Life Is A Story: Why You Should Write Your Own Eulogy TODAY w/Donald Miller*, EP 1215», 14 de enero de 2022, en *The School of Greatness*, podcast, audio MP3, 01:40:00, https://lewishowes.com/podcast/your-life-is-a-story-why-you-should-write-your-own-eulogy-today-with-donald-miller/

CAPÍTULO 10

1. Payal Kadakia, *«Why You Shouldn›t Have A* "Plan B" & The Ultimate Goal Setting Method w/Payal Kadakia, EP 1224», 4 de febrero de 2022, en *The School of Greatness*, podcast, audio MP3, 01:25:00, https://lewishowes.com/podcast/why-you-shouldnt-have-a-plan-b-the-ultimate-goal-setting-method-with-payal-kadakia/

2. Payal Kadakia, *«Why You Shouldn›t Have A* "Plan B"...»

3. Adam Grant, *«1066 Positively Influence Others, Increase Mental Flexibility & Diversify Your Identity w/Adam Grant»*, 1 de febrero de 2021, en *The School of Greatness*, podcast, audio MP3, 01:37:00, https://lewishowes.com/podcast/positively-influence-others-increase-mental-flexibility-diversify-your-identity-with-adam-grant/

4. Amy Cuddy, *«The Science of Building Confidence & Self Esteem w/ Harvard Psychologist Amy Cuddy*, EP 1198», 6 de diciembre de 2021, en *The School of Greatness*, podcast, audio MP3, 01:46:00, https://lewishowes.com/podcast/the-science-of-building-confidence-self-esteem-with-harvard-psychologist-amy-cuddy/

5. Leon Howard, *«From Prison* to Financial Freedom: The Journey of Reshaping Your Identity w/Wallstreet Trapper, EP 1209», 31 de diciembre de 2021, en *The School of Greatness*, podcast, audio MP3, 01:47:00, https://lewishowes.com/podcast/the-simple-keys-to-building-financial-freedom-eliminating-poor-money-habits-with-wallstreet-trapper/

6. Adam Grant, *«1066 Positively Influence Others, Increase Mental Flexibility & Diversify Your Identity w/Adam Grant»*, 1 de febrero de 2021, en *The School of Greatness*, podcast, audio MP3, 01:37:00, https://lewishowes.com/podcast/positively-influence-others-increase-mental-flexibility-diversify-your-identity-with-adam-grant/

7. Benjamin Hardy, *«The Secret to Avoiding Burnout & Reshaping Your Identity w/Dr. Benjamin Hardy*, EP 1181», 27 de octubre de 2021, en *The School of Greatness*, podcast, audio MP3, 01:07:00, https://lewishowes.com/podcast/the-secret-to-avoiding-burnout-reshaping-your-identity-with-dr-benjamin-hardy/

8. Tim Storey, *«1078 Finding Spiritual Truth, Understanding Identity & Managing Your Inner Mess w/Tim Storey»*, 1 de marzo de 2021, en *The School of Greatness*, podcast, audio MP3, 01:19:00, https://lewishowes.com/podcast/finding-spiritual-truth-understanding-identity-managing-your-inner-mess-with-tim-storey/

9. Donald Miller, *«Your Life Is A Story: Why You Should Write Your Own Eulogy TODAY w/Donald Miller*, EP 1215», 14 de enero de 2022, en *The School of Greatness*, podcast, audio MP3, 01:40:00, https://lewishowes.com/podcast/your-life-is-a-story-why-you-should-write-your-own-eulogy-today-with-donald-miller/

10. Donald Miller, *«Your Life Is A Story…»*

11. Donald Miller, *«Your Life Is A Story…»*

CAPÍTULO 11

1. Joe Dispenza, *«1054 Dr. Joe Dispenza: Transform Your Mind for Lasting Love & Magnetic Relationships (PART 1)»*, 4 de enero de 2021, en *The School of Greatness*, podcast, audio MP3, 01:08:00, https://lewishowes.com/podcast/dr-joe-dispenza-transform-your-mind-for-lasting-love-and-magnetic-relationships/

2. Caroline Leaf, «*1079 How to Heal Your Mind & Improve Mental Health (Based on NEUROSCIENCE!) w/Dr. Caroline Leaf*», 3 de marzo de 2021, en *The School of Greatness*, podcast, audio MP3, 01:49:00, https://lewishowes.com/podcast/how-to-heal-your-mind-and-improve-mental-health-based-on-neuroscience-with-dr-caroline-leaf/

3. Marisa Peer, «*Get Rid Of Your Negative Beliefs, Manifest Abundance & Start Loving Yourself w/Marisa Peer*, EP 1213», 10 de enero de 2022, en *The School of Greatness*, podcast, audio MP3, 01:10:00, https://lewishowes.com/podcast/get-rid-of-your-negative-beliefs-manifest-abundance-start-loving-yourself-with-marisa-peer/

4. Joe Dispenza, «*679 Heal Your Body with Your Mind: Dr. Joe Dispenza*», 12 de agosto de 2018, en *The School of Greatness*, podcast, audio MP3, 01:20:00, https://lewishowes.com/podcast/heal-your-body-with-your-mind-dr-joe-dispenza/

5. Joe Dispenza, «*1055 How To Overcome Negative Emotions, Let Go of Your Identity & Truly Love Yourself w/Dr. Joe Dispenza (PART 2)*», 6 de enero de 2021, en *The School of Greatness*, podcast, audio MP3, 01:03:00, https://lewishowes.com/podcast/how-to-overcome-negative-emotions-let-go-of-your-identity-and-truly-love-yourself-with-dr-joe-dispenza-part-2/

6. Ethan Kross, «*Turn Your Inner Dialogue* into Productivity and Confidence w/Dr. Ethan Kross, EP 1118», 2 de junio de 2021, en *The School of Greatness*, podcast, audio MP3, 01:38:00, https://lewishowes.com/podcast/turn-your-inner-dialogue-into-productivity-and-confidence-%EF%BB%BFwith-dr-ethan-kross/

7. Mel Robbins, «*The High 5 Habit & The Secret* to Motivation w/ Mel Robbins, EP 1170», 1 de octubre de 2021, en *The School of Greatness*, podcast, audio MP3, 01:38:00, https://lewishowes.com/podcast/the-5-second-rule-the-secret-to-motivation-with-mel-robbins/

8. Mel Robbins, «*The High 5 Habit...*»

9. Mel Robbins, «*The High 5 Habit...*»

10. Mel Robbins, «*The High 5 Habit...*»

11. Gabrielle Bernstein, *Super Attractor: Methods for Manifesting a Life beyond Your Wildest Dreams* (Carlsbad, California: Hay House, 2021).

12. Gabrielle Bernstein, *Super Attractor...*

13. Gabrielle Bernstein, *Super Attractor...*

14. Dan Millman, «*How to Develop a Peaceful Heart & Warrior Spirit w/Dan Millman*, EP 1217», 19 de enero de 2022, en *The School of Greatness*, podcast, audio MP3, 01:20:00, https://lewishowes.com/podcast/how-to-develop-a-peaceful-heart-warrior-spirit-with-dan-millman/

15. Dan Millman, «*How to Develop a Peaceful Heart...*»

16. Susan David, «*Why Emotional Agility Is* the Most Important Skill You Need to Know, EP 1297», 18 de febrero de 2018, en *The School of Greatness*, podcast, audio MP3, 01:28:00, https://lewishowes.com/podcast/susan-david-the-art-of-emotional-agility/

17. Susan David, «*Why Emotional Agility...*»

18. Gabrielle Bernstein, *Super Attractor...*

19. Dan Millman, «*How to Develop a Peaceful Heart...*»

20. Dan Millman, «*How to Develop a Peaceful Heart...*»

21. Nir Eyal, «*Build Life Changing Habits & Become A Productivity Master w/Nir Eyal*, EP 1097», 14 de abril de 2021, en *The School of Greatness*, podcast, audio MP3, 01:31:00, https://lewishowes.com/podcast/build-life-changing-habits-become-a-productivity-master-with-nir-eyal/

22. Nir Eyal, *«Build Life Changing Habits...»*

23. Susan David, *«Susan David: The Art of Emotional Agility»*, 18 de febrero de 2018, en *The School of Greatness*, podcast, audio MP3, 01:15:37, https://lewishowes.com/podcast/susan-david-the-art-of-emotional-agility/

24. Derek Hough, *«How To Pursue Your Dream & Make A Living As An Artist w/ Derek Hough*, EP 1167», 24 de septiembre de 2021, en *The School of Greatness*, podcast, audio MP3, 01:33:00, https://lewishowes.com/podcast/how-to-pursue-your-dream-make-a-living-as-an-artist-with-derek-hough/

25. Susan David, *«Susan David: The Art...»*

26. Nir Eyal, *«Build Life Changing Habits...»*

27. Nir Eyal, *«Build Life Changing Habits...»*

28. Gabrielle Bernstein, *Super Attractor...*

29. Seth Godin, *«1027 Habits of Success for Creatives, Artists & Entrepreneurs w/Seth Godin»*, 2 de noviembre de 2020, en *The School of Greatness*, podcast, audio MP3, 01:13:00, https://lewishowes.com/podcast/habits-of-success-for-creatives-artists-entrepreneurs-with-seth-godin/

CAPÍTULO 12

1. Rachel Rodgers, *«How To Develop A Rich Mindset, Double Your Income & Accomplish Your Dreams w/Rachel Rodgers*, EP 1184», 3 de noviembre de 2021, en *The School of Greatness*, podcast, audio MP3, https://lewishowes.com/podcast/how-to-develop-a-rich-mindset-double-your-income-accomplish-your-dreams-with-rachel-rodgers/

2. Rachel Rodgers, *«How To Develop...»*

3. Rachel Rodgers, *«How To Develop...»*

4. Ali Abdaal, «*Build Multiple Income Streams, Habits* to Become A Millionaire, and How To Gamify Your Productivity w/Ali Abdaal, EP 1158», 3 de septiembre de 2021, en *The School of Greatness*, podcast, audio MP3, 01:59:00, https://lewishowes.com/podcast/build-multiple-income-streams-habits-to-become-a-millionaire-and-how-to-gamify-your-productivity-with-ali-abdaal/

5. Ali Abdaal, «*Build Multiple Income Streams...*»

6. Ali Abdaal, «*Why I Left Medicine* . . . Forever», *YouTube*, 29 de abril de 2022, vídeo, 43:16, https://www.youtube.com/watch?v=mZOVLrLXKCE

CAPÍTULO 13

1. Brandon Gaille, «*23 Lottery Winners Bankrupt Statistics*», *Brandon Gaille*, 26 de mayo de 2017, https://brandongaille.com/22-lottery-winners-bankrupt-statistics/

2. Gabrielle Bernstein, «*How to Manifest Your Dreams, Replace Negative Beliefs & Attract Abundance w/Gabby Bernstein*, EP 1103», 28 de abril de 2021, en *The School of Greatness*, podcast, audio MP3, 01:44:00, https://lewishowes.com/podcast/how-to-manifest-your-dreams-replace-negative-beliefs-attract-abundance-with-gabby-bernstein/

3. Seth Godin, «*Reject the Tyranny of Being Picked: Pick Yourself*», *Seth's Blog*, 27 de abril de 2022, https://seths.blog/2011/03/reject-the-tyranny-of-being-picked-pick-yourself/

4. Rory Vaden, «*How* to Beat Procrastination & Rewire Your Brain for Success w/Rory Vaden, EP 1144», 2 de agosto de 2021, en *The School of Greatness*, podcast, audio MP3, 00:58:00, https://lewishowes.com/podcast/how-to-beat-procrastination-rewire-your-brain-for-success-with-rory-vaden/

5. Gabrielle Bernstein, «*How to Manifest...*»

6. Stephen R. Covey, *The 7 Habits of Highly Effective People* (Nueva York: Simon & Schuster, 2013).

7. Sean Covey y Stacy Curtis, *The 7 Habits of Happy Kids* (Nueva York: Simon & Schuster, 2018).

8. Rory Vaden, «*How* to Multiply Your Time & Income w/Rory Vaden, EP 1133», 7 de julio de 2021, en *The School of Greatness*, podcast, audio MP3, https://lewishowes.com/podcast/how-to-multiply-your-time-income-with-rory-vaden/

CAPÍTULO 14

1. Rory Vaden, «*How* to Beat Procrastination & Rewire Your Brain for Success w/Rory Vaden, EP 1144», 2 de agosto de 2021, en *The School of Greatness*, podcast, audio MP3, 00:58:00, https://lewishowes.com/podcast/how-to-beat-procrastination-rewire-your-brain-for-success-with-rory-vaden/

2. Katy Milkman, «*The Science of Identity, Believing in Yourself & Setting Goals w/Katy Milkman Part 1*, EP 1151», 18 de agosto de 2021, en *The School of Greatness*, podcast, audio MP3, 00:59:00, https://lewishowes.com/podcast/the-science-of-identity-believing-in-yourself-setting-goals-with-katy-milkman-part-1/

3. Rory Vaden, «*How* to Beat Procrastination...»

4. Katy Milkman, «*The Science of Identity...*»

5. Shawn Achor, *The Happiness Advantage* (Nueva York: Random House, 2011).

CAPÍTULO 15

1. Rory Vaden, «*How* to Beat Procrastination & Rewire Your Brain for Success w/Rory Vaden EP 1144», 2 de agosto de 2021, en *The School of Greatness*, podcast, audio MP3, 00:58:00, https://lewishowes.com/podcast/how-to-beat-procrastination-rewire-your-brain-for-success-with-rory-vaden/

2. Benjamin Hardy, *«The Secret to Avoiding Burnout & Reshaping Your Identity w/Dr. Benjamin Hardy*, EP 1181», 27 de octubre de 2021, en *The School of Greatness*, podcast, audio MP3, 01:07:00, https://lewishowes.com/podcast/the-secret-to-avoiding-burnout-reshaping-your-identity-with-dr-benjamin-hardy/

3. Jason Redman, *«Navy Seal's 3 Rules for Leadership, Overcoming Near Death Experiences & Breaking* the Victim Mentality w/Jason Redman, EP 1175», 13 de octubre de 2021, en *The School of Greatness*, podcast, audio MP3, 01:37:00, https://lewishowes.com/podcast/navy-seals-3-rules-for-leadership-overcoming-near-death-experiences-breaking-the-victim-mentality-w-jason-redman/

4. Katy Milkman, *«The Science of Identity, Believing in Yourself & Setting Goals w/Katy Milkman Part 1*, EP 1151», 18 de agosto de 2021, en *The School of Greatness*, podcast, audio MP3, 00:59:00, https://lewishowes.com/podcast/the-science-of-identity-believing-in-yourself-setting-goals-with-katy-milkman-part-1/

CAPÍTULO 16

1. Katy Milkman, *«The Science of Identity, Believing in Yourself & Setting Goals w/Katy Milkman Part 1*, EP 1151», 18 de agosto de 2021, en *The School of Greatness*, podcast, audio MP3, 00:59:00, https://lewishowes.com/podcast/the-science-of-identity-believing-in-yourself-setting-goals-with-katy-milkman-part-1/

2. Thomas Frank, *«Avoid Burnout, Learn Faster, Improve Your Memory & Overcome Procrastination w/Thomas Frank*, EP 1205», 22 de diciembre de 2021, en *The School of Greatness*, podcast, audio MP3, https://lewishowes.com/podcast/avoid-burnout-learn-faster-improve-your-memory-overcome-procrastination-with-thomas-frank/

3. Jen Sincero, *«How to Build Habits to Create Financial Abundance & Success w/Jen Sincero EP 1101»*, 23 de abril de 2021, en *The School of Greatness*, podcast, audio MP3, https://lewishowes.com/podcast/how-to-build-habits-to-create-financial-abundance-success-with-jen-sincero/

4. Caroline Leaf, *«1079 How to Heal Your Mind & Improve Mental Health (Based on NEUROSCIENCE!) w/Dr. Caroline Leaf»*, 3 de marzo de 2021, en *The School of Greatness*, podcast, audio MP3, 01:49:00, https://lewishowes.com/podcast/how-to-heal-your-mind-and-improve-mental-health-based-on-neuroscience-with-dr-caroline-leaf/

5. Thomas Frank, *«Avoid Burnout, Learn Faster…»*

6. Evy Poumpouras, *«How to Build Command, Authority & Credibility w/Evy Poumpouras 1092»*, 2 de abril de 2021, en *The School of Greatness*, podcast, audio MP3, 01:55:00, https://lewishowes.com/podcast/how-to-build-command-authority-credibility-with-evy-poumpouras/

7. Jordan Peterson, *«Jordan Peterson on Marriage, Resentment & Healing the Past (Part 1)*, EP 1093», 5 de abril de 2021, en *The School of Greatness*, podcast, audio MP3, 01:23:00, https://lewishowes.com/podcast/jordan-peterson-on-marriage-resentment-healing-the-past-part-1/

CAPÍTULO 17

1. PHP, *«Steph Curry 105 THREES in a ROW, 5 Minutes Straight without Missing»*, *YouTube*, 30 de abril de 2022, vídeo, 05:13, https://www.youtube.com/watch?v=1mi-lCTCvrE

2. MasterClass, *«Stephen Curry's 9 Tips for a Basketball Practice Routine»*, *MasterClass*, 2 de marzo de 2022, https://www.masterclass.com/articles/stephen-currys-practice-tips#a-brief-introduction-to-steph-curry

3. Sourabh Singh, *«Steph Curry Workout Routine: What Makes Him the Best Shooter in the League?»*, *Essentially Sports*, 19 de mayo de 2021, https://www.essentiallysports.com/nba-basketball-news-golden-state-warriors-steph-curry-workout-routine-what-makes-him-the-best-shooter-in-the-league/

4. Bharat Aggarwal, «*Steph Curry Details* "How It Feels Like" When He Hits Prime Shooting Form & Achieves a Flow State», *Essentially Sports*, 10 de marzo de 2021, https://www.essentiallysports.com/nba-basketball-news-steph-curry-details-how-it-feels-like-when-he-hits-prime-shooting-form-achieves-a-flow-state/

5. Motivation Stop (@motivationstop), «*Perfectionism Is a Defen*se Mechanism», video de *TikTok*, 30 de abril de 2021, https://www.tiktok.com/@motivationstop/video/7082462324438748421

6. Thomas Frank, «*Avoid Burnout, Learn Faster, Improve Your Memory & Overcome Procrastination w/Thomas Frank*, EP 1205», 22 de diciembre de 2021, en *The School of Greatness*, podcast, audio MP3, https://lewishowes.com/podcast/avoid-burnout-learn-faster-improve-your-memory-overcome-procrastination-with-thomas-frank/

7. Motivation Stop (@motivationstop), «*Perfectionism Is a Defen*se Mechanism...»

8. Jonathan Acuff, *Finish: Give Yourself the Gift of Done* (Nueva York: Portfolio/Penguin, 2018).

9. Motivation Stop (@motivationstop), «*Perfectionism Is a Defen*se Mechanism...»

10. Thomas Frank, «*Avoid Burnout, Learn Faster...*»

11. Jen Sincero, «*How to Build Habits to Create Financial Abundance & Success w/Jen Sincero*, EP 1101», 23 de abril de 2021, en *The School of Greatness*, podcast, audio MP3, https://lewishowes.com/podcast/how-to-build-habits-to-create-financial-abundance-success-with-jen-sincero/

12. Austin Kleon, «*The Habits & Routines Behind Great Artists w/Austin Kleon EP 1123*», 14 de junio de 2021, en *The School of Greatness*, podcast, audio MP3, 01:25:00, https://lewishowes.com/podcast/the-habits-routines-behind-great-artists-with-austin-kleon/

13. Anthony ONeal, «*How* to Reshape Your Beliefs Around Money, Love & Your Future w/Anthony ONeal, EP 1222,» 31 de enero de 2022, en *The School of Greatness*, podcast, audio MP3, 01:28:12, https://lewishowes.com/podcast/how-to-reshape-your-beliefs-around-money-love-your-future-with-anthony-oneal/

14. Rob Dyrdek, «*How To Reshape Your Beliefs Around Money, Love & Your Future w/Anthony O'Neal*, EP 1222», 6 de septiembre de 2021, en *The School of Greatness*, podcast, audio MP3, https://lewishowes.com/podcast/how-to-reshape-your-beliefs-around-money-love-your-future-with-anthony-oneal/

15. Lindsey Vonn, «*Lindsey Vonn: DISCOVER Your Potential, Destroy Self-Doubt & Develop Habits for SUCCESS*, EP 1132», 5 de julio de 2021, en *The School of Greatness*, podcast, audio MP3, 00:58:00, https://lewishowes.com/podcast/lindsey-vonn-discover-your-potential-destroy-self-doubt-develop-habits-for-success/

16. Rory Vaden, «*How* to Multiply Your Time & Income w/Rory Vaden, EP 1133», 7 de julio de 2021, en *The School of Greatness*, podcast, audio MP3, https://lewishowes.com/podcast/how-to-multiply-your-time-income-with-rory-vaden/

17. Rory Vaden, «*How To Multiply…*»

CAPÍTULO 18

1. Derek Hough, «*How To Pursue Your Dream & Make A Living As An Artist w/ Derek Hough*, EP 1167», 24 de septiembre de 2021, en *The School of Greatness*, podcast, audio MP3, 01:33:00, https://lewishowes.com/podcast/how-to-pursue-your-dream-make-a-living-as-an-artist-with-derek-hough/

2. Lori Gottlieb, «*Red Flags* to Watch Out for & the Keys to a Healthy Relationship w/Lori Gottlieb, EP 1191», 19 de noviembre de 2021, en *The School of Greatness*, podcast, audio MP3, 01:04:00, https://lewishowes.com/podcast/red-flags-to-watch-out-for-the-key-to-a-healthy-relationship-with-lori-gottlieb/

3. Sarah Jakes Roberts, «*How* to Heal Your Past, Build Strong Relationships & Deepen Your Faith w/Sarah Jakes Roberts, EP 1105», 3 de mayo de 2021, en *The School of Greatness*, podcast, audio MP3, 01:30:00, https://lewishowes.com/podcast/how-to-heal-your-past-build-strong-relationships-deepen-your-faith-with-sarah-jakes-roberts/

4. Nicole Lynn, «*Nicole Lynn* on Breaking Down Industry Barriers & Accomplishing Your Goals, EP 1142», 28 de julio de 2021, en *The School of Greatness*, podcast, audio MP3, 01:06:00, https://lewishowes.com/podcast/nicole-lynn-on-breaking-down-industry-barriers-accomplishing-your-goals/

SÉ MÁS FELIZ de DANIEL G. AMEN

El Dr. Daniel Amen revela en *Sé más feliz* siete secretos neurocientíficos para aumentar tu felicidad en solo 30 días. Basado en más de 200.000 escáneres cerebrales, identifica cinco tipos de cerebro y ofrece estrategias personalizadas y prácticas para mejorar el bienestar emocional, tomar mejores decisiones y vivir con propósito, claridad y equilibrio duradero.

MEJORA TU CEREBRO CADA DÍA de DANIEL G. AMEN

366 prácticas diarias para mejorar tu cerebro, tu mente y tu vida. Daniel G. Amen, psiquiatra y neurocientífico con más de 40 años de experiencia, comparte hábitos diarios para mejorar el cerebro, potenciar la memoria y aumentar la felicidad. Estos hábitos promueven la gestión de la mente, la superación del estrés, la búsqueda de propósito y el aprendizaje para una vida saludable y exitosa.

CÓMO CRIAR HIJOS CON FORTALEZA MENTAL de DANIEL AMEN

El Dr. Daniel Amen y el Dr. Charles Fay fusionan neurociencia, amor y lógica en este innovador libro sobre crianza. Proporcionan herramientas prácticas para abordar problemas de comportamiento, ayudando a los niños a ser responsables, resilientes y capaces de tomar buenas decisiones. Los padres aprenderán a fomentar la salud mental y el potencial de sus hijos.

NUTRIVORE de SARAH BALLANTYNE

Nutrivore, de la Dra. Sarah Ballantyne, es la guía definitiva para comer mejor sin hacer dietas restrictivas. Descubre cómo llenar tu plato de alimentos ricos en nutrientes, sin contar calorías ni renunciar al placer de comer. Con consejos prácticos, efectivos y basados en ciencia, mejorarás tu salud, tendrás más energía y disfrutarás cuidándote sin complicaciones ni estrés.

LAS LEYES DIARIAS de ROBERT GREENE

Durante 25 años, Robert Greene ha ofrecido lecciones sobre aspectos humanos como el poder, la seducción, la estrategia y la psicología. *Las leyes diarias* recopila su sabiduría en 366 meditaciones, una para cada día del año, que abarcan temas como el liderazgo, la adversidad y la productividad, entre otros. Ryan Holiday se inspiró en este libro para escribir su bestseller *Diario para estoicos*.

INTELIGENCIA EMOCIONAL, 3ª EDICIÓN de HARVARD

La nueva edición revisada y ampliada, con información actualizada por Daniel Goleman y otros investigadores, ofrece herramientas para mejorar el bienestar y la satisfacción personal a través de la gestión emocional. Con un nuevo capítulo sobre el manejo del estrés y las conexiones emocionales en el trabajo, aprenderás a gestionar tus emociones y mejorar tus relaciones.

LAS LEYES DE LA NATURALEZA HUMANA de ROBERT GREENE

Las leyes de la naturaleza humana, de Robert Greene, es una obra fascinante que explora los impulsos y motivaciones ocultas detrás de las acciones humanas. Basado en ejemplos históricos de figuras como Pericles y Martin Luther King Jr., Greene nos enseña a gestionar nuestras emociones, desarrollar empatía, y entender las verdaderas intenciones de las personas, claves para el éxito personal y profesional.

CAMBIA TUS PREGUNTAS, CAMBIA TU VIDA de MARILEE ADAMS

Cambia tus preguntas, cambia tu vida, de Marilee Adams, es una guía transformadora que te enseña a cambiar tu forma de pensar y afrontar los desafíos. A través de la metodología de "preguntas de aprendizaje", aprenderás a mejorar tus relaciones y tomar decisiones más efectivas, logrando así un crecimiento personal y profesional que te acercará a tus objetivos y metas.

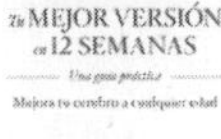

TU MEJOR VERSIÓN EN 12 SEMANAS de SANJAY GUPTA

Una guía transformadora con un enfoque paso a paso para cambiar hábitos arraigados y mejorar nuestra calidad de vida. Al seguir estos consejos, podremos reducir la ansiedad, mejorar el sueño y aumentar la energía, la claridad mental y la resistencia al estrés. Esta guía esencial nos permite adoptar comportamientos saludables y experimentar una transformación en solo 12 semanas.

DIARIO PARA ESTOICOS de RYAN HOLIDAY

Una guía fascinante para transmitir la sabiduría estoica a una nueva generación de lectores y mejorar nuestra calidad de vida. Su Agenda es un complemento perfecto para una reflexión más profunda sobre el estoicismo, así como indicaciones diarias y herramientas estoicas de autogestión.

Disponibles también en formato **e-book.**

Solicita más información en revertemanagement@reverte.com
www.revertemanagement.com
@revertemanagement

Gracias

REM*life*